马克思主义中国化的
闽西苏区探索

赖蔚英◎著

当代中国出版社
Contemporary China Publishing House

图书在版编目(CIP)数据

马克思主义中国化的闽西苏区探索 / 赖蔚英著．北京：当代中国出版社，2025. 9. -- ISBN 978-7-5154-1517-8

Ⅰ. K269.407；D61

中国国家版本馆 CIP 数据核字第 2024LG4261 号

出 版 人　蔡继辉
责任编辑　刘晓冰
责任校对　贾云华　康　莹
印刷监制　刘艳平
封面设计　鲁　娟
出版发行　当代中国出版社
地　　址　北京市地安门西大街旌勇里 8 号
网　　址　http://www.ddzg.net
邮政编码　100009
编 辑 部　（010）66572154
市 场 部　（010）66572281　66572157
印　　刷　中国电影出版社印刷厂
开　　本　710 毫米 × 1000 毫米　1/16
印　　张　16.75 印张　1 插页　245 千字
版　　次　2025 年 9 月第 1 版
印　　次　2025 年 9 月第 1 次印刷
定　　价　88.00 元

序　言

马克思主义中国化是中国共产党百年奋斗的重要理论命题和实践主题。20 世纪 20 年代末至 30 年代初，以毛泽东同志为主要代表的中国共产党人在创建、巩固和发展赣南、闽西革命根据地的伟大实践中，将马克思主义基本原理同中国革命具体实际相结合，对中国革命道路进行了艰苦卓绝的探索，写下了马克思主义中国化发展史上的辉煌篇章，奠定了毛泽东思想的重要基础。闽西作为这一时期马克思主义中国化的关键实践地，其历史经验与理论贡献值得深入挖掘。

由赖蔚英老师撰写的《马克思主义中国化的闽西苏区探索》一书，正是对这一重要历史课题的系统研究。该书以严谨的学术态度、开阔的理论视野和扎实的史料基础，全面梳理了闽西革命根据地时期马克思主义中国化的探索历程，深刻揭示了其历史逻辑、理论贡献和现实启示，具有重要的学术价值和现实意义。

本书的突出特点在于：

其一，理论框架清晰，研究视角创新。

作者并未局限于传统的历史叙事，而是从“前提——历程——评价”三个维度构建分析体系，既考察闽西成为马克思主义中国化重要实践基地的社会历史条件，又深入剖析其探索过程中的思想碰撞、实践突破与挫折教训。特别是对红四军党内关于领导体制之争的分析，跳出了简单的路线斗争论，指出其本质是革命道路认识上的方法论分歧，体现了马克思主义中国化进程中的思想交锋与理论升华。

其二，史料运用扎实，论证逻辑严密。

本书广泛征引历史文献、地方档案及口述史料，结合闽西独特的地理人文环境，论证了客家文化精神、闽西党组织及毛泽东等领导人的实践智慧如何共同促成马克思主义在闽西的创造性转化，揭示了闽西何以成为马克思主义中国化探索的佼佼者，这既是中国革命的发展规律使然，也是人们发挥主观能动性进行创造性选择的结果。

其三，历史与现实贯通，启示意义深远。

作者不仅总结了闽西对马克思主义中国化探索的历史贡献、历史经验，还客观分析了其历史局限，并提炼出对新时代推进马克思主义中国化的启示。这种“以史鉴今”的学术取向，彰显了历史研究的现实关怀，也为当前学界关于“两个结合”的讨论提供了案例支撑。

马克思主义中国化是一个动态的、发展的过程。闽西苏区时期的探索，既是特定历史条件下的产物，也蕴含着普遍性规律。本书的出版，不仅有助于深化中共党史、革命根据地史研究，更能为理解马克思主义如何在中国大地生根发芽、枝繁叶茂提供新的思考维度。

当然，任何研究均有进一步完善的空间。例如，闽西经验与同时期其他根据地的比较、国际共产主义运动视野下的本土化实践等问题，仍可进行深入探讨。但瑕不掩瑜，本书无疑是一部兼具学术深度与思想高度的力作。

值此著作付梓之际，欣然为序，并向广大党史研究者、理论工作者推荐此书。期待更多学者关注地方实践与理论创新的互动关系，共同推动马克思主义中国化研究走向深入。

蒋伯英

2025 年 5 月

目 录

第三章 红四军入闽

中 篇 闽西苏区马克思主义中国化探索的艰难历程

第四章 闽西苏区马克思主义中国化探索的实践

第五章 闽西苏区马克思主义中国化探索的论争

第六章 闽西苏区马克思主义中国化探索的严重干扰

下 篇 闽西苏区马克思主义中国化的历史评价

第七章 闽西苏区马克思主义中国化探索的历史贡献

第八章 闽西苏区马克思主义中国化探索的历史经验

第九章 闽西苏区马克思主义中国化探索的历史局限

第十章
闽西苏区马克思主义中国化探索的现实启示

上　篇

闽西苏区马克思主义中国化探索的前提

20世纪20年代末，毛泽东、朱德等选择赣南、闽西作为党和红四军下一步发展的依托，闽西成为以毛泽东同志为主要代表的中国共产党人探索把马克思主义基本原理与中国革命实际相结合的重要实践基地，并成为其中的佼佼者。

历史为什么会垂爱闽西？历史的选择总是充满了必然与偶然。马克思主义在闽西的广泛传播，闽西党组织的建立及其早期务实创新的革命探索，以毛泽东为代表的一大批马克思主义者的入闽，为红色闽西的马克思主义中国化探索创造了必要前提。而在这些必要前提或条件的形成过程中，独特的地理、人文环境，客家人特有的品质以及毛泽东和朱德善于抓住时机的才能都发挥了重要作用。因此，20世纪20年代末至30年代初在闽西产生的让中国革命发生历史转折的选择，既是中国革命的发展规律使然，也是人们发挥主观能动性进行创造性选择的结果。

第一章

马克思主义在闽西的传播

1840年，第一次鸦片战争爆发，中国逐渐沦为半殖民地半封建社会。近代中国激烈的社会变迁使“救亡图存”成为重大的历史任务，它迫使中国人思考“中国向何处去”这一重大的现实问题。正是在这样的过程中，近代中国实现了思想转型，马克思主义成为中国社会思想文化的主旋律，并孕育了一大批杰出的进步人士、思想家和革命先驱。汇入时代洪流的闽西涌现出许多有识之士，他们把马克思主义带进了“万山重复的龙岩”[①]。他们对马克思、恩格斯及其学说的宣传，为马克思主义在闽西的广泛传播营造了社会氛围、奠定了思想基础，从而形成了红色闽西马克思主义中国化探索的一个必要前提。

一、马克思主义在闽西传播的社会历史条件

任何一种思想理论要得到传播并被大多数人所认同和掌握，必定有其深刻的社会历史原因和相应的主客观条件。马克思主义在闽西获得广泛传播同样有其复杂的社会历史条件和主客观原因。

（一）马克思主义成为近代中国社会思想文化的主旋律

1840年，英国侵略者以“坚船利炮”把一个古老的文明大国——中国卷进了资本主义世界的旋涡，无情地拉开了近代中国的帷幕，从此骄傲自大而又闭目塞听的“天朝上国”再也无法照旧维持下去，出现了“三千年未有之大变局”，国难迭起，社会震荡。据不完全统计，“仅从《辛丑条约》签订到辛亥革命爆发的十年间，农民自发的反抗斗争至少就有三百二十

① 林仙亭：《十年读书》，《岩声》第15期。

多次"[①]。

历史是一种用事实教诲人的哲学。一次次战事和外交上的失败，让中国主权丧失、任人宰割，中华民族面临前所未有的危机与挑战，"救亡图存"成为重大的历史任务，它迫使中国人思考"中国向何处去"这一重大的现实问题。

为了"救亡图存"，中国的先进分子或者从西方刚刚传来的理论中寻求救国的真理，或者从传统文化中觅取救国良方，使近代中国进入一个"文化昂进之时代"[②]。魏源提出了"师夷长技以制夷"，洋务派提倡"中学为体，西学为用"。康有为、梁启超、谭嗣同、严复等维新派思想家突破洋务派官僚集团"中体西用"的藩篱，开始把思维触角延伸到国家经济体制和政治体制领域。以孙中山为代表的革命派则在研究和接受西方文明的基础上，提出了包括"民族、民权、民生"的"三民主义"思想，试图效法欧美，实行"共和"。以陈独秀、李大钊、鲁迅等为代表的先进知识分子则高举"民主"和"科学"两面大旗，向封建专制主义及其意识形态发起了猛烈的进攻，有力地推动了新文化运动的发展。

1917 年俄国十月革命的胜利，把马克思主义的科学社会主义理论变成了现实，开辟了人类历史的新纪元，空前地显示了马克思列宁主义的巨大威力，给正在冥思苦想地探索着"中国向何处去"这一重大课题的中国先进知识分子提供了极大的启示和新的解答。用无产阶级世界观来观察和解决中国的现实问题一时间成为进步分子无比热衷的事业，马克思列宁主义逐步发展为一种强大的社会思潮，从而改变了新文化运动的方向和性质，使新文化运动由一个资产阶级的文化革命运动转变为一个广泛宣传马克思列宁主义的思想运动。经过五四运动的洗礼后，马克思列宁主义成为近代中国社会思想文化的主旋律。

近代中国社会思潮层出不穷，但最终中国人选择了马克思主义作为解决中国问题的思想武器，根本在于"马克思主义是关于人类解放和人的自

---

① 周志初：《试析清末农村人口问题》，《江苏社会科学》1993 年第 1 期。

② 朱维铮校注：《梁启超论清学史二种》，复旦大学出版社 1985 年版，第 1 页。

由全面发展的理论学说，它是人类总体精神的真正代表者和体现者，极大地满足了人类生存和发展的客观需要，特别能够满足饱受苦难、盼望国富民强和获得自由民主的中国人民的现实需要”[①]。

（二）闽西社会矛盾突出，人民渴盼改变命运

自民国以来，中国军阀混战，政局动荡。及至20世纪20年代，闽西各种社会矛盾异常尖锐。

首先是土地关系十分紧张。人多地少，因此闽西的土地关系一直比较紧张，20世纪20年代尤甚。一是土地高度集中。据统计，龙岩、永定、连城、上杭等县的“田地平均百分之八十五在收租阶级手里，农民所有田地平均不过百分之十五”[②]。二是佃租苛重。闽西地区租佃土地生产物的分配比率“以田亩好坏为标准”，从两成至七八成不等，“上等田能出产一石谷子之田地（如秧地）须纳谷8斗，较次者每担6斗，普通者4斗，下等田约2斗。倘以金钱代纳，则需照原价贵一二升”；在上杭县，1929年前租率依田地肥瘠而不同，“良田上冬谷子均归地主，下冬甘薯均归农民；瘠田因所费之劳力多，故地主仅得收成的一半或40%”。[③]在长汀县，上等田地租也有高至“百分之七八十”[④]的，但大多为“一半还地租”[⑤]。农民不仅要交高额的田租，甚至被要求提前征收，如1926年秋，汀州的田赋已经被预征到1931年。[⑥]三是高利贷盘剥。如果不能如期缴田租而向地主借贷，要承担高额利息。龙岩每月2分为最低，连城、武平、长汀均3分，

① 孙建华：《马克思主义中国化思想通史》第1卷，人民出版社2019年版，第163页。

② 江西省档案馆、中共江西省委党校党史教研室选编：《中央革命根据地史料选编》（中），江西人民出版社1982年版，第108页。

③ 章振乾撰述：《闽西农村调查日记（1945年4月—7月）》，《福建文史资料》第35辑，第178、156页。

④ 《中共闽西特委第二次代表大会情况与各项文件》（1930年7月8日—20日），中共龙岩地委党史资料征集领导小组、龙岩地区行政公署文物管理委员会编：《闽西革命史文献资料》第3辑，1982年内部版，第377页。

⑤ 章振乾撰述：《闽西农村调查日记（1945年4月—7月）》，《福建文史资料》第35辑，第175页。

⑥ 参见章有义编：《中国近代农业史资料·第2辑（1912—1927）》，生活·读书·新知三联书店1957年版，第577页。

最高利息有到12分的。在多重压榨下，闽西农村破败，民不聊生。可以说，20世纪20年代封建的土地关系已成为这一时期闽西地区贫穷祸乱的根源。

其次是政局动荡，战乱频仍。1913年二次革命失败后，北洋军阀势力迅速控制了江西、福建，相继占领赣南、闽西。这些军阀为了占领地盘和扩充势力范围，钩心斗角，连年混战。1922年至1925年，大大小小的军阀混战竟有30多次。[①]北洋军阀占领闽西后，向百姓征收各种名目的税。闽西龙岩县“捐税有四十多种，每人的负担要二十八元”[②]。1923年元旦前后，粤军经过的丰稔、蓝家渡、庐丰、安乡、横岗、南蛇渡等处，大肆勒索军饷，弄得鸡犬不宁。5月，福建省陆军第三师第五旅曹万顺部进驻上杭。6月，驻军委董书田接管县政，三天后省委派罗汝泽任知事。罗到任后即组织人员按户查检辛亥革命以来粮串（官府所发缴纳钱粮的收据——笔者注），不论欠粮与否，拿不出串票存根，便征收丁粮，使人民负担几乎增加一倍，勒索银元近10万元。1924年，军阀赖世璜自称赣军军长，在永定苛派捐税，全县已认捐5万元，其又勒令各乡播种罂粟，并限缴种子款，永定人民深知鸦片之毒害，只好缴款8万元给赖世璜，请求免种，赖世璜又勒索捐契税4万元。[③]

再次是匪患猖獗。地方军阀横征暴敛和土豪劣绅残酷剥削，加上天灾人祸（水患、瘟疫）接连不断发生，使广大人民纷纷破产，社会矛盾日益激化，很多人被迫沦为土匪。闽西各县的土匪约占当地人口的1/4，为全国之冠。永定土匪数量更是惊人，“坎市、抚溪两区的人口不下三四万，土匪占了大半。尤其是抚溪，除了土匪，什么也没有，土地荒芜无人耕种，尚以抢劫龙岩、南谒一带为生。永定的男子大半是土匪，至少与土匪

① 参见中共福建省龙岩市委党史研究室：《闽西人民革命史（1919—1949）》，中央文献出版社2001年版，第6页。

② 《中共闽西特委第二次代表大会情况与各项文件》（1930年7月8日—20日），中共龙岩地委党史资料征集领导小组、龙岩地区行政公署文物管理委员会编：《闽西革命史文献资料》第3辑，1982年内部版，第373页。

③ 参见永定县地方志编纂委员会编：《永定县志》，中国科学技术出版社1994年版，第9页。

有关联”[①]。占领闽西的北洋军阀为达到收土匪为己所用的目的，对土匪实行招安。盘踞龙岩的陈国辉部、长汀的郭凤鸣部接受北洋军阀政府招安（北伐军入闽时又宣布倒戈投靠蒋介石——笔者注），他们打着“保境安民”的旗号，雄霸一方，亦兵亦匪，强收捐税，抢劫掳掠，纵赌营娼，无所不为，闹得地方秩序混乱，人心惶惶，无法安居乐业。乡间土匪也大多受豪绅领导与操纵，因此“各乡各村各区都是形成一种土匪与豪绅相勾结的政权”，“形成豪绅土匪相勾结的政治”[②]，沆瀣一气，欺压乡邻百姓。

最后是受外国资本主义的冲击，闽西手工业濒于破产。自近代开埠以来，闽西离福州、厦门等通商口岸近，受外国资本主义影响较深，外国商品如潮水般涌入闽西，洋货充斥各地的市场，给当地的经济带来严重冲击，致使当地的手工业濒于破产。在闽西上杭，“旧时人家皆自织夏布棉布，近数十年多用外布，而机织已绝”，“烟纸两项出产大宗，旧时岁入总百数十万，然自洋纸、纸烟输入，势成弩末”。[③]

此外，在共产党建立苏维埃政权前，相较于中国其他农村地区，闽西的宗族统治尤为厉害，宗族势力广泛而强大，从而使族权与封建政权紧密地结合在一起。一位日本学者曾这样评述：“保护中国民族的唯一障壁，是其家族制度。这制度支持力之坚固，恐怕万里长城也比不上。”[④]“无论哪一县，封建的家族组织十分普遍，多是一姓一个村子，或一姓几个村子。”[⑤]族长利用手中的族权与严厉的宗族法规，对本乡本村的同胞实行严密控制与盘剥，而掌握族权的是有钱有势的封建官僚和地主豪绅，这就使“家族组织已直接与里甲制度相结合，演变成基层政权组织”[⑥]。

由此可见，在共产党建立苏维埃政权前，在20世纪20年代的闽西，

---

① 转引自谢庐明、陈东：《中央苏区时期中国共产党对土匪和会道门的争取与斗争述论》，《赣南师范学院学报》2006年第5期。

② 《中共福建临时省委赵亦松给中央的报告（节录）——永定、武平、龙岩工作概况》（1928年7月29日），中共龙岩地委党史资料征集领导小组、龙岩地区行政公署文物管理委员会编：《闽西革命史文献资料》第1辑，1981年内部版，第246、251页。

③ 转引自张侃、徐长春：《中央苏区财政经济史》，厦门大学出版社1999年版，第44页。

④ 转引自梁漱溟：《中国文化要义》，上海人民出版社2003年版，第48页。

⑤ 《毛泽东选集》第1卷，人民出版社1991年版，第69页。

⑥ 郑振满：《明清福建家族组织与社会变迁》，湖南教育出版社1992年版，第242页。

各种社会矛盾异常尖锐突出，百姓深受封建地主、军阀、豪绅、土匪、宗族势力及外国资本主义的多重盘剥和压迫，生活异常困苦。但人民群众的伟大之处在于，他们不是反动统治者或黑暗势力的逆来顺受者，而是改变自己命运和推动历史前进的主力军。在层层黑暗的笼罩下，处于绝境中的闽西人民比任何时候都渴望改变自己的命运。因此，当致力于"人类解放和人的自由全面发展"的马克思主义理论，成为中国先进知识分子用以解决中国问题的思想利器"流到万山重复的龙岩"时，饱受苦难、寻求改变自身命运的闽西人民必然为之深深吸引。

（三）偏僻却未必闭塞的地理环境

闽西，位于福建省的西部，地处闽粤赣三省交界，东西长约 192 公里，南北宽约 182 公里，总面积 19050 平方公里。境内武夷山脉南段、玳瑁山、博平岭等山岭沿东北—西南走向，大体呈平行分布。由于流水切割强烈，以致岭谷相间，河谷平地交错分布，这些特征构成了这里相对复杂险要的地理形势，"八山一水一分田"是对这里的地理特征最简洁恰当的描述。

这里群山重叠，但在丘陵山谷中流淌着许多大大小小的溪河，汇聚成三江水。如直破江西的赣江，其东源为赣水，又称贡水，源自闽西长汀县城西北黄竹岭的长乐山，一路合诸山水而为万安溪，经古城入江西瑞金，又合诸山水为贡江，流经于都，至赣县与章水汇合而为赣江，向东流入鄱阳湖。又如源自闽西长汀县北武夷山麓的汀水，南流宝珠峰，与诸山水汇为长汀溪，为汀江主流。汀江继续南流经上杭、永定，先后有连水、黄潭溪、永定溪分别自东北方向注入，而后入广东境内，汇合大埔、梅州诸河流，至三河坝，与梅江汇合，形成韩江，流向潮州、汕头。还有九龙江水系。九龙江北溪发源于龙岩市小池乡和连城县曲溪乡，小池流至苏坂为雁石溪，曲溪至苏坂为万安溪，两水至苏坂汇合后流入漳平，至盐场洲与双洋溪、新桥溪汇合后流入华安县境，在厦门港对岸注入台湾海峡。

三江源头、溪河繁多、水系发达，使这里在古代就成为闽地海盐北运和北粮南运的枢纽，在近代则成为闽粤赣三省的交通要冲。便利的水利交通使这里与外界保持着良好的联系。关于这点，1929 年 4 月 5 日毛泽东在他起草的《红军第四军前委给中央的信》中就曾这样说："到赣南闽西以来，邮路极便，天天可以看到南京、上海、福州、厦门、漳州、南昌、赣州的报纸，到瑞金且可看到何键的机关报长沙《民国日报》，真是拨云雾见青天，快乐真不可名状。"①

"八山一水一分田"的地貌使这里的可耕地资源和农产品很有限，所以民众日常生活商业化成为必然。一方面，农民需要依赖市场贸易交换日常生活用品。据章振乾调查，龙岩作为山区可耕地面积只占全县土地面积的10.54%，而已利用的耕地面积也只是占可耕地面积的83.34%。②同时有关材料表明："龙岩农民有70%以上均须出卖自己的生产物，同时有58%左右尚依赖市场再购回不足之粮食。"③另一方面，人们从事的职业绝大部分都具有商业性、流动性的特点。他们农忙时务农种田，农闲时撑船放排、做挑夫。清末，闽西龙岩到长汀沿途的商店、客店和小贩等，"沿途靠着担夫旅客吃饭的最少也有三万人"。在闽西长汀，据记载，"每日由赣东南和闽北肩挑至长汀的农副产品达2000担"④，每天进出长汀的挑脚夫在数千人。排夫船工的数量，据记载，武平北部的店下有300多人。闽西汀江上，在航运业鼎盛的20世纪二三十年代，船工有万余人。

在交通闭塞的古代，这里连绵起伏的山脉犹如天然的屏障，阻断了中原纷扰不断的战火，让因为战乱而逃离家园的客家先民，在心理上有了依靠，因而成为中原移民逃避战乱、重建家园直至形成客家民系的理想与现实场所。及至今天，广袤的闽粤赣三省接合部，成为客家民系最密集的聚居地。虽有山峦阻隔，但几近相同的语言、文化和在长期辗转、艰苦开拓的过程中形成的互助互爱、精诚团结和好客、联外的品质，让他们之间有着密切的联系和往来，闽西也由此成为闽粤赣边区物资的重要集散地、客

---

① 《毛泽东文集》第1卷，人民出版社1993年版，第61—62页。

② 参见章振乾撰述：《本世纪二十至四十年代闽西农村土地关系的基本情况》，中国人民政治协商会议福建省委员会文史资料委员会编：《福建文史资料》第35辑，第178—179页。

③ 章振乾撰述：《本世纪二十至四十年代闽西农村土地关系的基本情况》，中国人民政治协商会议福建省委员会文史资料委员会编：《福建文史资料》第35辑，第180页。

④ 长汀县地方志编纂委员会编：《长汀县志》，生活·读书·新知三联书店1993年版，第287页。

家人交流往来的中心和大本营。

地处偏僻却未必闭塞的独特地理环境，为马克思主义在闽西的传播创造了极为有利的条件：一是世事的任何变化，并不难通过江河上来往的艄公、商人、挑夫，传到山重水复的闽西来，近代中国激烈的社会变迁和思想转型也必然为这里的人们所感知；二是外向性联系对地理环境封闭、传统思想占主导地位的山村具有潜移默化的作用，有利于新思想的产生；三是一个经常流动的农民要比总是待在家里的农民更具弹性思维和更强的信息处理能力，因而也就能更快地接受新事物。这些对作为外来的、新的革命思想的马克思主义的接受与传播，无疑具有极强的推动作用。

（四）独特的人文环境孕育了一批文化知识分子

闽西是中国客家民系主要聚居地之一，也是客家人的发祥地。客家先民大多是中原华胄，他们来自中华文明的发源地，具有较高的文化素养，虽经辗转流徙，但其文化气质不变，依然沿袭了讲礼节、重伦理、好学问、尚教育、隆师道等崇德尚学的传统，加上客家人所居住的赣粤闽边区属山区，交通阻塞，山多田少，客家人依靠有限的土地难以维持生计，因此，读书入仕，向外谋求更大的发展就成为他们的必然选择。于是，崇文重教、耕读传家精神在客家人中代代相传，成为客家人的传家宝。无论过去还是现在，客家父母们再苦再累也要为子女读书成才创造条件，所以客家地区向来文教事业比较发达。比如客家人的聚居地之一梅州素有“文化之乡”的美誉，中华人民共和国刚刚成立之初，中国文字改革委员会在调查全国各地百姓的识字率时惊奇地发现：梅州地区的客家人中居然找不到不识字的人，哪怕是种地的农民和妇女。因为在当时重男轻女的传统观念依然比较强的社会里，女子一般不能像男子一样公平地接受教育，但是客家地区则不同，客家人虽然在当时也有重男轻女的意识，但是出于对子女文化教育的高度重视，几乎所有客家女孩在当时也跟男孩一样读书识字，接受较高水平的文化教育，这在当时农民识字率不高、有相当一部分农民目不识丁的新中国实属一种较为罕见的现象。

崇文重教、耕读传家的传统使闽西客家人才辈出，尤其不缺知识分子。据文献记载，在盛行科举取士制度的明朝，龙岩（新罗区）、汀州设有考区，本区（即现在的龙岩市——笔者注）科举考试中文进士145名，武进士29名，文举人730名，武举人376名，贡生1246名。清朝时，各地兴办书院、广育人才，全区经科举考试中举人、贡生、进士2500余人。从清康熙到光绪年间，仅永定县坎市青溪村廖氏一族就连续五年登科出仕，计有进士、翰林7名，举人5名。清末废科举，兴学堂，城乡广设中小学堂，各县兴办中小学堂69所，其中中学堂3所、小学堂66所，还创办师范学校、职业女校、医馆，开职业教育之先河。民国初期，各县设劝学署（所），后改教育局（科），兴办公私立小学百余所。[①]清末民初以来，这里形成了一股外出求学乃至出国留学的风潮，及至1926年春，竟形成了闽西两百学子下集美的壮观景象。

客家人崇文重教的传统孕育出一大批知识分子，为马克思主义在闽西的传播创造了主体条件。历史事实也证明，正是这些知识分子先接受了马克思主义，尔后才把马克思主义传到山重水复的龙岩来。对此，邓子恢在新中国成立后回忆说："龙岩虽地处偏僻，但知识分子却不少，县城办有中学（后改为省立第九中学）一所，各区有高小，各乡有初小，到漳厦、福州、京沪就学的也不少，还有几个人到日本、法国留学，因此革命思想和革命运动便先从知识分子中传播。"[②]

（五）敢于向命运抗争、富于革命进取精神的品质和特性

客家人作为汉民族的一支民系，其形成和发展经历数次大迁徙，颠沛流离。他们定居山野，资源短缺，交通落后，加上当地族群排斥，要在极为险恶的环境中落地生根，安家立业，繁衍生息，就必须艰苦奋斗，以坚韧不拔的顽强毅力去建设自己的新家园。世事多艰及生存环境的恶劣使客家人养成坚忍卓绝、刻苦耐劳、不怕冒险犯难、敢于向命运抗争的品质和特性。与此同时，客家人经过历代长期艰苦奋斗使性格得到考验和磨炼，造就了革命进取精神。如著名客家学者罗香林教授在《客家源流考》中所说，客家人自始至终带有一种浩然正义的民族节操，他们崇尚忠义、反抗

---

① 参见龙岩地区地方志编纂委员会编：《龙岩地区志》（下），上海人民出版社1992年版，第1155页。

② 《邓子恢自述》，人民出版社2007年版，第50页。

压迫、同仇敌忾的凛然自傲之气，使他们成为“民族心理发展中的一群勇者”。日本著名学者山口县造在《客家与中国革命》一文中对客家人的这一品质和特性也进行了极为精辟的揭示，他说：“客家是中国最优秀的民族，他们原有一种自信自傲之气质，使其能自北方胡骑之下迁到南方，因此他们的爱国心比任何一族都强，是永远不会被征服的。”①

客家人的这种品质和特性使闽西人民面对剥削、压迫敢于抗争、敢于改变，上演了一幕幕革命历史壮举。19世纪中叶以后，随着帝国主义工业品的侵入，闽西手工业逐步破产。与此同时，连绵不断的军阀混战给闽西人民带来无穷无尽的灾难，闽西人民在遭受帝国主义、军阀官僚掠夺与摧残的同时，深受封建地主阶级的残酷压迫和剥削，过着牛马不如的悲惨生活。为了求得生存和民族解放，闽西人民进行了不屈不挠的斗争。早在1857—1865年，闽西红头军、哥老会等先后爆发了多次农民起义；1900年，龙岩、漳平等地农民在义和团运动的影响下，进行了反洋教侵略斗争；1911年，辛亥革命爆发后，闽西各县的同盟会小组成员和军民积极响应，迅速光复了上杭、永定、汀州等县城，许多仁人志士为了推翻清王朝的统治，献出了宝贵的生命，展现了闽西客家人民勇于向命运抗争的革命进取精神。

很显然，这样的民风、民性让这里的人们容易接受革命思想，并乐于接受革命者。这就是为什么在红四军进入赣南闽西以后，毛泽东会盛赞“江西福建二省党及群众的基础都比湖南好些”，“闽西赣南的民众都非常之好”。②

二、马克思主义在闽西的传播

在十月革命之后与五四新文化运动之前，马克思主义作为一种学说和思潮在中国只得到零星传播。十月革命后，马克思主义作为一种救国理论开始进入中国先进知识分子的视野。这一新思潮首先被在外求学工作的

① 戚其章、王如绘主编：《甲午战争与近代中国和世界——甲午战争100周年国际学术讨论会文集》，人民出版社1995年版，第733页。

② 《毛泽东文集》第1卷，人民出版社1993年版，第58页。

闽西籍先进知识青年接受并通过他们“流到万山重复的龙岩来了”。此后，马克思主义在闽西的知识分子和群众中得到进一步的传播，最终在大革命和土地革命战争时期转化为强大的物质力量。

那么，这一新思潮是如何流到万山重复的龙岩的？又是如何得到进一步传播的？在传播中遭遇了什么样的阻挠和困难？对闽西乃至中国的革命产生了什么样的影响？

（一）马克思主义“流到万山重复的龙岩”

如前文所述，崇文重教、耕读传家的传统使闽西这块土地不缺知识分子，而流淌在客家人血液中敢于向命运抗争的品质和特性，使他们敢于走出山区。这些闽西知识青年，在信息较为通达的城市，接触到各种新思想新思潮，他们中的不少人选择并接受了马克思主义。尔后，他们通过与家人、亲友、母校师生通信和寄回各种进步书刊或回乡探亲、工作，把马克思主义带到了“万山重复的龙岩”，成为宣传马克思主义理论的先锋。他们中的杰出代表和群体主要有：

1. 邓子恢

又名绍箕，福建龙岩人。1916 年底，邓子恢中学毕业。1917 年初，龙岩县公署筹措了一笔公费准备保送学业优良的学生赴日留学，邓子恢以优异的成绩获取了公费留日的资格。1917 年 3 月，他东渡日本，在东亚补习学校学习，因贫病于 1918 年 5 月辍学回国。由于家庭收入微薄，日子过得很艰难，于 1918 年底前往江西省崇义县杰坝墟堂兄开设的“庆昌和”杂货店当店员。1919 年，五四运动的革命浪潮波及赣南的穷乡僻壤。在这里，邓子恢接触到《新青年》《新潮》《湘江评论》等革命刊物，逐渐接受了新思想和新文化。后来他又看到了马克思和恩格斯合著的《共产党宣言》，“我感到对症下药，解决问题，中国只有走这条路才行，这就放弃了资产阶级改良主义思想，确定了对共产主义的信仰”[①]。1921 年春，邓子恢从江西崇义回到家乡，开始传播马克思主义。

---

① 《邓子恢自述》，人民出版社 2007 年版，第 82 页。

2. 李觉民等一批集美学子

李觉民，福建省龙岩市永定区岐岭乡湖河村人，1922 年进入厦门集美学校读书。厦门集美学校由侨领陈嘉庚创办，风气比较开化，当时从革命思想活跃的北京、上海、江浙一带聘请了一批进步教员来校任教，他们在课堂上进行马克思主义教育，讲解阶级斗争学说、历史唯物主义和辩证法，宣扬革命道路，还把带来的马列书刊赠送给集美学校图书馆。李觉民在这里接受了马克思主义思潮的熏陶，进而信仰马克思主义。1923 年 11 月，他同团中央取得联系，在给共青团中央领导人恽代英的信中说："看了马克思主义的书和社会主义讨论（以及李［列］宁等书），我就下了决心相信列宁主义了，并知道以前信的无政府主义是没有手段没方法的了。"[①] 随后，他被团中央聘为通讯员，并受委托代售《向导》《中国青年》《独秀演讲集》等革命书刊，他积极联系、组织同学研习这些书刊，宣传马列主义和中国共产党人的主张。由于厦门集美学校师范部可以免费就读，而且路途近，加之风气开化，吸引了大量闽西贫寒优秀学子前往。至 1926 年春，闽西有 200 个学子在集美学校就读。他们中的很大一部分人，比如新罗的张觉觉（后叛变）、谢景德，上杭的蓝维仁、张楷、蓝为龙，永定的林心尧、卢肇西、卢其中、陈正、曾牧村、杨世宁等，都是在集美学校接受了新思想的熏陶后信仰马克思主义，然后回到家乡积极宣传马克思主义。

3. 在北京、上海、广州等地求学的闽西学子

1919 年 5 月 4 日，北京爆发了五四运动，在北京就读于化工学校的汀州籍学生王仰颜参加了示威游行。留学日本回国的进步青年傅柏翠专程赴北京，与上杭籍在京学生林克庵等联系，阅读了《新青年》《新潮》等刊物。在广州求学的胡其文（永定人），在广东大学（现中山大学）读书的进步学生谢秉琼（武平人）、胡铁寰（长汀人）、吴炳若（长汀人），在上海、广州等地考察的阮山（永定人），他们都是在外求学或考察期间接

① 李觉民：《关于厦门集美学校马列主义传播情况给钟兄的信》（1923 年 11 月 24 日），中共龙岩地委党史资料征集领导小组、龙岩地区行政公署文物管理委员会编：《闽西革命史文献资料》第 1 辑，1981 年内部版，第 18—19 页。

触到新思想新思潮，并进而接受了马克思主义。他们不断地把《列宁学说》《马克思主义》《独秀文存》《新青年》等一批宣传新思想新思潮的刊物送到家乡。

4. 农民运动讲习所学员

1925 年 9 月，共产党人彭湃主持的广州第五届农民运动讲习所开办，永定的赖秋实、赖玉珊前往学习。1926 年 5 月，毛泽东主持的广州第六届农民运动讲习所开办，龙岩的郭滴人、陈庆隆、李联星，永定的王奎福、胡永东，上杭的温家福，平和的朱积垒等前往学习。他们在讲习所聆听毛泽东、周恩来讲课，接受马克思主义思想的教育，信仰马克思主义。1926 年 9 月，他们结业后以中央农民部特派员身份，随东征军经梅县回到闽西开展农运工作，传播马克思主义和开展革命运动。

5. 非闽西籍的知识青年

除了闽西先进知识青年，一些非闽西籍的知识分子也为马克思主义在闽西的传播发挥了积极作用，其中的杰出代表当数罗明。罗明，又名罗善培，是广东省梅州市大埔县平原乡岩霞村人。20 世纪 20 年代初，罗明在集美学校求学时，因受社会主义新思潮及五四运动的影响，阅读了《共产党宣言》《马克思学说》《社会主义论集》《独秀文存》《向导》《中国青年》《新青年》等进步书刊，接受了无产阶级革命新思想。罗明在集美念了 4 年书，结识了许多闽西同学，他的活动主要在闽西同学中进行。他与闽西籍学子李觉民、张觉觉、谢景德等创办的《星火周报》，在闽西南流传甚广。1926 年 1 月，他在广州作为介绍人，介绍李觉民入党。之后受陈延年委派，到厦门为第六届农民运动讲习所招收学员，招收的第一批 9 名学员全部是闽西籍青年，这些人后来都成为闽西革命根据地的第一批领导人。可以说，他为培育一批具有坚定马克思主义信仰的闽西革命根据地领导人作出了巨大贡献。后来他成为闽西革命根据地创始人之一，始终坚持毛泽东正确主张，与教条主义、经验主义进行了坚决斗争，为毛泽东正确思想主张的传播发挥了积极作用。

当这样一批热血知识青年把马克思主义作为救国救民的理论带到龙岩后，“万山重复”、偏居一隅、黑暗笼罩的龙岩便有了第一缕星光。

（二）马克思主义在闽西的进一步传播

当马克思主义成为一批闽西先进知识青年的信仰，那么，为信仰而行动就是他们的必然选择。正如《岩声》第12期张觉觉所写《本报之过去现在及未来》一文中说："我和独奇、子恢、仙亭……诸君，受着新思潮的洗礼，对于社会现象，顿起不满意的心理，常常不自度量，思有所以改造之，其入手的办法，就是联络振动数和振动幅比较的相同者——同志。起而互助合作，先从改造个人做起，而后及于改造社会。"为了让更多的知识青年和群众了解、接受进而信仰马克思主义，闽西先进青年用尽各种方法宣传马克思主义。

1. 组织进步社团，学习和宣传马列主义

1921年春，邓子恢、陈明等人在龙岩白土组织"奇山书社"，发展进步师生为社员，人数有200多人。书社以传播新思想为宗旨，购买了很多新书刊供社员阅读，其中有《共产党宣言》《新潮》《新青年》《向导》等。1923年春，永定在外求学的胡其文、陈正、曾牧村等38位进步青年，利用寒假回乡的机会成立了以反帝反封建为宗旨的"晨钟社"。1924年暑假，上杭在集美学习的进步青年蓝维仁、张楷等回上杭组织"新剧团"，进行革命宣传。1925年春，阮山、赖秋实等进步青年也在永定成立"湖雷青年学友会"，学习马列主义。1925年9月，上杭进步知识青年罗大准、郭尚平、雷三明、邱天锦等人在上杭城关发起成立"上杭青年读书会"，提倡新文化、新文学，反对封建旧礼教、旧文化，每周集会一次，阅读《向导》《中国青年》《创造月刊》《洪水》等进步刊物。另外，在马列主义思想的熏陶下，集美学校师范部贫苦学生李觉民、罗善培（罗明）、罗扬才、刘端生等人，于1923年在厦门成立"星火社"，学习和宣传马列主义。后来又扩大为"福建青年协进社"，广泛团结思想进步的知识青年投入实际的革命斗争，成立时有130余人，后又发展到200多人，他们中很大一部分是闽西籍学生，他们在闽西南的20多个县深入宣传马列主义。

2. 创办进步刊物，传播马列主义

奇山书社成立后，社员经常召开讨论会和读书心得交流会。为推动社员间的思想交流，他们在1922年将大家的读书心得印成《读书录》，发给社员。不久又出第二册，更名为《同声》。1923 年又更名为《岩声》，扩充内容，增加新栏目。“本刊最伟大之使命乃在改造旧社会、宣传新文化”[①]，揭露社会黑暗，报道群众斗争，推广革命思想，宣传社会主义。《岩声》于 1923 年 9 月 1 日公开出版，到 1926 年 11 月共出版 43 期，是全省创办时间最长、销售量最多、销售范围最广、影响最大的宣传新文化、新思想和传播马列主义的刊物。星火社成立后，创办《星火周报》，撰稿人主要是闽西籍学子，有吴仰文、熊其藻、林心尧、陈正、曾牧村、卢肇西、谢宝萱、郑日晖等，刊物主要流向闽西南，内容以反帝反封建为中心，宣传革命理论，很受欢迎。每次出版，一出即尽，深受革命青年欢迎，其销售量比《中国青年》还多，“对于同学的思想影响甚大”[②]。1925 年，上杭进步青年罗大准、吴梅林、雷三明、郭尚屏等组织的读书会创办了不定期的油印刊物《幻灯》。1926 年 3 月，在广东大学（现中山大学）读书的进步学生谢秉琼、胡轶寰、吴炳若等人在广州创办《汀雷》，揭露帝国主义、军阀、官僚和地主豪绅的罪行以及社会的黑暗，以“唤起吾汀人觉悟”[③]。在广州编印出版后的《汀雷》被寄回汀属八县散发，也向省内外发行。同年 12 月 15 日停刊，共出版 9 期，对鼓舞群众革命热情、掌握斗争艺术起了积极作用。此外还有谢景德、杨世宁主编的《新龙岩季刊》（1924 年 5 月创办）、《到民间去》（1924 年 5 月创办），杨世宁、廖昌泰、连炳文等主编的《铁扫把》（1925 年 8 月创办），陈正、卢肇西、曾牧村等创办的《钟声》（1923 年 12 月创办）、《戈壁》（1924 年夏创办），曾牧村、曾宪安、苏节、张壮飞创办的《革命先锋》（1925 年创办），谢鸣珂主编的《曙汀》（1925 年创办），以及流入集美学校的《长汀月刊》《莲钟月刊》《上杭评论》《赤花》《改进》等。这些进步刊物传播新思想、新文化，鼓动反帝反封建，宣传马列主义革命思想，启发人民群

① 《宣言》，《岩声》第 1 期。

② 李觉民：《关于厦门集美学校马列主义传播情况给钟兄的信》（1923 年 11 月 24 日），中共龙岩地委党史资料征集领导小组、龙岩地区行政公署文物管理委员会编：《闽西革命史文献资料》第 1 辑，1981 年内部版，第 19 页。

③ 《本刊的使命与希望》（1926 年 3 月 25 日），中共龙岩地委党史资料征集领导小组、龙岩地区行政公署文物管理委员会编：《闽西革命史文献资料》第 1 辑，1981 年内部版，第 51 页。

众觉悟，在闽西山区激起一片欢腾，打破了北洋军阀统治下死气沉沉的局面。

3. 成立代售点，专门销售进步书刊

李觉民在厦门集美学校学习期间，主动与团中央取得联系，请求提供更多进步书刊。应他的这一请求，团中央聘其为通讯员，并委托其代售《向导》《中国青年》《独秀演讲集》等革命书刊。他一方面出售这些书刊，另一方面积极联系、组织闽西南同学研习这些书刊，宣传马列主义和中国共产党人的主张，影响颇大。《岩声》则委托张觉觉等集美学子在厦门发行，销往海内外，“其发行范围和销售数量，据一九二五年一月十日统计，在国内有福建、江西、广东、湖南、湖北、河南、河北、安徽、山东、江苏、浙江、台湾等十二省三十五个县市三百八十四份，国外远销到新加坡、日里、亚齐、三巴垄、仰光、吕宋、槟榔屿等七处二百零八份，总计五百九十二份（上述统计数为订全年者，不包括零售在内），至二十六期时，销售量共达七百余份”[①]，影响很大。

4. 开设平民学校或平民夜校，宣传马列主义

1925 年 7 月，谢景德、林初天、谢宝萱等利用暑假回家乡龙岩适中办第一期平民夜校，第二年暑假又续办第二期平民夜校。1925 年 8 月，廖昌泰、连炳文在龙岩城关陈家祠创办龙岩公学，免费招收城区青少年入学。1926 年 3 月，在集美学校师范部学习的党员蓝维仁邀集美同学蓝为龙回上杭庐丰创办平民学校。邓子恢、郭滴人在龙岩白土，张鼎丞在永定金沙也举办了平民夜校。在永定，陈正和曾牧村等人创办下洋公学，赖秋实等创办下湖公学，熊一鸥创办上湖公学，简祥明等创办培丰公学，赖连璋等创办西溪公学，卢肇西等创办东乡公学。当时永定全县共办起 70 余所夜校，学员有 4000 人左右。[②]长汀的王仰颜、黄亚光创办新桥乡村师范学校。从此，劳苦大众有了自己的学校，进步知识青年利用学校这个阵

---

① 转引自邱林忠、陈仙海：《〈岩声报〉的创办经过和主要内容》，《党史研究参考资料》1981 年第 1 期。

② 参见中共永定县委党史工作委员会编：《永定人民革命史》，厦门大学出版社 1989 年版，第 22 页。

地，对劳苦群众及其子女既传授文化知识，也传播革命思想，进行马克思主义的宣传教育。他们用大量的事实揭露封建统治阶级的丑恶面目，启发群众的阶级觉悟，激发群众的革命热情。后来成为闽西革命优秀领导人的刘永生、陈锦辉、魏金水、邱金声等，都是通过平民夜校认识革命，从而走上革命道路的。

（三）与反马克思主义思潮进行斗争

1922 年 10 月，孙中山领导的北伐军许崇智部入闽，驱逐了军阀李厚基（时任福建督军兼省长——笔者注）之后，言论一度较为自由，各地最早接受马克思主义的先进知识分子组织进步社团，创办刊物，开展以反帝反封建革命斗争为中心内容的马克思主义宣传活动。但这并不意味着马列主义在闽西的传播一帆风顺，事实上这一时期马列主义在闽西的传播经历了与各种反马克思主义思潮的斗争，还与官僚豪绅阶级对马列主义的传播的各种抵制进行了斗争。

首先是与各种反马克思主义思潮进行斗争。五四时期，中国早期的马克思主义者同反马克思主义思潮展开了三次论战，即同胡适关于“问题与主义”的论战、同张东荪等鼓吹的“基尔特社会主义”的论战以及同“无政府主义”的论战。通过这三次论战，中国的先进分子认清了这些反马克思主义流派的谬误和危害，为马克思主义在中国的传播以及中国共产党的诞生奠定了非常重要的思想基础。但这并不等于肃清了各种反马克思主义思潮的影响，社会上仍然充斥着各种反马克思主义的思潮。其时在闽西子弟云集的集美学校，除了马克思主义外，流入的思潮还有国家主义派、无政府主义、改良主义等。胡适的“多研究些问题，少谈些‘主义’”在这里依然盛行，其信徒陈尚友（即陈伯达）等经常与倾向马克思主义的闽西籍青年进行辩论，并试图把宣扬国家主义等思潮的刊物《醒狮》推销给他们，千方百计阻挠《岩声》在集美学校的销售。为了与各种反马克思主义思潮作斗争，宣扬马克思主义，罗明和闽西籍集美同学效仿邓子恢他们组织会社，筹办刊物《星火周刊》，很受欢迎，对闽西籍青年学生接受马克思主义、信仰马克思主义产生了深刻影响。

其次是与军阀、官僚豪绅阶级的阻挠和破坏进行斗争。军阀、官僚豪绅阶级对马列主义在闽西的传播感到非常害怕，他们一方面通过控制邮政、新闻出版机构，严密检查、没收各地寄入闽西的进步书刊，禁止新闻单位报道革命团体的活动消息和宣传马列主义，不准出版单位翻印出版马列主义书刊；另一方面，又派遣暗探和爪牙四处侦察、监视革命师生的活动，并想方设法破坏。如《汀雷》引起闽西反动当局的极大仇视，他们千方百计进行诬蔑、破坏和围攻，企图改变刊物的革命性质。阴谋未得逞，他们又指使一帮打手企图行凶打人，扬言要砸碎《汀雷》社。培丰公学前身为“同志”学校，因校舍被军阀陈炯明部占据而被迫停办（打倒陈炯明后复办）。面对阻挠和破坏，这些马克思主义信奉者冲破一切困难和重重阻力，采取异地编印出版革命刊物的办法转移敌人注意力，比如《岩声》月刊在龙岩秘密编辑、在厦门印刷发行,《钟声》第一期在厦门印刷,《汀雷》在广州编印出版。在革命组织的支持、维护下，这些刊物得以连续出版发行。

三、马克思主义在闽西传播的影响

闽西的知识青年和共产主义者对马克思、恩格斯、列宁及其学说的宣传和广泛传播，为红色闽西马克思主义中国化的探索创造了必要前提，其影响主要体现在以下几个方面：

（一）为中共闽西地方党组织的建立准备了思想条件和干部条件

随着各个革命团体的相继建立，各种革命刊物的创办，闽西形成了强大的马列主义宣传运动，照亮了偏于一隅、被黑暗笼罩的龙岩，使马克思列宁主义成为越来越多苦苦寻求出路的革命知识分子的选择，他们高擎马克思列宁主义真理的火炬，要在闽西改天换地，从而为闽西地方党组织的建立准备了必要的思想条件。诚如杨成武为《闽西人民革命史》作序时所言：“‘五四’运动后，闽西一批先进知识分子就开始寻求革命真理，投身反帝反封建的洪流。他们发起组织和创办宣传新思想、新文化的团体，还通过办平民学校，宣传革命，唤起民众。马列主义在闽西的迅速传播，为后来中共闽西地方组织的建立作了思想上的准备。”[①]

另外，经过马克思主义的广泛传播，青年学生、工农群众阶级觉悟提高，他们参加实际斗争，思想感情发生深刻变化，成为具有共产主义思想的先进分子。这些接受了马列主义、了解闽西革命实际问题，并投身革命运动的先进队伍的形成为党组织的建立作了干部上的准备。他们或从事建团建党工作，或在各个革命团体内部物色那些经过考验的先进分子入团，经过考察和培养，输送入党。

（二）培养和造就了一批领导干部

马列主义的宣传运动，使传播马克思主义的革命知识分子在组织革命团体、创办革命刊物传播马克思主义的革命活动过程中，自身的马克思主义理论水平不断提高，信仰愈加坚定，锻炼成为无产阶级的先锋战士，并在与各种反马克思主义者、阻挠马克思主义传播的各种反动势力的斗争中，锻炼了才干，积累了依靠群众、秘密斗争的革命工作经验，他们中“很大一部分成为共产党员和农民运动的领导者”[②]。比如星火社社员人数多时有 200 多人，他们当中的很多人，如罗明、李觉民、卢肇西、林心尧等，或成为党组织的创建人、骨干，或成为农民运动、土地革命斗争的杰出领导者。

（三）为党领导革命斗争准备了很好的群众基础

开设平民学校或平民夜校，向劳苦群众及其子女传授文化知识、传播革命思想，向广大农民传播马克思主义，告诉长期受封建剥削的中国农民为什么要跟共产党走，从而把闽西人民从沉睡中唤醒，使他们认清穷根、找到苦源，使他们的阶级觉悟大为提高，斗争勇气倍增，从而积极投入党领导的革命斗争，配合北伐军入闽，掀起工农运动的高潮。依靠这良好的群众基础，迎来从井冈山走下来的毛泽东和红四军，由此在闽西开启了更加波澜壮阔的土地革命斗争史、中华人民共和国的苏区建设史，使闽西得以成为以毛泽东同志为主要代表的中国共产党人探索把马克思主义基本原

---

① 中共福建省龙岩市委党史研究室：《闽西人民革命史（1919—1949）》，中央文献出版社 2001 年版，序言。

② 《邓子恢自述》，人民出版社 2007 年版，第 51 页。

理与中国革命实际相结合的重要实践基地，成为马克思主义中国化探索中的先行者和佼佼者，成为马克思主义中国化首次取得突破性进展的奠基之地。依靠这良好的群众基础，在朱毛红军离开后残酷复杂的斗争中，还有13万农民一直保留土地革命的果实，创造了闽西“20年红旗不倒”的光辉历史。

第二章

闽西党组织的建立及其早期革命探索

1924 年 1 月，中国国民党第一次全国代表大会召开，国共第一次合作正式建立。1925 年 1 月，中国共产党在上海举行第四次全国代表大会，大会总结了国共合作一年来的经验教训，制定了开展群众运动的计划，并决定在全国建立和加强党的组织，以适应革命大发展的需要。会后，党的工作迅速深入到各地广大群众中去。得益于耕读并举的文化传统，闽西有不少知识青年外出求学或从事社会工作，他们接受新文化、新思潮的熏陶，读了许多宣传马克思主义的进步书刊，接受了马克思主义，树立了共产主义的理想信念，从而加入了党组织，成为闽西最早的共产党员。闽西的先进知识分子在外地加入共产党后，除少数人继续留在外地从事革命活动外，大多数都受党组织的派遣陆续回到家乡进行革命活动，建立党、团组织，开展革命斗争，领导人民投入革命运动，开辟了中国革命最早的一块“绿洲”，为朱毛红军的到来和在这片土地上接续进行中国革命道路的探索奠定了基础。

一、闽西党组织的建立与发展

（一）闽西最早入党的中国共产党党员

如前所述，客家人耕读传家的文化传统，造就了一批有天下情怀的知识分子，牵引着他们走出大山，汇入时代的洪流，再由他们把时代的洪流引入“万山重复”的家乡，从而使闽西走在了时代的前面。闽西地方党组织的较早建立就缘于有一批在外求学或工作的先进知识青年率先在全国各地加入了中国共产党的党团组织。

早期闽西先进知识青年入党大致有这么几种情况：

一是在广州农民运动讲习所参加共产党组织。赖秋实、赖玉珊在由彭湃主办的第五届农民运动讲习所学习。1926年，郭滴人、陈庆隆、李联星、朱文昭、黄昭明、王奎福、胡永东、温家福、朱积垒9人参加毛泽东在广州主办的第六届农民运动讲习所学习。他们在农讲所学习后，全部加入了中国共产党。

二是在厦门集美学校师范部参加共产党。集美学校师范部在福建省是较早传播马克思主义和建立党团组织的。由于离闽西家乡近，这里成为闽西知识青年最青睐和向往的知识殿堂。1926年春，竟形成两百学子下集美的壮丽景象。在这些闽西籍青年学子中，永定的李觉民是最早相信社会主义学说的一个。1926年4月，党团组织正式分开，中共厦门干事会成立，由阮山（永定湖雷人，厦门中心中学教务长）任干事会书记。随后，在集美学校师范部学习的闽西知识青年林心尧、卢肇西、卢其中、陈正、钟武、谢景德、曾牧村、蓝维仁、蓝为龙、杨世宁等人陆续参加了共产党组织。

三是在国外和其他地方参加共产党组织。漳平的郑超麟、陈祖康于1924年分别在莫斯科、巴黎由少年共产党员转为中共党员。林野于1924年在广州黄埔军校入党，项与年于1925年在浙江石甲（一说“硖石”）小学入党，李云贵于1925年在黄埔军校潮汕分校第六期学习时入党，俞炳荣于1926年在厦门警官学校入党。1926年冬，龙岩的邓子恢在江西崇义入党，陈明在上海大学社会学系读书时入党。永定的何耀全在广州入党，熊一鸥在上海大学学习时入党，李觉民在广州入党，赖连璋、江德贤、何正生在武汉军事学校入党，张鼎丞在广东大埔入党。长汀的胡铁寰在广东汕头入党，张赤男在武汉中央军事政治学校学习时入党，廖履冰在南京晓庄师范学校入党，李国玉在武昌大学入党，吴炳若在广州中山大学入党。上杭的雷三明在广东海陆丰农讲所学习时入党，蓝鸿翔在黄埔军校潮汕分校入党，林俊在武汉军事学校入党。武平的谢秉琼在上海大学入党，刘克谟在上海入党，张涤心在广东海陆丰入党，修焕璜在广州大学入党。

（二）闽西党组织的建立与发展

闽西的先进知识分子在外地加入共产党后，除少数人继续留在外地从事革命活动外，大多数都受党组织的派遣，陆续回到家乡进行革命活动。1926 年夏，阮山受中共厦门总干事会和中共汕头特委书记罗明的委派，和在厦门集美学校师范部读书并于年初入党的永定籍青年林心尧一起，回到家乡永定开始了建党工作。他们联系上从广州农讲所第五期毕业的党员赖玉珊、赖秋实和从上海大学回乡的党员熊一鸥等 5 人，于同年夏在湖雷镇上南村万源楼建立了中共永定支部，推选阮山为支部书记。这是闽西最早建立的党支部，隶属中共厦门特别支部总干事会。随后，一批在外地入党的闽西知识青年陆续回到家乡。1926 年 9 月，从广州农民运动讲习所结业的郭滴人、朱积垒等 9 名闽西籍党员受广东区委汕头地委书记罗明委派，以中央农民部特派员的身份，随东征军回闽西开展农运工作，郭滴人、陈庆隆、朱文昭到龙岩，李联星到漳州，黄昭明到诏安，王奎福、温家福到上杭，胡永东到永定，朱积垒到平和。他们受委派回到闽西各地以后，着手建立各地党组织。至 1926 年底，闽西各县均建立了党组织。

1927 年新年，为配合北伐军进入福建的工作，也为了工农运动有坚强统一的领导，罗明受广东区委委派到漳州成立闽南部委（暂时隶属汕头地委——笔者注），担负在福建推进北伐和建立中国共产党组织的任务。1927 年 1 月 15 日，中共闽南部委成立，领导闽西南党的工作。后接广东区委指示，改为闽南特委，直接归广东区委领导。1927 年，蒋介石发动“四一二”反革命政变后，闽西国民党右派与地方反动势力互相勾结，在龙岩和上杭分别发动了“四一五”和“五七”事变，使地方共产党组织受挫，共产党员惨遭杀害，革命力量受到摧残。在这次运动中，林心尧、张楷、包究生、周继英等先后被捕，壮烈牺牲。他们所领导的各县国民党县党部、工会、农会组织被解散。但罗明坚信在集美学生和农讲所学员播下革命种子的闽西，革命的烈火一定会重新点燃的，并把特委工作的重点转到闽西的上杭、永定、龙岩和闽南的平和地区。由于领导者的警惕性较高，作了应变准备，因而闽西各地的中共党组织和大部分党员都保存下来，及时转移到农村，恢复和发展组织，重新聚集革命力量。

蒋介石发动“四一二”反革命政变后，地处罗霄山脉和赣江支流的江西崇义也陷入“清党”的风暴中，邓子恢回到家乡龙岩。与此同时，罗明把张鼎丞从广东大埔找回以支援闽西工作，并把在永定溪南里建立支部的工作委托于他。

闽西各地共产党组织经受一场严峻的考验之后，在党的八七会议精神指引下得到恢复和发展。1927 年 9 月，南昌起义军进入长汀、上杭、永定、武平等县，发展了一批党员，建立了党的基层组织。1928 年 1 月，永定、龙岩、上杭三县相继成立县委或临时县委，武平建立特支，党员总数有 200 余人。7 月 15 日，中共闽西临时特委在永定金砂古木督成立。此后，闽西地方党组织进一步发展，至 1929 年 3 月红四军入闽前，闽西地方党组织已建立中共闽西特委 1 个，永定、上杭、龙岩、长汀、武平县委 5 个，区委 8 个，特支 1 个，支部 72 个，有党员 755 人，占全省党员总数的 56%。

闽西党员及地方党组织的诞生标志着红色闽西马克思主义中国化探索的主体开始形成。从此，偏僻落后的龙岩出现了完全新式的，以马克思列宁主义为行动指南的，以实现社会主义和共产主义为奋斗目标的统一的无产阶级政党，这是闽西革命历史上划时代的里程碑。自此，处在水深火热之中的闽西人民有了可以信赖的组织者和领导者，有了坚强的领导力量。

二、闽西党组织的早期革命活动和探索

闽西地方党组织及党员积极深入群众，开展革命斗争，领导人民投入革命运动，并进行了马克思主义中国化的最初探索，使闽西成为中国革命最早的一块“绿洲”，从而为朱毛红军选择此地作为下一步生存发展的依托，进而接续进行中国革命道路的探索奠定了良好的革命群众基础。

（一）帮助成立闽西各县国民党县党部，掌握国共合作的领导权

1923 年 6 月，中国共产党在第三次全国代表大会上决定与国民党建立统一战线。1924 年 1 月，中国国民党第一次全国代表大会确立了“联俄、联共、扶助农工”三大政策，国共合作正式形成。

国民党一大后，江董琴作为孙中山的代表，前往厦门筹建国民党福建省临时党部，准备策应北伐。作为闽西永定籍人，江董琴格外重视家乡国民党组织的建立。当时，厦门集美各学校有许多闽西籍学生，他频繁来往

于他们之间，并吸收了一批进步学生加入国民党，如李觉民、罗扬才、林心尧、雷三明、罗大准、蓝维仁、张楷等。不久，这些进步学生被派回闽西各县。他们多数以教师职业为掩护，一面创办刊物，宣传革命思想；一面发展进步人士加入国民党，秘密组织革命团体。

1924 年秋，在广州加入国民党（左派）组织的阮山回到永定，与从集美学校回来的国民党左派吴仰文、林心尧、卢肇西、赖俊、熊其藻等人在湖雷成立了国民党永定县党部筹备处，并在各乡发展国民党员。半年后，永定成立了五六个国民党区党部，10 余个区分部。1925 年 2 月，成立了以阮山为负责人的国民党永定县临时党部。

国民党左派蓝维仁、蓝为龙等领导成立了国民党上杭县临时党部；共产党员胡铁寰组织成立了国民党长汀县临时党部；共产党员邓子恢、郭滴人等组织成立了国民党龙岩县临时党部；国民党左派蓝玉田、温大明等组织成立了国民党武平县临时党部；共产党员陈祖康、陈尚益等组织成立了国民党漳平县临时县党部；北伐军进入连城后，连城也建立了国民党连城县政务委员会。闽西各县国民党临时党部的建立，标志着闽西第一次国共合作形成。

由于闽西的共产党员积极帮助国民党建立和巩固组织，各县国民党党部和政权机关的汀属八县政治监察署、岩平宁政治监察署大多掌握在共产党和左派手中，不仅有力促进了国共第一次合作期间闽西农运、工运、学运、妇运的迅速发展，广泛地进行了反帝反封建斗争，并且在蒋介石叛变革命，闽西发生了龙岩“四一五”事变、上杭“五七”事变的严峻形势下，对迅速恢复发展闽西的革命局势发挥了关键作用。如国民党左派上杭驻军司令蓝玉田在上杭“五七”事变后不久，仍然同情革命，对事变的主要策划者和凶手都进行了惩办，有的予以处死。在共产党组织的代表团的请愿要求下，蓝玉田电令其部下龙岩驻军释放政治犯。1927 年 8 月初，在龙岩“四一五”事变中被捕的 6 名共产党员和左派人士全部安然出狱。利用这种有利形势，共产党人掌握的国民党上杭县党部恢复了办公，继续进行革命活动。邓子恢等共产党人与国民党左派苏庆云合作，恢复了国民党龙岩县党部，利用国民党的合法招牌迅速恢复和发展了农民运动。全县 2/3

的地区成立了农会，有会员 10 万之众，领导减租减息斗争，使群众斗争热情空前高涨。

（二）配合北伐东路军收复闽西，结束了北洋军阀在闽西的统治

1926 年 7 月，国民革命军开始北伐，部署北伐东路军由粤入闽。广东区委指示，由罗明担任地委书记的汕头地委全力支援北伐的工作。罗明遂让从广州农讲所结业的闽西南籍学员郭滴人、朱积垒、陈庆隆、李联星等人以国民党中央农民部特派员的名义随军出发。他们沿途发布告群众书、战时工作法令和印发刊物、传单等，号召广大民众踊跃投入国民革命运动中去。

东路军入闽前，中共永定支部、国民党永定县党部以及永定各界群众都积极做好了迎接和支援北伐军的准备。9 月 22 日，林心尧以国民党永定县党部名义起草了致东路军何应钦的请愿书，阮山、林心尧带着请愿书前往汕头送交东路军指挥部，请求东路军攻打永定，并商讨入永事宜。他们回到永定后，立即部署迎接北伐军入永的各项工作，印发国民革命军《告福建工友书》和各种标语，形成声势浩大的响应北伐军活动。

10 月 9 日，北伐东路军由粤入闽。10 月 10 日，闽西民众组建担架队积极配合北伐东路军行动。北伐东路军在永定击溃周荫人部，收复永定。驻龙岩军阀闻风向漳平逃窜。10 月 14 日，东路军进驻龙岩。

为了全歼闽西军阀，10 月中旬，国民革命军总司令部命令在赣作战的第十四军赖世璜部协助东路军攻闽，相继收复长汀、连城。闽西全境收复，结束了北洋军阀在闽西的统治。

（三）大力发展工会、农会组织，培养了一大批农民运动骨干

为了集中领导闽西各县的行政、财务和群众运动工作，以适应革命形势日益发展的需要，1926 年 11 月，北伐东路军政治部组织成立了由共产党人谢秉琼任政治监察员、林心尧任秘书的长（汀）（上）杭武（平）永（定）四县政治监察署（后改为汀属八县政治监察署）。1926 年 12 月，又成立了由共产党人张旭高任政治监察员、林仙亭任秘书的（龙）岩（漳）平宁（洋）政治监察署。这两个监察署利用国共合作的良好契机，召集了闽西各县民众代表大会，决定取消苛捐杂税，发展工会、农会。1926 年

底，闽西各县相继成立了农民协会，印发了农民协会须知，农民运动迅速发展起来。1927 年春，这两个政治监察署又分别开办了“汀属八县社会运动人员养成所”和“岩平宁宣传人员养成所”，由共产党员阮山、林心尧等干部兼任教员。他们按照毛泽东主办的第六届广州农民讲习所的内容和方法，在很短的时间内培养了一批农民运动的骨干，为闽西造就了一批领导农民运动的干部人才。与此同时，共产党积极开展党的活动，领导工农群众发展自身力量。1927 年初，各地总工会以及各行各业的分工会相继建立，闽西其他群众组织也得到迅速发展。在中国共产党领导下，工农群众运动发展得十分迅速：强制地主减租减息、取缔高利贷盘剥，不少地方宣布废债、退押，规定粮价，没收地主和公堂、寺庙的土地分配给农民耕种。人民群众对于中国共产党及其主张有了初步的了解，并竭诚拥护，为后来的中央苏区革命的兴起奠定了坚实的群众基础。1927 年 5 月以后，在白色恐怖下，各县的一些共产党员和左派人士遭到逮捕、杀害或通缉，他们所领导的各县国民党党部、工会、农会组织被解散。但由于领导者的警惕性较高，作了应变准备，及时将革命力量转移到农村，使闽西各地的中共党组织和大部分党员得以保存下来，他们在农村恢复和发展组织，重新聚集革命力量，更加牢固地占领农村这个广阔天地，为迎接更为广泛的、深入的土地革命战争进行了必要的准备。

（四）为南昌起义军转战闽粤提供后勤支援保障

1927 年 8 月 1 日，周恩来、贺龙、朱德等领导南昌起义，打响了武装反抗国民党反动派的第一枪。8 月 19 日，中共福建临时省委在漳州获悉南昌起义军向江西南部前进的消息，于是主动开会研究如何迎接起义军，决定派临时省委宣传部部长兼中共闽南特委（当时领导闽南和闽西工作的党组织）书记罗明去和起义军联系，看看起义军的战略如何，如果要到农村，则请他们留一部分部队在闽西。[①] 中共闽南特委还准备组织福建革命委员会，号召群众响应起义军。

9 月，周恩来、贺龙、叶挺、朱德等率领南昌起义部队南下广东，随

① 参见刘秉荣：《贺龙全传》，人民出版社 2006 年版，第 530 页。

即进入福建闽西，相继攻占了长汀、上杭，一路上党组织和人民群众给了起义军很大的支援。南昌起义军于9月5日进入长汀后，长汀群众组织起来主动协助、支持起义军的活动。长汀福音医院院长傅连暲在获悉起义军有大批伤病员亟待救治的情况后，主动邀请长汀医务界同仁临时组成合组医院，增设简易病房，抢救和治愈了包括著名共产党人陈赓、徐特立在内的几百名伤病员。

听闻周恩来、恽代英、李立三、彭湃等率领的南昌起义军3万部队将退向闽粤边境，罗明和邓子恢来到上杭迎候，与中共上杭支部一起领导群众欢迎起义军进入上杭。他们带部队打开地主谷仓，发动群众捐米，帮助起义军解决了2万大军的后勤给养（此时蔡廷锴带领一个师脱离了起义军，部队人数由3万减至2万——笔者注）。9月17日，起义军分水陆两路离开县城开赴粤东。中共上杭支部组织工农运输队分段把军用物资沿汀江运至永定峰市，并联系医院收治伤员，给了起义军有力的支持。

（五）贯彻八七会议精神，发动武装暴动

1927年8月7日，八七会议召开，党中央确定了“实行土地革命，武装夺取政权”的工作大纲。党的八七会议精神在1927年9月传达到福建之后，在两个月左右的时间内基本贯彻到了所属各地党组织。“闽西各县党组织相继贯彻八七会议精神，领导农民暴动，燃起了武装反抗国民党反动统治的烈火。”①

1927年冬，龙岩县委根据闽南临委的指示，在秘密农会中宣传土地革命，发展农民党员。11月，龙岩县城四五千名群众在党的领导下，公开进行武装反抗军阀陈国辉的斗争，捣毁和焚烧了军阀豪绅的首恶林尚轩、王梓兰、林树宏等人的房子。其后，龙岩县委在农村发动群众实行减租减息。至12月，全县有120多个乡建立了农民协会。永定县农民在张鼎丞等领导下，也于1927年冬发动了反抗驻军勒索3万元捐款的斗争，并在阴历年关时，胜利地领导了城区农民抗交“冠婚、丧祭、屠宰捐”活动。仅金砂一个乡，在二三小时之内就召集600余人到县公署向反动当局

① 《邓子恢传》，人民出版社1996年版，第62页。

进行公开的斗争。金砂乡有“铁血团”200余人，随时准备投入武装暴动。至1928年1月，全县有30多个乡农会，会员2000余人。[①]

这些斗争虽然大多以反抗军阀压迫、反抗苛捐杂税为目的，规模也不大，尚未进展到土地革命和工农武装割据的阶段，但各地党组织通过这些斗争，一方面恢复和壮大自身的力量，另一方面发展农会，建立农民武装，宣传党的土地革命主张，逐步提高了农民对土地革命和武装斗争的认识，从而为以后实行工农武装割据、深入开展土地革命奠定了广泛的群众基础。

1927年12月4日，中共福建临时省委在漳州成立，陈明任书记。5日，临时省委通过了《福建各县负责同志联席会议目前政治任务决议案》，指出：“我们目前的任务，在乡村方面，只有领导农民、会匪、散军向暴动的路上走，由抗租抗捐，一直到实行土地革命工农武装夺取政权，一切政权归苏维［埃］（工农兵代表会）。”闽西各县党组织认真贯彻临时省委的决议，大力发展农民协会和秘密武装，积极为武装暴动作准备。

1928年3月4日，中共龙岩临时县委罗怀盛、郭滴人、邓子恢等领导后田农民举行武装暴动，收缴地主武装，焚烧田契债约，破仓分粮，揭开了闽西武装斗争的序幕，打响了福建农民武装起义的第一枪。3月8日，中共平和临时县委朱积垒、陈彩芹等领导了平和长乐农民暴动。6月25日，中共上杭临时县委傅柏翠等领导了蛟洋农民暴动。6月29日，中共永定县委张鼎丞、阮山、卢肇西等领导永定金砂、湖雷、陈东坑、西陂岭等地农民进行暴动，攻占了永定县城，沉重打击了敌人。永定暴动是闽西工农武装暴动中规模最大、影响最深的一次革命暴动。

“四大暴动”使闽西的革命形势高涨，形成乡村割据的局面，不仅冲击着军阀的统治基础，而且极大鼓舞了全省工农群众的斗争热情。

---

① 参见《目前政治状况及党的工作方针》（1928年2月），中央档案馆、福建省档案馆编：《福建革命历史文件汇集（省委文件）（1927年—1928年）》（上），1983年内部版，第125—126页。

（六）建立苏维埃政权，开展土地革命

永定暴动后，上杭县委即派邓子恢前往永定了解攻城情况，并商量杭永合作事宜。邓子恢了解到暴动地区未开展土地革命，根据八七会议精神和龙岩、上杭的经验教训，他向永定县委提出建议："赶快在乡下肃清反革命分子，收缴反革命武装，立即进行土地革命。"永定县委接受了邓子恢的建议。1928 年 7 月 4 日，暴动队伍在金砂金谷寺成立了闽西也是福建第一支红军部队——红军营，由张鼎丞任营长，邓子恢任党代表。红军营成立后，立即开往金砂周围地区，把各乡村的地主监视起来，并收缴了他们的武器，没收了他们的粮食财产，烧毁田契借约，召开群众大会，宣传建立苏维埃政权和进行土地革命的意义。

7 月 15 日，龙岩、永定、上杭、平和四县党组织负责人在永定金砂古木督崇德楼召开会议，成立中共闽西临时特委、闽西暴动委员会和闽西红七军十九师。中共闽西临时特委成立后，立刻在割据的区域溪南各乡进一步发动群众，成立了 13 个乡苏维埃政府。8 月，在金砂金谷寺召开溪南区工农兵代表大会，成立了溪南区苏维埃政府。大会还颁布了由张鼎丞、邓子恢等经过调查研究亲自起草的《土地法》《劳动法》《肃反条例》《婚姻条例》等新法令，在八闽（包括福州、兴化、建宁、延平、汀州、邵武、泉州、漳州）大地上树起了第一面苏维埃旗帜。

溪南各级苏维埃政权建立后，正是夏收秋种时节，最迫切的就是加紧解决没收与分配土地的问题。但这项工作，不仅在闽西，在全省也是第一次尝试。溪南区委、区苏维埃政府在张鼎丞、邓子恢的指导下，依靠群众，创造了以乡为单位，在原耕地基础上抽多补少、不打乱平分的办法，在不到一个月的时间里，胜利完成了全区 13 个乡 2 万多人口的土地分配工作，使溪南区成为全国最早进行土地革命的地区之一（之前只有彭湃在广东海陆丰、毛泽东在井冈山进行了土地革命——笔者注）。溪南苏维埃区域的土地革命斗争，是福建史无前例的伟绩，为闽西乃至全国进一步开展土地革命提供了宝贵的经验。

三、闽西党组织早期探索的艰难

闽西共产党组织及党员的早期革命活动和实践，开启了闽西马克思主义中国化的最初探索，从全省乃至全国来说都有可圈可点的地方。然而这样的探索并非一帆风顺，而是充满艰辛。

（一）争取外援屡屡受挫

在闽西这片土地上，一方面，客家人“耕读传家、崇文重教”的传统使这里不缺知识分子以及流淌在客家人血液中敢于向命运抗争的基因，让这里成为中国革命最早的一块“绿洲”；但另一方面，这里位置偏僻，远离中国的政治、经济中心，尽管通过较为发达的水系和众多外出求学工作的知识分子，这里的人们不难了解外面的世界，但外面的人们不易了解和走进这里的世界。信息传输的单向性使闽西的革命形势不为外界所了解并难与之形成呼应，如果不积极主动争取外界革命力量的支持，其发展必然受限。

蒋介石叛变革命后，闽西发生了龙岩“四一五”事变、上杭“五七”事变，革命形势急转直下。此时的闽西，比任何时候都更需要强有力的外力支援，以尽快恢复革命形势。

1927 年 7 月 24 日，中共中央政治局临时常委会最终决定举行南昌起义时，根据共产国际的指示和苏联派驻国民政府的军事总顾问加伦的提议，起义后部队的行动方向是立即南下，打向广东，先取东江，与东江农民暴动武装联络，进行土地革命，取得出海口，以获得国际援助，充实力量后再取广州，进而再进行第二次北伐。南昌起义胜利后，根据中共中央打到广东去的预定方针，以周恩来为首的起义军领导机关为了避开国民党军的围追堵截，决定选择走国民党军兵力较薄弱的、从赣东经寻邬直取东江的行军路线。8 月 3 日，起义军开始撤离南昌南下。8 月下旬，起义军先后在壬田、会昌同前来堵击的国民党军进行激战，歼灭了钱大钧部主力 6000 人，接着起义军又击败袭击会昌的黄绍竑部，会昌战役胜利以后，摆脱了尾随敌军，形势对起义军很有利。8 月 31 日，周恩来主持中共前委会议，讨论下一步的行动方案。会议改变了原定的取道寻邬入东江的方案，决定经由闽西长汀、上杭入东江。这一新的战略部署为闽西争取南昌起义部队的支持创造了契机。

事实上，早在这一部署之前的 8 月 19 日，中共福建临时省委在漳州获悉南昌起义军向江西南部前进的消息后，就决定派临时省委宣传部部长兼中共闽南特委书记罗明去和起义军联系，看看起义军战略如何，如果要到农村，则请他们留一部分部队在闽西。会昌战役胜利后，部队执行 8 月 31 日前委会议决定，经由闽西长汀、上杭入东江。9 月上旬，起义军进入闽西略事休整。了解到周恩来、恽代英、李立三、彭湃等率领南昌起义军退向闽粤边境，罗明和邓子恢来到上杭迎候。在去途中，看到北四区傅柏翠兴办的农军已有 500 多人，罗明更坚定了争取南昌起义部队支持、建立革命政权和根据地的想法。在上杭琴岗小学，起义军前委成员接见了罗明和闽西党组织的部分负责人，周恩来对闽西党的工作给予了充分的肯定。罗明请前委对闽南特委指示任务，请求起义军留下一部分人，帮助建立根据地。此时，随南昌起义军行动的第二十军苏联顾问库马宁建议部队暂驻闽西上杭、永定一带，收编闽西的民军，并极力发展民众的武装，等实力增加以后，再长驱入粤。① 若采纳他的建议，不仅起义军将实力大增，而且中共闽西党组织领导的地方革命武装也将会发展起来，闽西将成为革命根据地。可惜苏联顾问留驻闽西的建议，并没有引起南昌起义军领导人应有的重视。当时起义军的大部分领导人仍主张直接进军潮汕，一心想打回广州革命根据地重新建立政府。由于蔡廷锴率前卫第十师离开、第二十军参谋长陈浴新率第二十军第五团离开，加上病倒、离队等非战斗减员，短期实力损耗 1/3，全军兵力由 20800 人锐减到 14000 人。要集中兵力攻下潮汕，兵力不够。因此面对罗明等人的请求，前委没能答应，只留下了 50 条枪，从而错过了在闽西建立根据地的机会。

起义军撤离上杭，出闽境，经过广东大埔三河坝时，前委决定分兵，贺龙、叶挺率主力沿韩江水陆两路直下潮汕，留朱德指挥第二十五师等部

---

① 参见肖燕燕：《南昌起义中的外国人》，李玉主编：《八一起义》，合肥工业大学出版社 2012 年版，第 72 页。

约3000人，扼守三河坝，牵制和阻止从广东梅县方面前来截击及闽西方面向我围追之敌。扼守三河坝失败后，朱德、陈毅率部越过福建永定、平和边境仙崇大山，途经下洋。正在这里指导成立永定县委的中共闽南特委书记罗明，再次请求朱德支持闽西开展革命实践。而朱德决定挥军西进，绕道闽西，辗转湘南，寻找毛泽东领导的秋收起义部队会师，因此，他临行前只把刚提升为连长的永定人江德贤和李西亭、罗皋留下来充实闽西干部队伍。

1927年11月间，蔡廷锴率领的国民革命军第十一军第十师由福州南下漳州、厦门，路经闽西入粤，国民党省防军团长陈国辉连夜退守漳平，龙岩防务空虚，中共龙岩总支书记陈庆隆派邓子恢以国民党县党部代表的身份赶往龙岩拜会蔡廷锴，想借助蔡廷锴一臂之力，驱逐陈国辉部出龙岩。蔡廷锴只调一个团警戒漳平方面，抽一个加强营进入龙岩，大部队朝永定前进。加强营在龙岩小住了两天就撤走了。第十一军走后，陈国辉反扑，党的工作又被迫转入地下。

应该说起义军给了闽西力所能及的支持和帮助，但由于当时起义军的大部分领导人没能意识到创建闽西革命根据地于中国革命的巨大意义和价值，起义军没作留在闽西的长期打算，这不能不说是历史的遗憾。新中国成立后，周恩来在总结南昌起义的经验与教训时说，南昌起义的"主要错误是没有采取就地革命的方针，起义后不应把军队拉走，即使要走，也不应走得太远"[①]。"它用国民革命左派政府名义，南下广东，想依赖外援，攻打大城市，而没有直接到农村中去发动和武装农民，实行土地革命，建立农村根据地，这是基本政策的错误"[②]。周恩来的这两段话，道出了起义军错过闽西的历史缘由和真相。

闽西不想错过起义军，但起义军错过了闽西。可是朱德和起义军都没有想到的是，时隔一年多之后，他们和毛泽东一起来到了这片土地，并扎根下来，发展巩固了闽西革命根据地，使之成为中央苏区的重要组成

① 《周恩来选集》上卷，人民出版社1980年版，第173页。

② 中共中央文献研究室编：《周恩来传（1898—1949）》，人民出版社、中央文献出版社1989年版，第156页。

部分。

（二）出现意见分歧

革命探索是一个多方寻求答案的过程，免不了有分歧和争论，初期的革命探索尤其如此。闽西共产党人早期的革命实践和探索同样不能避免分歧和争论。

1. 关于武装暴动条件是否成熟的争论

1927 年 9 月，宁汉合流后，陈独秀的右倾机会主义为党内所反对，中央常委工作改由瞿秋白主持，并接受了毛泽东等同志提出的独立领导武装斗争的主张。党中央派陈明、陈昭礼来福建传达了这一指示。1927 年 12 月 4 日，中共福建临时省委在漳州成立，陈明任书记。5 日，临时省委通过了《福建各县负责同志联席会议目前政治任务决议案》，指出："我们目前的任务，在乡村方面，只有领导农民、会匪、散军向暴动的路上走，由抗捐抗税，一直到实行土地革命工农武装夺取政权，一切政权归苏维［埃］（工农兵代表会）。"省委还把全省划为 4 个暴动区，龙岩、永定、平和为一暴动区域。

为了加强暴动的组织领导力量，1928 年 1 月，永定、龙岩、上杭三县相继成立县委或临时县委，武平建立特支。鉴于闽西党组织的普遍建立和工农运动的发展，时任福建省委常委的罗明指出，目前龙岩统治者之势力、反对派之恐慌，以及民众推翻统治阶级之要求与决心，龙岩之须暴动是毫无疑义的。他建议龙岩制订一个以白土、后田和北面大池、小池为据点，与其他地区打成一片包围县城的计划。龙岩临时县委组织部部长郭滴人认为龙岩党组织自建立以来，深入农村，成立了以陈锦辉为书记的后田党支部，以邱文汉为书记的隘头党支部，以陈金成为书记的龙泉党支部，全县党员已由 10 余人增至四五十人，农民占 2/3，已经具备了在农村领导暴动的核心作用和力量。邓子恢也指出，现在要鲜明地提出武装暴动、土地革命，仿效毛泽东在井冈山的斗争方针，一面积极添置武器，一面依托后田的青年武术馆以教习武术为名训练武装斗争技术，准备投入反抗豪绅地主和国民党反动统治的战斗。

很显然，当时无论是临时省委还是地方党组织，大都认为发动农民总暴动的条件已趋成熟。但也有例外。1928 年春，邓子恢调任上杭县委宣传部部长，受命贯彻县委组织暴动的指示，在蛟洋文昌阁举办平民夜校，开展农民运动。邓子恢认为，北四区拥有闽西最强的一支农军，3 万多人口，土地革命的条件已经成熟，应当对国民党的倒行逆施实行反击，立即准备武装暴动。而傅柏翠却不以为然，认为一个地区轻易举行暴动，很容易被敌人镇压下去，遭到摧残，应该充分准备，联络许多地方同时暴动，才会成功。邓子恢认为，各地情况不同，斗争的发展不平衡，要敢为天下先，条件成熟了就当首先发难，推动其他地区。傅柏翠反驳，后田暴动后站不住脚，退守永定边界，朱积垒也被迫从平和撤到长乐打游击。邓子恢强调退却是因为敌强我弱，后田和长乐暴动，掀开了福建土地革命的序幕，影响是巨大的。傅柏翠却认为，不能靠影响吃饭，要保证这一方土地，革命才有依托。邓傅争论不下，为解决分歧，在文昌阁召开了北四区全体党员会议，但多数人赞同傅柏翠的意见，致使邓子恢贯彻县委组织暴动的指示受阻。后来，因上杭城郭凤鸣部不满北四区农军而与之分庭抗礼，令其部下带人下乡“清乡”，与蛟洋农军发生冲突，考虑到郭凤鸣势必派兵来犯，傅柏翠才扯旗暴动。①

2. 关于土地政策的争论

横亘在邓子恢和傅柏翠之间的分歧还体现在二人在土地政策上的不同意见。

傅柏翠 1914—1917 年赴日留学，在此期间，深受武者小路实笃“新村主义”和英国欧文“空想社会主义”的影响，成为一个坚定的新村主义信仰者。回国后，他决意在自己的家乡上杭做新村实验。1928 年，傅柏翠在蛟洋创办平民学校和农民夜校，组织农会，建立了农民自卫军。同时，傅柏翠一家作为当地最大的地主带头退租，其他中小地主不得不效仿。傅柏翠设想把封建的收租剥削取消，土地仍然集中起来，组织农民集体耕种。

① 参见蒋伯英：《从革命到反叛：1927—1931 年傅柏翠的人生轨迹》，《苏区研究》2018 年第 5 期。

1928年春，邓子恢受命贯彻县委组织暴动的指示，来到蛟洋。了解了傅柏翠的土地政策后，邓子恢认为“只搞退租，不搞分田”的想法超越了民主革命阶段的任务，不符合党的土地革命纲领，说服他分田，但傅柏翠不服。

蛟洋暴动后，在主动劝说家人向农民减租、退租之后，傅柏翠又说服家人，将他家的每年可收租4000担米谷的田地交给农会分配。蛟洋一带其余地主也纷纷效仿傅家主动交出，或被动等待农会处理。但傅柏翠仍然坚持要把田分配给农民共耕，以实验他的社会主义学说。

他们之间的这种分歧，一直没有消弭。1929年7月，中共闽西一大后期，张鼎丞、邓子恢对傅柏翠在北四区迟迟不肯分田给农民自耕进行了尖锐批评，但傅柏翠仍坚持己见。颇为遗憾的是，毛泽东因疟疾发作，没有参与这场辩论。7月29日，迫于敌人三省“围剿”部队逼近，中共闽西一大于当日下午闭幕。

1930年，傅柏翠和邓子恢等人的分歧公开化了。当年3月18日，闽西第一次工农兵代表大会开幕，傅柏翠拒绝出席。随后，邓子恢以中共闽西特委名义致信傅柏翠，批评他“不接受上杭县委的指示，起来做杀土劣烧契据等工作”，坚持实施“农村共产团”乃是“不明白土地革命意义”。

3. 关于闽西革命形势的争论

1928年春，正当闽西龙岩、平和农民暴动风起云涌之际，熟悉闽西情况的省委书记罗明当选中国共产党第六次全国代表大会的代表，赴莫斯科参会。临行前他指明由常委陈祖康（漳平人）代理省委书记，陈祖康躲在漳州不肯到任，不久在张贞[①]劝说下发表脱党声明，还使漳浦县委书记张觉觉叛变。省委常委陈明在漳州被捕，幸得越狱逃走。省委处于极为动荡的境地。中共中央派郑超麟为特派员入闽紧急处置，随同他入闽的山东人刘乾初接任福建省委书记。省委在中央特派员郑超麟指导下作出决议，确定福建党组织在目前的任务是发动群众的武装暴动，推翻现存政权，建

① 张贞（1884—1963），福建诏安人，北伐时任国民革命军独立第四师师长。1928年春，闽西南各县农民暴动纷起，张贞奉蒋介石之命残酷镇压革命力量。在驻漳的几年间，他控制了闽西南的漳州、泉州、永春等地方的政治、军事、财政，形成盘踞局面，人称“闽南王”。

立工农兵苏维埃政权，并指出闽西这一地区已经“到了土地革命的阶段”。

同时省委还作出组织决定，派常委兼宣传部部长王海萍前往永定，指导上杭、永定、龙岩、平和县委各派二人出席，成立闽西特委。当时王海萍还没有充分认识到在闽西土地上出现的邓子恢和张鼎丞两位密切联系群众的革命领导者的价值，在永定溪南古木督崇德楼主持召开中共闽西特委成立大会时，提名他熟悉的从上海来的郭慕亮出任特委书记，张鼎丞为组织部部长，邓子恢为宣传部部长。会上宣布成立闽西暴动委员会，王海萍任总指挥，张鼎丞、邓子恢、傅柏翠为副总指挥。并把岩永杭暴动武装编为中国工农红军第七军第十九师，下辖五十五团（团长傅柏翠，党代表陈锦辉）、五十六团（团长熊振声，党代表卢肇西）、五十七团（团长张鼎丞，党代表邓子恢）。王海萍和新成立的特委看不到全国革命形势尚处于低潮，过高估计了闽西农军的力量。在永定文溪、孔夫暴动成功后，应龙岩县委军事部部长陈品三的要求，王海萍、傅柏翠率岩、永、杭三县农军开赴后田，分两路进攻龙岩城。陈国辉闭门坚守，久攻不下，农军被迫后撤，在西山遭民团袭击，折转永定坎市，遭驻守的陈国辉部围攻，伤亡甚多，仓促退回，又于合溪遇到伏击，回到溪南古木督，士气大落。

永定暴动后成立的一小块红色区域——溪南里，距离永定县城仅 4 公里。它的存在引起国民党政府的极大恐慌，张贞独立师加派 2 个营入驻永定，汀州郭凤鸣旅也派黄月波进驻永定，地主豪绅也加强民团力量与农军拼死对抗。为减少损失，邓子恢和群众都建议把苏维埃牌子收起，推一个“白皮红心”的保长先应付，遭到郭慕亮反对。

1928 年 10 月，罗明受命回福建传达党的六大会议精神。他先来到福州、厦门，之后到闽西各县传达党的六大会议精神。在永定合溪，他向闽西特委传达党的六大会议精神，指出当前的革命形势处在两个革命高潮之间，党的任务是争取群众，积蓄力量，开展游击战争，实行土地革命，争取革命高潮的到来。会上提出当前要特别注意防止“左”倾冒险情绪给革命造成损失。龙岩县委在听取罗明传达党的六大会议精神后分析形势，认为目前龙岩客观的环境和主观的力量都没有实现武装暴动、夺取全县政权的可能。龙岩的党组织及党员目前应加紧领导群众的日常部分的斗争，并在不断的斗争中，团结广大群众，促进革命高潮之到来。长汀特支委将党的工作重点由城市转向农村。

在罗明前往上杭庐丰传达党的六大会议精神时，闽西特委驻文馆老虎坑，遭到陈国辉第二补充营和坎市民团偷袭。郭慕亮跑脱后，向罗明请求到苏联学习。他走后，由邓子恢接任特委书记，张鼎丞任军事委员，在他们的领导下，闽西革命接续进行了更加务实的探索。

综上所述，在毛泽东和红四军入闽以前，虽然就闽西党组织及共产党人的整体认识水平而言，马克思主义的中国化探索还远未成为他们的自觉要求，但实际上他们已经领导人民开展了一系列卓有成效的革命活动和把马克思主义基本原理与中国农村实际相结合的最初探索。邓子恢在 1929 年 7 月 20 日中共闽西第一次代表大会上代表中共闽西特委向大会所作的工作报告中指出，闽西党组织成立以后，领导人民群众执行党的正确方针、路线，冲破了严重的白色恐怖，胜利地开展了种种形式的斗争，并取得了重大胜利。闽西党的领导是正确的，在斗争中发动群众、组织群众，抓住重点向四周波浪式发展，成立农民武装，适时地举行武装暴动，群众路线的土地改革，在革命低潮时期有组织、有计划地退却等方面都积累了丰富经验。正是闽西党组织及共产党人的这些活动和探索，使闽西成为中国革命最早的一块“绿洲”，为朱毛红军的到来和在这片土地上接续进行中国革命道路的探索奠定了必要的前提和基础。多年以后，毛泽东在与斯诺的谈话中说“红军来到以前就存在于这些地区的战斗的群众运动，保证了我们的胜利”[①]，充分肯定了闽西等地党组织和群众斗争的历史功绩。

① 《毛泽东一九三六年同斯诺的谈话》，《毛泽东自述》，人民出版社 1993 年版，第 58 页。

第三章

红四军入闽

就在罗明马不停蹄地在闽西各县传达党的六大会议精神之时，井冈山和红四军却面临何去何从的重大选择，毛泽东在思索和解决这一问题的过程中，相机选择了闽西作为红四军下一步发展的依托。闽西有幸成为红四军和以毛泽东同志为主要代表的中国共产党人继井冈山之后接续进行中国革命道路探索的实践基地，红色闽西由此开启了马克思主义中国化探索的新阶段。

一、红四军入闽的历史背景

（一）湘赣两地国民党军联合“会剿”，红四军被迫下井冈山

1927 年 10 月，毛泽东率领秋收起义部队到达井冈山，开始了以农村为中心的中国革命道路的探索。1928 年 4 月，朱德和陈毅率领的南昌起义余部历经劫难，转战粤东、闽西、赣南、湘南，也来到了井冈山。1928 年 5 月 4 日，两军会师，组建了工农革命军第四军（后改称红军第四军）。朱毛会师后，先后击退了赣军朱培德的四次“进剿”，井冈山革命根据地迅速扩大。1928 年夏季，井冈山根据地进入全盛时期。井冈山革命根据地的扩大和巩固，引起蒋介石南京政府的极大惊恐，他们迅速部署湘赣两地国民党军联合进行“会剿”。1928 年 12 月上旬，就在国民党方面大张旗鼓鼓噪着要对井冈山开展第三次“会剿”之时，彭德怀、滕代远带领湖南平江起义的红五军，历经艰险，也来到了井冈山。红五军的到来，加强了井冈山的军力，但也使原本就困难的后勤补给情况更加严峻，几乎威胁到官兵的生存。一方面，强敌当前；另一方面，补给匮乏。如何击退强敌的步步紧逼，如何摆脱红军的补给生存危机，乃至如何进一步使井冈山

“工农武装割据”的事业发展壮大，成为毛泽东、朱德等迫切需要解决的历史课题。

1929 年元旦，何键在江西萍乡宣布就任“会剿”代总指挥，开始对井冈山发动第三次“会剿”。为了商讨应对策略，1 月 4 日，前敌委员会，湘赣边界党、团各级领导和红四、红五军军委的领导人共 60 多人在宁冈县柏路村举行会议。在此次会议上，对于如何应对湘赣强敌的第三次“会剿”，争论很激烈，大体有三种不同的意见。

第一种意见是“以守为攻，以逸待劳”，认为通过积极动员井冈山根据地的群众力量，凭借井冈山的天险，诱敌深入，待敌人疲惫之时，“夹击”而歼之。

第二种意见是“死守井冈山”，认为井冈山地势险峻，同时蒋桂两派军阀必将分裂而爆发混战，只要固守井冈山两个月即可获得最后胜利。

第三种意见是“弃井冈山”，认为红军离开井冈山，敌人自然会退出，边界的党和群众组织自然保住了。因此主张弃井冈，到别处另谋发展。

对于这三种意见，毛泽东表达了不同的看法。他认为第一种和第二种意见过分夸大了群众力量，在内无粮草的情况下，“死守”只能是“守死”。而期待蒋桂战争爆发，更是毫无把握之事。至于第三种意见，毛泽东认为，离开了根据地，没有了群众的支持，红军和群众将同受损失。因此，毛泽东既不同意死守，也不同意放弃井冈山。经过再三讨论，会议最后决定，迂回到敌后，通过在外线消灭敌人的有生力量来解井冈山之围，以达到打破敌人“会剿”的目的。这种战略，即是战国时期齐国大将孙膑用过的“围魏救赵”计。

对于红军的出击方向，毛泽东既否定前往湘鄂赣边界的主张，认为那儿离武汉、长沙这样的中心城市太近，也反对前往湘南，因为湘南敌人兵力太强，且湘南各省在 1928 年 3、4 月间遭受了湘粤敌军的进攻，群众基础受到很大的破坏。而赣军相对脆弱，且赣南一带地域宽广，距离敌人占据的中心城市较远，山区居多，敌人进兵困难，且盛产粮油，军需补给问题便于解决。所以应该把出击方向锁定在赣南，一则可以开辟新的割据区域，二则可以吸引围攻井冈山的敌军。毛泽东的这些意见得到采纳。

柏路会议结束时，已是1月7日。此时，湘赣两省国民党“会剿”大军已经陆续到达发起攻击的指定地点，形势的发展迫使朱毛红军必须加紧行动。按照柏路会议的部署，彭德怀、滕代远率领的第三十团和王佐指挥的第三十二团约1200人的兵力留守井冈山；毛泽东、朱德率领的红四军主力第二十八团、第三十一团以及独立营、特务营，总计3600人，离开井冈山，向赣南敌后出击。

（二）出击赣南受挫，井冈山失守，红四军被迫弃井冈山

1929年1月14日，毛泽东、朱德、陈毅按照柏路会议的部署，率红四军3000余人向赣南挺进，到外线打击敌人，试图以游击战术分散和调动敌人，与彭德怀率领的井冈山守军互相声援，击破敌人“会剿”。但是红军分兵作战的意图很快被敌人识破，于是敌人调整部署，以湘军主力进攻井冈山，以赣军尾追和堵截朱毛红军。

下山后，红四军一路上不断遭遇国民党军队的前后包抄和突然袭击，连连败退，损兵折将，常常陷入极其危险的境地。尤其在大余一战，第二十八团党代表何挺颖受伤（后在行军中又从马背上摔下被马踩死），独立营营长张威、第三十一团营长周舫牺牲，红军被迫退往广东南雄。对此，陈毅后来回忆道：“红军人生地不熟，常常找不到向导……后面白军紧紧追赶，地方土豪劣绅的武装又很强，一走错路便有全军覆没的危险。”[①] 在1月的最后几天，朱毛红军从广东折转进入赣南信丰，经过江西省最南端的龙南、定南、全南“三南”地区时，才终于遇上一个熟悉当地情况并自称是共产党员的黄达。在他的带领下，部队到达寻邬，中共寻邬县委书记决定把红四军带到位于闽粤赣三省交界的大山深处的罗福嶂稍作休整。在路经吉潭圳下村时，遭遇赣敌刘士毅部的袭击，由于林彪临阵放弃抵抗，率队抢先撤退，未能尽到后卫责任，致使全军陷入混乱，毛泽东、朱德险遭不测，朱德妻子伍若兰为掩护朱德被捕，后被国民党杀害。

赣军的尾追和堵截，使红四军在出击赣南后的半个多月时间里，“救赵”不成，反被“魏围”，一次次陷入困境。全军出发时3600人，到罗福

① 陈毅：《略谈红四军游击赣南》，《回忆中央苏区》，江西人民出版社1981年版，第52页。

嶂时已损失 600 人，枪支不足 1000 支。为安置伤兵，找一个有党组织有群众基础的地方稍事休息，也为了待机救援井冈山，毛泽东召开前委扩大会议，决定红军下一步的行动方向。了解到吉安东固有坚固的党与群众组织，还有一支很有战斗力的红军独立第二、第四团，红四军决定前往东固。鉴于不断行军作战，以毛泽东为书记的前敌委员会和以朱德为书记的军事委员会职能重叠，同时存在意义不大，会议决定撤销红四军军委，将一切权力集中于前委（也正是这次军委的撤销，为到达闽西后爆发“设不设军委之争”埋下了伏笔——笔者注）。

在毛泽东、朱德率领部队与敌人艰难作战的同时，从 1 月 25 日开始，国民党湘赣“会剿”军在代总指挥何键、副总指挥金汉鼎的坐镇指挥下，凭借 10 余个团的绝对优势兵力，出动飞机、火炮，向井冈山发动猛烈进攻。30 日，井冈山全面陷于敌手。彭德怀、滕代远带领部队突围后，部队仅余 500 人。但由于信息不通，朱毛红军并不了解彭德怀、滕代远的部队境况，因此部队依然按照原来的行军计划，到东固与江西红军独立第二、第四团会合，待休整补充后再相机打回井冈山。

2 月 8 日，红四军经会昌县境来到瑞金，刘士毅部队追击而至，红军未敢滞留。2 月 9 日，到达瑞金以北 30 公里的大柏地。2 月 10 日，大年初一这一天，朱德、毛泽东、陈毅率领的红四军在这里与尾随而来的赣军发生了一场激战。战斗从上午 9 点多钟开始，到中午时分结束。清点战果，刘士毅第十五旅第二十九团和第三十团被全歼，红军毙敌伤敌 300 多人，俘敌 800 人，缴枪 800 余支，刘士毅率领残部狼狈逃回了赣州。大柏地一战，彻底扭转了红四军一个多月来的失败情绪，变被动为主动，重振了红四军的雄风。当时担任红四军士兵委员会主任的陈毅后来回忆说，这次战斗“为红军成立以来最有荣誉之战争”①。

大柏地一战后，朱德率军回师吉安东固，欲声援井冈山，这时才从各方面消息得知井冈山已经失守，彭德怀率领突围部队已向赣南转移，回师

① 陈毅：《关于朱毛红军的历史及其状况的报告》，中共中央文献研究室、中央档案馆编：《建党以来重要文献选编（1921—1949）》第 6 册，中央文献出版社 2011 年版，第 448 页。

井冈山实施“围魏救赵”的条件已不存在，形势的变化迫使毛泽东和红军再次考虑下一步的行军方向。

（三）摆脱敌军追击，红四军被“逼”入闽西

得知井冈山失守，毛泽东还没来得及细思部队将何去何从，一直尾随红四军的赣军第二十一旅李文彬部和第三十五旅张与仁部追击而至。紧急情况之下，受东固秘密割据经验的启发，前敌委员会“决定抛弃了固定区域之公开割据政策，而采取变定不居的游击政策（打圈子政策），以对付敌人之跟踪穷追政策”[①]。2月25日，朱毛红军经过休整以后，重新集结，开始了与国民党军周旋的“打圈子”行动。部队从东固出发，向东北方向经永丰、乐安出广昌，直趋石城，3月9日抵达瑞金壬田。壬田地处闽赣边境，距闽西长汀县境仅20多公里。此时，赣军张与仁第三十五旅紧紧咬住红军不放，其前锋距红军后卫不过一里。考虑到军阀都有守土自保的特点，如果部队进入福建境内，赣军很可能放弃追赶，毛泽东、朱德决定立刻离开壬田，向福建长汀进发。“至于下一步的计划，只有到了福建再作打算。”[②]然而令朱毛没想到的是，赣军张与仁旅到达壬田后，却忽然悄然收兵，向后折返。原来，蒋介石与桂系李宗仁之间的矛盾激化，蒋桂战争爆发，蒋介石下令从湘、粤、赣各省调集军队，欲与桂系展开一场大战。赣军于是顾不上追击红军，匆匆掉头，开往蒋桂战场。对于这些，朱毛当时并不知情（十多天后朱毛进驻长汀之后才获悉），因此，并没有影响他们向福建长汀进发的决定。3月11日晚，利用黑夜的掩护，朱毛红军沿武夷山脉南端的闽沟进入长汀境内的楼子坝，次日到达四面环山的小镇四都。

到达四都后，令朱毛没有料到的是这里的群众基础如此之好而兵力士气如此之弱。红军到四都的这一天是3月12日，农历新年的第一个月刚刚过去，恰逢当地庙会。由于党在这里已经建立了秘密农会，群众了解到红军是穷人的部队，因此对红军的到来毫不畏惧，纷纷赶来看传说中的红

---

① 《红军第四军前委给中央的信》（1929年3月20日），《毛泽东军事文集》第1卷，军事科学出版社、中央文献出版社1993年版，第55页。

② 蒋伯英：《1929：朱毛红军与古田会议》，福建人民出版社2009年版，第59页。

军。与此同时，不愿地盘被侵占的郭凤鸣也派出一个团赶到了这里，对红四军进行了偷袭，意欲把朱毛红军赶回江西。这支部队是由土匪组成，战斗力不强，对此朱毛有所了解。早在一个月前，部队从江西边境寻邬县罗福嶂进入闽西境内，经由武平向瑞金北上之时，曾与之交战。但朱毛还是没想到，这支部队如此不堪一击，刚开几枪，就往长汀方向溃退，于是毛泽东决定乘胜追击，直至一座大山（即长岭寨——笔者注）横在面前。

此时朱毛红军已经踏上了闽西这块土地，但客观地说，此刻毛泽东还并没有深入闽西的明确打算（尽管这是之后发展的必然逻辑），不过这不重要，重要的是朱毛红军进入了闽西，并且闽西在这之后给他们带来了大大的惊喜。

二、红四军入闽

（一）受邀入闽

蒋介石背叛革命后，闽西革命形势陷入低潮。为尽快恢复闽西的革命形势，闽西的共产党人不放弃任何争取强有力的外力支援的机会。半年前，南昌起义部队经长汀、上杭时，他们就曾努力争取朱德等率领的南昌起义部队留驻闽西，尽管没能成功，但一旦有新的机会出现的时候，他们一定还会紧紧抓住。

长汀与瑞金是闽西与赣南相邻最近的两个县城，直线距离不足 50 公里。得益于发达的汀江河运，长汀县城是闽赣两省边界商品贸易最为繁忙的城市。赣南与闽西虽然分属两省，但由于都是客家民系的聚居地，地缘相近、文缘相近且语言相通，所以两地的商贸、人员往来密切，这就使闽西的党组织总能通过这些来往商贾和挑夫获取来自江西朱毛红军的消息，再加上客家人特有的好客、联外的品质，使他们期待朱毛红军的到来，从而更主动地去争取一切朱毛红军到闽西的机会。1929 年 2 月 8 日，当朱毛红军从江西边境寻邬县罗福嶂进入闽西境内，经由武平向瑞金北上之时，郭凤鸣曾派出两个炮兵连和一个步兵营前往拦截，意欲阻止朱毛红军入闽。自此，中共武平县委和长汀县委更加密切关注朱毛红军的动向，并不断把获取的信息向福建省委报告。福建省委根据他们提供的信息材料，作出了“红军暂时开到闽西长汀、武平、上杭一带来作一短时间的休息，是有可能的”[①]的判断，并指示长汀武平、上杭县委设法同红军取得联系，并向红军提供军政情报和各种帮助，做好群众宣传工作。长汀特支书记段奋夫从挑运大米来汀的脚夫口中获悉红军在大柏地的战讯，急忙赶到上杭蛟洋，想找罗明出面，一起去请朱毛红军入闽。因刘乾初调回山东，罗明接任省委书记赴任去了，未遇。他只好赶回长汀，回汀后得知朱毛红军刚越过闽赣分界的武夷山，进入了闽西长汀的小镇四都，又急忙赶往四都。到了四都，得知朱毛红军正追击来偷袭的郭凤鸣部队，又急忙追至长岭寨山脚下的陂溪村，才终于见到了朱毛，并向红四军将领介绍了闽西党组织、罗明传达党的六大会议精神及闽西各县的暴动、郭凤鸣的兵力士气、长汀地理条件及龙岩陈国辉旅等情况。听完段奋夫的翔实汇报，毛泽东喜出望外，“有党组织，群众基础好，郭旅无战斗力，城不固而物华”，具备了红四军入闽的各种主客观条件。于是毛泽东决定进攻长岭寨，直捣长汀城。

事后的发展表明，毛泽东作出的进攻长岭寨、直捣长汀城的决定，为朱毛红军进一步选择闽西作为红四军重开工农武装割据新局面的理想场所创造了历史新契机。

（二）首战长岭寨

长岭寨又叫胜华山，离长汀县城还有约 15 公里，是长汀城南的一座天然屏障，是当年进入长汀城的必经之地。当红四军主力抵达长岭寨下的陂溪村时，郭凤鸣闻报立即率两个团进逼长岭寨，占据长岭寨东侧的有利地形。1929 年 3 月 14 日凌晨，毛泽东、朱德率领的红四军兵分三路向长岭寨发起进攻。第三十一团担任主攻，经滕头脑印岭，直取长岭寨主峰；第二十八团从右侧取道白叶竹子岭，火速占领制高点；特务营从左翼经牛坑迂回敌后，抢占长岭寨以北的乌石岭，断敌退路。在红军的夹击下，郭凤鸣的两个主力团、机枪连等大部被歼，郭凤鸣左腿中弹倒地。见大势已

---

① 《中共福建省委给中央的信》（1929 年 2 月 24 日），中央档案馆、福建省档案馆编：《福建革命历史文件汇集（省委文件）（1929 年）》（上），1984 年内部版，第 81 页。

去，郭凤鸣在他的外甥和副官的搀扶下躲藏在山脚下牛斗村栗树园一间茅厕里，结果被红二十八团正带着两名战士打扫战场的一个叫王良的连长发现，抬手将之击毙。

长岭寨一役，红军消灭了郭凤鸣旅2000余人，缴获步枪500余支、迫击炮3门、机枪数挺、炮弹100多发、子弹数百箱和大批布匹，取得了比大柏地更大的胜利，为红军下井冈山以来最大的一次胜利，大大振奋了红军的士气。

长岭寨战斗胜利后，红四军乘胜解放了长汀城。

红军进入长汀城后，通过筹款、打土豪等工作，共筹得5万余元。前委决定将所筹款项通过邮局的地下党汇一大笔给上海的党中央做活动经费；派负责军需工作的宋裕和带500元前往大柏地，赔偿群众在战斗中的损失；给红军官兵每人发4块大洋零用钱，这是第一次发军饷；其余的则让原来专门为郭凤鸣做军服的服装厂为部队赶制了4000多套军衣。另在郭凤鸣制造武器的两座日本式小型兵工厂里缴获了2000多支崭新的步枪和几十挺机关枪。经过两个多月艰难转战的红军首次得到了较大范围内的武装枪械和给养，官兵第一次穿上了整齐统一的青灰色军装（这是中国工农红军第一次统一着装的正规红军军装——笔者注），戴上了有红五星的新军帽，打上了新绑腿，部队面貌由此焕然一新。

与此同时，毛泽东和朱德对红军进行了整编，正式将原二十八团编为第一纵队，原特务营和独立营合编为第二纵队，原三十一团编为第三纵队。每个纵队辖2个支队，每个支队辖3个大队。大队以上设立党代表，分兵游击一般以纵队为单位，也可视情况再分成若干小部队开展群众工作。这种组织结构使红军更便于分散和集中，更便于与敌周旋和消灭敌人，部队的战斗力得到大大加强。

（三）勾画新蓝图

红四军进驻长汀城后，有了一个相对稳定的环境，必然要在长汀及周边地带进行发动群众的工作。于是，部队全体出动，召开群众大会，张贴《红军第四军司令部布告》和各种标语，向群众宣扬共产党的信仰和红军的宗旨。3月中旬，在当地中共党组织的帮助下，毛泽东还邀请长汀城里的钱粮师爷、老衙役、老裁缝、老教书先生、老佃农、流氓头子（游民）等各阶层的人，到辛耕别墅召开各种座谈会和调查会，全面了解了长汀的政治、经济情况和风俗民情，并在此基础上起草发布了《告绿林兄弟书》《告商人及知识分子》等，宣传共产党对绿林土匪、城市商人、小资产阶级和知识分子的政策，以取得他们对革命的理解和支持。

但对于毛泽东来说，仅仅进行宣传以发动群众是远远不够的，他必须思考“红四军的下一步行动方向”，并找到明确的答案。而要确定“红四军的下一步行动方向”，不仅要了解红四军脚下这片土地的政治、经济、军事和社会等状况，还必须纵览全国局势。

1929 年初，由于世界发生了经济危机，各帝国主义国家加紧对中国进行掠夺，国内各派军阀矛盾重重，蒋桂战争箭在弦上，一触即发。所幸，长汀是闽西的物资集散地，有几万人口，商业和手工业比较发达，这里信息比赣南山区要灵通得多。在入驻长汀的日子里，前委秘书贺子珍天天给毛泽东送来南京、上海、福州、厦门、漳州、南昌、赣州的报纸，使他得以纵览世界及全国局势。通过报纸，毛泽东确切地获知：蒋介石和桂系军阀已经决裂，国民党阵营内部的一场大混战已不可避免。面对这种新的局势，毛泽东在调研分析了赣南、闽西的条件之后认为：赣南、闽西地域宽广，境内山峦起伏，林木茂密，回旋余地大，适宜发展游击战争；党和群众的基础好，物产比较丰富，能为坚持武装割据提供足够的人力物力支持；国民党驻军力量薄弱，并且距离大城市远，陆路交通不便，军队往来和聚集都很困难，这些都是红军发展游击战争的有利条件。经过通盘考虑，他开始改变原来重返井冈山、重开闽赣边境割据新局面的计划，决定放手在赣南、闽西开展游击战争，实行武装割据。

3 月 20 日，毛泽东在长汀辛耕别墅主持召开中共红四军前委扩大会议，讨论时局和红军的行动方针。会议研究了南方各省的政治经济状况和革命的主客观形势，针对蒋桂战争即将爆发的有利时机，提出了红四军、红五军以及江西红军第二、第四团的行动方针，并于当天以红四军前委的名义，将这次前委会议的精神向福建省委和中央作了报告。报告提出，要充分利用国民党军阀混战的机会，在全国各省更大范围的农村实行工农武装割据，以促进中国革命高潮的到来。“四军、五军及江西红军第二第四两团之行动，在国民党混战的初期，以赣南闽西二十余县为范围，从游击战术，从发动群众以至于公开苏维埃政权割据，由此割据区域以与湘赣边界之割据区域相连接”，并强调“这一计划是决须确立，无论如何，不能放弃，因为这是前进的基础”。[①]会议和报告清晰地勾画出“以赣南闽西二十余县为范围”创建革命根据地、重开工农武装割据新局面的蓝图，并明确地把它作为红军下一步要坚决贯彻的行动方针。这意味着，从这一刻开始，朱毛红军不再是这片土地的匆匆过客，而是在这片土地上进行革命探索的主角。这标志着朱毛红军的真正入闽，也标志着富于革命理想、热情好客的闽西人民终于迎来最尊贵的客人。

如果没有闽西人的主动热情相邀，并让毛泽东了解闽西及闽西革命的详细情况，也许朱毛红军就不会作出进驻长汀并创建闽西革命根据地的打算，毛泽东和红四军也许就会像半年前的南昌起义部队一样与闽西失之交臂，闽西日后也就不可能成为全国革命的中心。对于毛泽东和红四军来说，在井冈山斗争失败之后作进一步的探索是历史发展的必然，但选择哪一块地方接续展开探索往往具有一定的偶然性，就如列宁所说：“历史喜欢作弄人，喜欢同人们开玩笑。本来要进这间屋子，结果却跑进了那间屋子。”[②]但这样的历史安排，与闽西人民的主观努力分不开，所以对于闽西来说，又是历史的必然。

三、红四军入闽的影响

红四军入闽，除了具有沉重打击闽西国民党反动统治，红四军得到休整和补充从而战斗力增强等一般意义外，更重要的是，它对闽西乃至全国革命形势的发展产生了极为深远的影响。

---

① 《红军第四军前委给中央的信》（1929 年 3 月 20 日），《毛泽东军事文集》第 1 卷，军事科学出版社、中央文献出版社 1993 年版，第 54 页。

② 《资产阶级知识分子反对工人的方法》，《列宁全集》第 25 卷，人民出版社 2017 年版，第 338 页。

（一）促进闽西革命形势蓬勃发展

朱毛红军进占长汀后，福建革命势力迅速增长。在此之前，闽西受五四运动和大革命潮流的影响，以及南昌起义部队南下途经闽西和八七会议精神的传达，闽西的党组织得到较大发展，率先在全省掀起了一波革命高潮，在 1928 年 3 月—6 月发动了四大武装暴动，并随即在永定溪南里建立了一小块苏维埃割据区域。但由于自身力量的不足和国民党的大举镇压，暴动后形成的割据局面并没有坚持多久，党组织的工作和活动就被迫转向地下及农村。

红四军的到来，重新燃起了闽西党组织开展新的斗争的希望，鼓舞了闽西人民的革命热情。对此，中共中央机关报《红旗》给予了高度评价，指出“朱毛红军的这种胜利，必然重新唤起了闽西工农群众的斗争意识”[①]。据当时中共福建省委向中央的报告：“各县农民，一闻朱、毛到长汀，便先后爆发斗争。长汀方面：在红军直接帮助之下，自不用说。上杭方面：北四区有二十余乡农民在党的领导及影响之下，起来肃清豪绅及反动派，成立红军。当红军出发截击反动驻军，有二千上下群众，执土枪参加……永定方面：金丰农民群众于驻军走后，即与豪绅地主作武装斗争。溪南农众早（就）集中武装，恢复苏维埃的组织。龙岩方面：农众一闻朱、毛到汀，便磨拳擦掌准备武装斗争。”[②] 另外，群众从红四军的行动和宣传标语中对这支部队及中国共产党有了更加清楚的认识，纷纷参加红军，甚至要求加入中国共产党。党的组织也就比以前更加扩大了，“不但数量上增加，而且发展了许多新的区域。龙岩党员近已增至七八百人，前个月（只）有四五百人；上杭、武平、永定等县也有相当的发展”[③]。

朱毛红军入闽进占长汀以来闽西革命形势的急剧发展变化，让福建

---

① 《朱毛红军与闽赣农民暴动之发展》（1929 年 4 月 13 日），中共龙岩地委党史资料征集领导小组、龙岩地区行政公署文物管理委员会编：《闽西革命史文献资料》第 2 辑，1982 年内部版，第 56 页。

② 《中国共产党史稿（1921—1949）第 3 卷，中央文献出版社 2006 年版，第 87 页。

③ 《中国共产党史稿（1921—1949）第 3 卷，中央文献出版社 2006 年版，第 87 页。

省委迅速作出判断，认为“毫无疑义的在闽西有创造割据局面的可能”[①]。1929年3月28日，中共福建省委据此制定了《关于闽西斗争工作大纲草案》，提出闽西应以上杭、长汀、龙岩、永定四县为中心开展工作。同时作出决定，恢复中共闽西特委和闽西暴动委员会以指导各县工作，组织红军一个团和各县地方武装，加紧军事训练，为创建割据局面，建立苏维埃政权，实行土地革命进行准备。

此后，蒋桂战争爆发，毛泽东会同朱德率领红四军转战赣南。5月初，蒋桂战争以桂系军阀的败退暂告结束，但粤桂战火又起，张贞、陈国辉主力奉命入粤作战。趁闽西南防务处于空虚的状态，中共闽西特委和闽西暴动委员会领导岩、永、杭、武、汀、连农民纷起暴动。闽西革命形势的蓬勃发展，为红四军再次入闽奠定了良好基础。

5月下旬，红四军第二次入闽，三打龙岩城后，解放了永定、龙岩县城，并连克白砂、旧县、新泉等重要城镇，在汀江以东的广大地区开展了以创建工农武装割据为目的的游击战争。大部分区乡建立了苏维埃政府或革命委员会，建立了具有一定战斗力的地方红军和群众武装，以龙岩、永定、上杭三县为中心的闽西革命根据地初步形成。

7月20日，闽西一大在上杭蛟洋的文昌阁召开，提出闽西今后的任务，是发展工农武装，建立政权，深入地进行土地革命，巩固红色根据地，有阵地地波浪式地向外发展。闽西一大后，打破了国民党的三省“会剿”。9月，攻下“铁上杭”，闽西苏区扩大至龙岩、上杭、永定、武平、连城、长汀6县，“赤色区域数百里打成一片”。

1930年6月，红四军由赣南第三次进入闽西，攻克武平县城。至此，从红四军首次入闽后，经一年零三个月的艰苦奋战，创建了纵横300里、人口近百万的革命根据地。闽西大地呈现“星火燎原”的大好形势。

1931年秋，第三次反“围剿”胜利后，赣南、闽西苏区连成一片，形成了全国最大的一块红色区域——中央苏区。其中闽西苏区有10余个

---

① 《中共福建省委关于闽西斗争工作大纲草案（节录）》（1929年3月28日），中共龙岩地委党史资料征集领导小组、龙岩地区行政公署文物管理委员会编:《闽西革命史文献资料》第2辑，1982年内部版，第45页。

县，占中央苏区的半壁江山，当之无愧地成为全国革命的中心。

（二）拉开了创建中央苏区的序幕

大革命失败后，毛泽东率领秋收起义部队进军井冈山，在创建井冈山农村革命根据地的过程中，发现了工农武装割据于中国革命的意义和价值，坚信农村中小块红色政权的长期存在，不但没有疑义，而且必然地要作为取得全国政权的许多力量中间的一个力量。因此，把井冈山开创的工农武装割据事业进一步发展壮大，是毛泽东和朱德他们孜孜以求的目标。但随着湘赣两省国民党反动军队对井冈山的联合“进剿”，井冈山失守，毛泽东和朱德他们不得不放弃固守井冈山的斗争策略，寻求到别的地方重开工农武装割据新局面。但到哪里去重开工农武装割据的新局面呢？只能等待历史机缘的出现。

经过两个多月的艰难转战，1929 年 3 月 14 日，朱毛红军占领了长汀城。得益于这里信息通达，毛泽东得以纵览全国局势，在调研分析了赣南、闽西的情况和条件之后，认为重开工农武装割据新局面的时机已经成熟。于是，在 3 月 20 日辛耕别墅召开的红四军前委扩大会议上，作出了“以赣南闽西二十余县（即后来的中央苏区——笔者注）为范围”，开展游击战争，创建一个比井冈山更宏大的公开的苏维埃政权割据的重大战略决策。这标志着毛泽东和朱德他们实现了由创建和固守井冈山根据地向开创中央苏区的历史转变。诚如著名苏区史研究专家蒋伯英所言：“新蓝图的制定表明，当毛泽东和红四军来到这座古城时，他们已经‘站到了创建中央革命根据地出发地的一个转折点上’。”① 与此同时，会议对红四军下一步的具体行动作了精心安排，提出利用十几天的时间在长汀及周边地带活动，4 月初开赴江西瑞金、于都活动；在那里活动一段时间后，或回闽西，或留在赣南，或到吉安靠近蒋桂军阀的地区去开辟新的区域，最后根据局势的发展再作定夺。根据这一会议精神和行动方针，3 月下旬，毛泽东、朱德依据江西东固游击区秘密割据的经验，帮助长汀党组织秘密发展了党员，组织了秘密农协、秘密工会，随即又召开各界代表会议选举了革

① 蒋伯英：《1929：朱毛红军与古田会议》，福建人民出版社 2009 年版，第 86 页。

命委员会，中央苏区时期第一个县级红色政权——长汀县革命委员会由此诞生，拉开了创建中央苏区的序幕。

此后，毛泽东会同朱德率领红四军转战赣南、闽西，先后建立起于都、兴国、宁都、永定、龙岩五县的革命委员会，建立了赣南、闽西各县的红色政权，形成了更大范围的红色割据。1930 年 3 月 18 日，闽西第一次工农兵代表大会在龙岩城召开，选举产生了以邓子恢为主席的闽西苏维埃政府。3 月 25 日，赣西南苏维埃政府成立。经过三次反“围剿”，红色革命根据地在赣西南占有 18 个县，其中县城 8 座，红色区域纵 400 余里，横 300 余里，人口 200 万左右。在闽西占有 11 个县，其中县城 5 座，面积纵横 300 余里，人口 100 余万。到 1931 年冬，赣西南和闽西根据地完全连成一片，形成了全国最大的中央苏区。1931 年 11 月 7 日—20 日，中华苏维埃第一次全国代表大会在瑞金召开。12 月 1 日，中央执行委员会发布第一号布告，庄严宣布中华苏维埃共和国成立。

（三）开启了红色闽西马克思主义中国化探索的新阶段

在红四军入闽以前，闽西党组织及党员进行了马克思主义中国化的早期探索，取得了土地革命斗争等方面的宝贵经验。但就总体而言，这些探索仅限于中国革命的某一具体方面，不足以影响中国革命的全局和方向。

1929 年 3 月，朱毛红军首战长岭寨获胜后进驻长汀，随即在辛耕别墅会议勾画了创建赣南、闽西革命根据地的蓝图，并强调“这一计划决须确立，无论如何不能放弃，因为这是前进的基础”①，从夺取全国革命胜利的高度和广度，强调了创建赣南、闽西革命根据地的重要性、必要性，从而在事实上，对自下井冈山以来朱毛等面临的“如何把井冈山的工农武装割据事业进一步发展壮大”这一关系中国革命前途方向的历史新课题作出了具有方向性、决定性意义的选择。因此，从这一刻起，朱毛红军就取代闽西地方党组织成为红色闽西这块土地上马克思主义中国化探索的核心主体，开启了马克思主义中国化探索的新阶段。

此后，根据新蓝图，朱毛红军在闽西开创了“战地黄花分外香”“寥

---

① 《毛泽东年谱（1893—1949）》上卷，人民出版社、中央文献出版社 1993 年版，第 269 页。

廓江天万里霜”的喜人局面，把“武装夺取政权，农村包围城市”的实践大大向前推进，使这片土地迅速成为全国革命的中心。与此同时，以毛泽东同志为主要代表的中国共产党人根据在这片土地上的斗争经验，写下了《古田会议决议》、《星星之火，可以燎原》、《反对本本主义》（初稿）、《才溪乡调查》等光辉篇章，对关系中国革命前途的一系列关键问题进行了深入的理论思考，制定了对中国革命有着决定性意义的党和军队建设的伟大纲领，提出了适合中国国情的革命道路理论及党的实事求是的思想路线，初步形成了指导中国革命走向胜利的毛泽东思想，取得了马克思主义中国化探索的突破性进展，书写了红色闽西马克思主义中国化探索的辉煌新篇章。

（四）开启了中国革命道路探索的新起点

井冈山斗争，是毛泽东把马克思主义基本原理与中国革命实际相结合探索中国特色革命道路的起点。他在创建井冈山革命根据地的斗争实践中，充分认识到农村中小块红色政权的长期存在“必然地要作为取得全国政权的许多力量中间的一个力量”。基于对“工农武装割据”于中国革命前途的意义和价值的深刻认识，毛泽东和朱德他们即便在井冈山失守、出击赣南屡屡受挫的情况下，也从来不曾放弃把工农武装割据事业发展壮大的努力。正是这样的信念支撑着他们从绝境中走出来，迎来了重开工农武装割据新局面的良机。尤为难能可贵的是，毛泽东他们不仅在历史机缘出现的时候紧紧抓住了它，而且在勾画重开工农武装割据新局面的蓝图时，不再将视野局限于红四军，也不再局限于赣南、闽西，而是站在了全国的高度。1929 年 3 月 20 日召开的中共红四军前委扩大会议和当天以红四军前委的名义就这次前委会议精神向福建省委和中央作的报告，都将红四军、红五军以及江西红军第二、第四团“以赣南闽西二十余县为范围”开展游击战争、创建革命根据地的行动方针，视为关系全国革命胜利的关键，强调“这一计划决须确立，无论如何不能放弃，因为这是前进的基础”。报告还就党在全国的一般计划和工作的重心提出建议：“在全国范围内要猛力地夺取群众。”“红军小区域苏维埃使个数加多，这不仅在湘、赣、粤、闽等地，江苏、皖北、鄂北、豫南、直隶（旧省名——笔者注）

都应有红军及小区域苏维埃之创立。”[①]

新蓝图站在全国革命胜利的高度来推进井冈山创建的工农武装割据事业，这表明毛泽东在井冈山时期的工农武装割据思想的基础上，对中国革命的特点和道路有了更进一步的认识，“开始萌发了中国革命首先占领农村，而后于城市的思想”[②]。这对于开启中央苏区的伟大实践和接续井冈山进行中国特色的革命道路探索具有决定性的意义和价值。正如金冲及先生在《毛泽东传（1893—1949）》中所说：“这是一个重大而正确的战略决策……这个战略决策的实施，为以后中央革命根据地的创建奠定了基础，也孕育着‘农村包围城市，武装夺取政权’这条正确路线的萌芽。”[③]

此后的实践也证明，从这一刻开始，毛泽东率领红四军在创建闽西苏区的实践中，特别是在《古田会议决议》《星星之火，可以燎原》等文章中对中国革命道路探索的思路越来越清晰了，并初步形成了工农武装割据、农村包围城市的中国革命道路理论。

---

① 《毛泽东年谱（1893—1949）（修订本）》上卷，中央文献出版社 2013 年版，第 267 页。

② 参见蒋伯英：《1929：朱毛红军与古田会议》，福建人民出版社 2009 年版，第 86 页。

③ 金冲及：《毛泽东传（1893—1949）》，中央文献出版社 2004 年版，第 206 页。

中　篇

闽西苏区马克思主义中国化探索的艰难历程

马克思主义中国化是一个运用马克思主义解决中国实际问题的实践过程。当闽西先进知识分子选择马克思主义作为“救国图存”的方案并给予传播时，就拉开了这片土地上马克思主义中国化的序幕。但这时并不是真正自觉的马克思主义中国化，还谈不上把马克思主义与闽西革命实践相结合，甚至对马克思主义本身的理解和表述也不完全准确、科学，因此还不可能形成真正意义上的马克思主义中国化。但他们对马克思、恩格斯及其学说的广泛传播营造了社会氛围、奠定了思想基础，形成了闽西马克思主义中国化探索的一个必要前提。闽西党组织成立初期，领导人民开展了一系列卓有成效的革命活动和把马克思主义基本原理与中国农村实际相结合的最初探索，创造了土地革命斗争的一些宝贵经验，但还不足以影响中国革命的全局和发展方向。

毛泽东和红四军入闽以后，闽西革命根据地蓬勃发展并迅速成为全国革命的中心，开始书写影响中国革命全局和发展方向的马克思主义中国化探索非同一般的历史。他们顶住当时党内盛行的把马克思主义教条化、把共产国际指示神圣化、把苏联经验绝对化的强大压力，坚持从实际出发，把马列主义的基本原理与中国革命的具体实际相结合，在这片土地上进行了创建苏区、开展土地革命、建设红色政权和调查研究的伟大实践。同时，对党内、军内围绕中国革命前途、中国革命道路、党与军队的关系、土地革命路线等产生的认识分歧进行积极论争，对来自党内和共产国际的“左”倾错误路线进行坚决的斗争，形成了以乡村为中心的革命道路理论、实事求是的思想路线、调查研究和群众路线的工作方法、思想建党和政治建军原则、抽肥补瘦的土地分配方法以及红色政权的人民性宗旨和民主建政理论等马克思主义中国化的奠基成果，从而为把中国革命引向胜利奠定了坚实的实践和理论基础。

闽西苏区的土地革命战争时期，既是中国共产党人把马克思主义运用于中国革命实践的艰苦探索时期，也是马克思主义中国化探索取得突破性进展的时期。

闽西当之无愧是红色理论的奠基地！

第四章

闽西苏区马克思主义中国化探索的实践

大革命失败后，毛泽东率领秋收起义部队进军井冈山，开始了以农村为中心的革命道路探索。经过一年艰苦卓绝的斗争，创建了以宁冈为中心的湘赣边界工农武装割据，并且使割据地区一天一天扩大，土地革命一天一天深入，民众政权组织一天一天推广，红军和赤卫队一天一天壮大，影响也越来越广。在实践上解决了在大革命失败后如何继续革命、如何开展武装斗争的问题，形成了“工农武装割据”的思想。但总的来看，这时在认识上对工农武装割据的肯定，还是就其本身而言的，至于它在夺取全国政权斗争中的作用，党内认识并不一致，甚至可以说存在很大分歧。恩格斯说：“历史从哪里开始，思想进程也应当从哪里开始，而思想进程的进一步发展不过是历史过程在抽象的、理论上前后一贯的形式上的反映。”[①]朱毛红军入闽以后，秉持着“把井冈山事业发展壮大”的宗旨和使命，在这片土地上进行了创建苏区、开展土地革命、建设红色政权和调查研究等伟大实践，积累和形成了一系列独创性的经验和理论，把“农村包围城市，武装夺取政权”的中国革命道路实践和理论大大向前推进，推动马克思主义中国化探索走向“实事求是”的正途。

一、武装割据新局面，中国革命道路探索迈向农村包围城市

中国革命应该用什么方式、走什么样的道路，才能够完成反帝反封建的伟大使命，是中国共产党人必须解决的重大课题。大革命失败后，毛泽东率领秋收起义部队进军井冈山，在创建井冈山农村革命根据地的过程

① 《马克思恩格斯选集》第 2 卷，人民出版社 1995 年版，第 43 页。

中，发现了工农武装割据于中国革命的意义和价值，坚信农村中小块红色政权的长期存在，不但没有疑义，而且必然地要作为取得全国政权的许多力量中间的一个力量。他在面对“红旗到底能打多久”的疑问时，撰写了《中国的红色政权为什么能够存在？》（1928年10月5日）和《井冈山的斗争》（1928年11月25日），给以明确和细致的分析，指出中国具备红色政权能够产生、存在和发展的独特原因和相当的条件：第一，中国是一个帝国主义间接统治的经济落后的半殖民地。这种特殊国情，造成白色政权间的长期分裂和战争，使一小块或若干小块的共产党领导的红色区域的存在和发展成为可能。第二，有很好的群众基础。中国红色政权首先发生和能够长期存在的地方，例如湖南、广东、湖北、江西等省的许多地方，有很好的群众基础。第三，全国革命形势是向前发展的。国内买办豪绅阶级间的分裂和战争不断，使革命形势得以继续发展。第四，有相当力量的正式红军。第五，共产党组织的有力量和它的政策的不错误。[①]

自1929年1月下井冈山以来，红四军出击赣南、闽西，尤其是红四军二次入闽创建闽西苏区的实践，不仅用铁一般的事实证明了在白色政权间的长期分裂和战争条件下“农村中红色政权可以长期存在”的正确，而且越来越显示出它不仅是“取得全国政权的许多力量中间的一个力量”，还是“促进全国革命高潮的最重要因素”。认识来源于实践，创建赣南、闽西苏区的实践让毛泽东等对农村革命根据地于中国革命的意义和价值有了更进一步的认识，提出了“以乡村为中心”的宝贵思想，从而使对中国革命道路的探索从井冈山时期的“工农武装割据”迈向“农村包围城市”。

（一）坚信红色政权可以长期存在，迎来重开工农武装割据新局面的好时机

坚信农村中红色政权可以长期存在，基于这样的深刻认识，毛泽东和朱德等从未放弃在农村建立革命根据地、重开工农武装割据新局面的努力。据史沫特莱采访朱德的记录，在到达东固的最初几天，毛泽东在群众

① 参见《中国的红色政权为什么能够存在？》（1928年10月5日）和《井冈山的斗争》（1928年11月25日），《毛泽东选集》第1卷，人民出版社1991年版，第49—50、57页。

集会上发表了这样的演讲：我们很弱小，可是星星之火可以燎原，我们有远大的前程。在一定的时间和条件下，人民政权就可以伸展到有大城镇的地区。从全国一小部分地区的解放，我们就可以扩展到较大或更大的地区；最后一定可以解放全中国。①

这番讲话是在下井冈山后经历了两个多月艰难转战积累了经验后发表的。它表明，即便在这样艰难的境况下，毛泽东仍然很坚定地把红四军的工作重心放在了建立农村红色政权上。所以对于毛泽东和朱德他们来说，当时他们面临的不是要不要建立农村革命根据地的问题，而是到哪里去重开工农武装割据新局面的问题。秉持着这样的信念，只要时机成熟，他们一定会在更大范围建立农村革命根据地，重开工农武装割据的新局面。

1929 年 3 月中旬，朱毛红军占领闽西重镇——长汀，部队得到了补给，这时蒋桂战争爆发，湘赣国民党兵力空虚，朱毛红军获得了难得的休整喘息的机会。而此时的闽西具备了红四军进驻的各种有利条件：第一，革命形势呈现良好发展态势，不仅建立了各级党组织而且建立了自己的武装，开辟了小块红色区域；第二，闽西群山屏蔽，具有十分险要和复杂的地理形势，具有进可攻、退可守的战略意义和实行工农武装割据、开展游击战争、创建革命根据地的有利条件；第三，从国民党的兵力部署来看，在当时，福建没有国民党的嫡系部队，除驻扎在福州的海军杨树庄部外，只有几支地方军阀的部队，如漳州的张贞部，闽中的卢兴邦部，长汀、上杭一带的郭凤鸣部，龙岩、漳平一带的陈国辉部，这些地方军阀多是土匪加民团，装备一般，战斗力不强，非常有利于红军的发展；第四，这里物产丰富，汀江航运发达且文化悠久，是古龙岩州和汀州府的辖地，是客家文化与闽南文化相融合的地方，地域较井冈山大许多，可以为红军提供充足的给养；第五，这里信息通达，便于了解和把握全国局势。

经过两个多月的艰难转战，朱毛红军终于迎来了重开工农武装割据新局面的大好时机。

---

① 参见［美］艾格妮丝·史沫特莱：《伟大的道路——朱德的生平和时代》，梅念译，胡其安、李新校注，生活·读书·新知三联书店 1979 年版，第 278 页。

（二）绘制割据新蓝图，萌发“中国革命首先占领农村，而后及于城市的思想”[①]

红四军进驻长汀后，鉴于形势的变化和闽西所具备的各种有利条件，毛泽东作出判断：在更大范围建立公开的苏维埃政权割据时机已经成熟。于是于 1929 年 3 月 20 日，在汀州辛耕别墅主持召开了红四军前委扩大会议，提出了新的“苏维埃割据”计划。这一计划首先提出了红四军今后一个时期的战略计划，即整合红四军、红五军和江西红二团、红四团几方面的力量，利用蒋桂战争爆发的有利形势，以“赣南、闽西二十余县为范围，用游击战术，从发动群众以至于公开苏维埃政权割据，由此割据区域以与湘赣边界之割据区域相连接”[②]。其次，进一步指出“在全国范围内要猛力地夺取群众”，“红军小区域苏维埃使个数加多，这不仅在湘、赣、粤、闽等地，江苏、皖北、鄂北、豫南、直隶都应有红军及小区域苏维埃之创立”[③]，建议中央把这一工作视为“一般工作的重心”，这就把“苏维埃割据”蓝图拓展到了全国。就如蒋伯英指出的，这表明毛泽东的视野已经从一个地区、一个省，拓展到了夺取全国革命胜利的高度，而主张中央应该把“一般工作的重心”放在大力创造许多个小区域的苏维埃政权上，则表明毛泽东初步萌发了“中国革命首先占领农村，而后及于城市的思想”。

在这一蓝图的指导下，红四军前委决定，利用蒋桂战争爆发，湘赣国民党兵力空虚的有利时机，全军迅速回师赣南。就在这时（1929 年 4 月 3 日——笔者注），毛泽东、朱德收到由中央军事特派员刘安恭带来的中央指示信，即“二月来信”。来信依据当时的国际国内形势和朱毛红军所处的不利环境，对革命的客观形势和主观力量作出了比较悲观的估量，不相信农村苏维埃政权的建立与发展可以促进全国革命高潮的到来，强调城市对农村的领导作用；要求红四军对把领导农民斗争、深入土地革命、开展

---

① 蒋伯英：《古田会议前后毛泽东关于中国革命三个重大理论问题的转变》，《中共党史研究》2009 年第 12 期。

② 《毛泽东年谱（1893—1949）（修订本）》上卷，中央文献出版社 2013 年版，第 267 页。

③ 《毛泽东年谱（1893—1949）（修订本）》上卷，中央文献出版社 2013 年版，第 267 页。

乡村游击战争与武装农民等作为工作重心“重新下一责任的估定”[①]，并要求红军实行分兵活动，朱德、毛泽东离开红军前往上海党中央。

这封指示信是2月写的，收到此信时已是4月，“二月来信”据以分析的背景形势在这两个月里已经发生了变化，比如蒋桂军阀已经开战，统治阶级内部发生了严重分裂，红军已经度过最艰难的时期，等等。面对形势的好转，毛泽东认为红四军重开工农武装割据新局面的条件已经具备。于是，毛泽东以前敌委员会的名义复信中央，指出“中央此信对客观形势及主观力量的估计都太悲观了”，针对来信片面强调城市对农村的领导作用，不相信农村苏维埃政权的建立与发展能够促进全国革命高潮的观点，毛泽东特别肯定了农村红色区域在中国革命中的作用，指出：“农村斗争的发展，小区域苏维埃之建立，红军之创造与扩大，亦是帮助城市斗争、促进革命潮流高涨的条件。所以抛弃城市斗争沉溺于农村游击主义是最大的错误，但畏惧农民势力发展，以为将超过工人的领导而不利于革命，如果党员中有这种意见，我们以为也是错误的。因为半殖民地中国的革命，只有农民斗争不得工人领导而失败，没有农民斗争发展超过工人势力而不利于革命本身的。”[②]

在这里，毛泽东虽然还是把农村武装割据的建立和发展视为“帮助城市斗争、促进革命潮流高涨的条件”，没有完全放弃“城市中心论”的观念，但他紧接着指出“半殖民地中国的革命，只有农民斗争不得工人领导而失败，没有农民斗争发展超过工人势力而不利于革命本身的”，则明确表达了他要立足半殖民地中国革命的特点，坚定不移地把建立和发展农村红色割据区域作为当下工作重心的主张。这样的认识和坚持，已然显示出他与“城市中心论”的倾向越来越远，而与“以乡村为中心”的倾向越来越靠近的趋向。

历史证明，毛泽东的主张是正确的。在此后的半年多时间里，主要是在1929年5月至12月，毛泽东率领红四军在闽西各县广泛开展游击战

---

① 《建党以来重要文献选编（1921—1949）》第6册，中央文献出版社2011年版，第36页。

② 《红军第四军前委给中央的信》（1929年4月5日），《毛泽东文集》第1卷，人民出版社1993年版，第55页。

争，消灭国民党在闽西的军事势力，击退了闽粤赣三省敌人的三次“会剿”，占领了长汀、龙岩、永定、上杭、漳平5座县城，在很短的时间里完成了土地革命，建立了各县红色政权。至同年10月，闽西革命根据地扩展到粤东、赣南边境地区，根据地人口近百万，一时成为全国最大范围的农村革命根据地。

苏维埃割据事业的发展，用铁一般的事实证明了在白色政权的长期分裂和战争条件下“农村中红色政权可以长期存在”的正确。这让毛泽东对在农村建立和发展红色割据区域于中国革命的前途有益更加充满了自信。1929年7月，中共闽西一大召开，毛泽东指出闽西今后的任务，就是在更大的范围发动群众、扩大土地革命的影响、建立更为广阔的根据地，与赣南东江及湘赣边界的革命势力取得联系，促进一般革命潮流的高涨，并将这一任务同中国共产党的全国总任务——争取群众、准备暴动、夺取政权联系起来，强调这是闽西工农政权的全国意义。第一次把农村革命根据地的建立与发展同党在全国夺取政权的总任务联系起来，表明毛泽东对农村苏维埃割据政权的建立于中国革命的价值和意义有了更进一步的认识和把握。

（三）星星之火，可以燎原，“以乡村为中心”思想的提出

任何一种理论的形成与完善，总是伴随着实践的发展与深化。就在农村武装割据事业蓬勃发展的时候，各种非无产阶级思想也在党内和红军中滋生蔓延，并再次引发了对“在农村环境中能不能实现‘党和军队的无产阶级化’”的质疑和担忧。毛泽东意识到，不解决这个问题，把党的工作重心放在农村的主张就不可能得到彻底的贯彻和实施。为了解决这个问题，毛泽东与党内不同意见展开了激烈的论争，力陈各种非无产阶级思想的表现及危害。在中央“九月来信”的指示下，古田会议确立了思想建党、政治建军原则，解决了在农村环境中，党员绝大多数是农民的条件下，“党和军队的无产阶级化”问题，清除了流寇思想，为毛泽东提出“农村包围城市”的中国革命道路理论奠定了坚实基础。在这期间，毛泽东虽然还没有明确提出“以乡村为中心”的思想，但从他殚精竭虑地思考和解决“党和军队的无产阶级化”问题来看，他已经彻底抛弃了“城市中心论”。

有了古田会议的胜利成果，有中央“九月来信”的“先有农村红军，后有城市政权，这是中国革命的特征，这是中国经济基础的产物。如有人怀疑红军的存在，他就是不懂得中国革命的实际，就是一种取消观念”[①]的深刻认识和支持，毛泽东在古田会议仅仅一周之后（1930年1月5日——笔者注），在给林彪的复信《星星之火，可以燎原》中进一步批评了党内普遍存在的主张流动游击、忽视建立巩固的革命根据地的城市中心论，阐明了建立巩固的农村革命根据地的重要性，强调了它对夺取全国政权的意义，明确提出了“以乡村为中心”的宝贵思想，指出，红军、游击队和红色区域的建立和发展，是半殖民地中国农民斗争的最高形式，也是半殖民地农民斗争发展的必然结果，是促进全国革命高潮的最重要因素；而政权发展是波浪式地向前扩大等政策是无疑义地正确的。[②]“以乡村为中心”思想的提出，表明以毛泽东同志为主要代表的中国共产党人创建闽西苏区的斗争，不仅在实践上已经走上了“以乡村为中心”的道路，而且在理论上也进行了初步论证，标志着中国革命道路的探索实现了由“工农武装割据”向“农村包围城市”的转变。

认识的突破必然推动实践前行。古田会议结束以后，江西、福建、广东之敌对闽西地区发动三省“会剿”，围攻红四军。为了将敌人引出闽西，打破“会剿”，发展闽西苏区，扩大赣西南根据地，红四军离开闽西，向武夷山中部及赣南进军。1930年2月7日至9日，毛泽东在吉安东固地区的陂头村，主持召开了中共红四军前委，赣西特委（赣南特委因来不及赶到未参加），红五军、红六军军委联席会议，即二七会议（或称陂头会议）。为实行统一领导，这次会议决定组成红四军、红五军、红六军和赣西、赣南、闽西、东江地区的共同前委，统一领导这一广大地区的革命斗争。毛泽东当选前委书记，成为这一广大地区的最高领导，这就为实施他的革命新战略提供了更为有利的条件。二七会议后，红军在兴国等6个县的全境和永丰等县的部分地区，轰轰烈烈地全面开展了分田运动。3月中

① 金冲及主编：《周恩来传（1898—1949）》，人民出版社1995年版，第195—196页。

② 参见《毛泽东选集》第1卷，人民出版社1991年版，第98页。

旬，赣西南苏维埃政府成立了，闽西苏维埃政府也成立了。至此，基本实现了前委一年前提出的公开割据闽赣边界20余县的计划，为中央革命根据地的建立奠定了坚实的基础，从而把“工农武装割据，农村包围城市”的实践大大向前推进了。

二、土地革命新经验，“中国式”土地革命步入正确轨道

中国半殖民地半封建社会的国情决定了中国革命的中心问题是农民问题，不解决农民问题，革命就不会成功。而农民问题的核心是土地问题，不解决农民的土地问题，农民就不会拥护革命。共产国际从战略的高度充分重视农民在革命中的地位和作用，将封建的大土地占有制度作为帝国主义以及中国封建主义残余的统治根基，从而明确提出了中国土地革命战略构想，却错误地寄希望于国民党来完成这个任务。大革命失败后，八七会议确立了通过城市暴动来实现土地革命的路径，发动了大小上百起武装暴动，却是屡战屡败，损失惨重。这些不成功的探索清楚地向共产党人表明“此路不通”。毛泽东在秋收起义失败后落脚井冈山，将土地革命依托于农村革命根据地，为土地革命长久、持续地进行下去找到了支撑面，开辟了“中国式”土地革命的新道路。但是土地革命能否顺利开展、能否达到预期效果，还取决于制定和执行的土地革命路线、方针和政策是否正确。由于井冈山斗争的失败，这一探索并未完成。闽西是开展土地革命斗争最早的区域之一，在毛泽东和红四军来到闽西之前，闽西地方党组织已经领导群众开展了土地革命的斗争实践，并积累了一些行之有效的做法和经验。朱毛红军自1929年3月入闽以来，迅速在闽西重开工农武装割据的新局面，为深入开展土地革命创造了前提和保证。以毛泽东、邓子恢等为代表的中国共产党人在领导闽西苏区土地革命斗争的实践中，不断总结经验教训，不断探索，逐步制定出切合中国国情和革命实际的关于土地革命的正确的路线、方针、政策，从而使“中国式”土地革命步入了正确的轨道。

（一）贯彻八七会议精神，溪南土地革命创造“抽多补少”分田新经验

1927 年 8 月 7 日，八七会议召开，党中央确定了“实行土地革命，武装夺取政权”的工作大纲。党的八七会议精神在 1927 年 9 月传达到福建之后，在大约两个月的时间内基本贯彻到了所属各地党组织。福建全省特别是闽西地区人民群众在党的领导下“燃起了武装反抗国民党反动统治的烈火”①。

1928 年 3 月，龙岩后田暴动与平和暴动爆发了，这两次暴动的组织者事先都提出了实行土地革命的目标，主张“田契借约当场查明焚毁”，“田地由农民分配”②，并且计划拘捕各乡土豪劣绅，没收其土地财产。但是，由于中共龙岩县委与平和县委对于土地革命毫无经验，未能制定没收与分配土地的具体政策，加之敌我力量悬殊，暴动很快受到镇压，土地革命的计划未能实行。

1928 年 4 月，邓子恢奉命调任中共上杭县委宣传部部长，前往上杭蛟洋指导农民运动。经过一段时间的考察和调查以后，邓子恢认为，蛟洋地区的农民已经组织起来并建立了武装，贫苦农民迫切希望解决土地问题，在蛟洋进行土地革命的条件已经成熟。邓子恢向傅柏翠提出，应当马上领导群众举行暴动，没收地主阶级的土地分配给贫苦农民，摧毁封建统治阶级的基础。但是，傅柏翠不同意邓子恢的意见，不仅不赞成实行暴力革命，而且主张不把土地分配给农民，实行集体耕种。后因上杭城郭凤鸣部不满北四区农军（即蛟洋农军）而与之分庭抗礼，令其部下带人下乡“清乡”，与蛟洋农军发生了冲突，考虑到郭凤鸣势必派兵再犯，傅柏翠才不得不扯旗暴动，但仍然主张实行集体耕种。因此，邓子恢试图在蛟洋以暴动的方式建立革命政权、实行土地革命的计划，由于傅柏翠的反对而未能实现。

1928 年 6 月，中共永定县委领导了以溪南为中心的全县大暴动。永

---

① 《邓子恢传》，人民出版社 1996 年版，第 62 页。

② 《邓子恢自述》，人民出版社 2007 年版，第 61 页。

定大暴动后，成立了闽西第一个区苏维埃红色政权——溪南区苏维埃政府，为开展土地革命创造了前提。在邓子恢的建议下，永定县委着手下乡清剿反革命分子，收缴反革命武装，立即进行土地革命。但是该如何没收土地和分配土地，并没有好的经验可供借鉴。在此之前，八七会议通过的《最近农民斗争的决议案》只对土地政策作了若干原则的规定，如没收大地主、中地主的土地及祠族庙宇等土地，分给无地的农民，但具体如何分，并没有进一步的说明。1927 年 9 月，广东海陆丰在举行的第二次起义中，宣布没收豪绅地主的一切土地和财产。但是，在 10 月举行第三次起义后，却采取了没收一切土地的政策，不仅没收地主的土地，甚至对自耕农的土地也加以没收，并主张把一切反革命杀得干干净净等，最终孤立了自己，导致海陆丰工农民主政权的失败。1927 年 11 月，中共中央临时政治局召开的扩大会议通过了我党历史上第一个关于土地问题的纲领——《中国共产党土地问题党纲草案》，规定“一切地主的土地无代价的没收，一切私有土地完全归组织成苏维埃国家的劳动平民所公有”[①]。1928 年 5 月，中共中央发表了第 37 号通告——《关于没收土地和建立苏维埃》，对没收土地的对象和土地分配的方法等问题作了进一步规定，强调没收一切土地重新分配给农民耕种，采用以劳动力为标准分配土地的方法等。1928 年 6 月—7 月，党的六大对农民土地问题进行了深入讨论，通过了《政治决议案》《土地问题决议案》《农民问题决议案》，部分修正了土地革命早期的某些过“左”政策，如提出“无代价的立即没收豪绅地主阶级的财产土地，没收的土地归农民代表会议（苏维埃）处理，分配给无地及少地农民使用”[②]。再如大会虽然赞成“平分土地”的口号，但同时又认为“在中农和小农私有制占人口多数的地方，‘平分土地’必将触犯广大的中农的利益，尤其不能强硬施行”[③]。遗憾的是，中央的这几份文件没有及时传达到闽西，据邓子恢、张鼎丞合著的《闽西暴动与红十二军》回忆：“1928 年 7、8 月间，整个溪南区进行了选举，8 月召开了区的工农兵代表大会，

---

① 《建党以来重要文献选编（1921—1949）》第 4 册，中央文献出版社 2011 年版，第 664 页。

② 《建党以来重要文献选编（1921—1949）》第 5 册，中央文献出版社 2011 年版，第 422 页。

③ 沙健孙：《毛泽东思想通论》，人民出版社 2014 年版，第 163 页。

成立了区苏维埃政府，并讨论分田问题。当时中央还没有土地纲领，省委也没有指示。”因此，如何开展土地革命，只能自己探索。

据邓子恢、张鼎丞回忆，溪南里分田实行“以乡为单位”，“按人口平分，地主富农和贫中农一样分田”，“按各人原耕土地抽多补少，不要打乱平分”[①]的土地分配政策。但根据孔永松对1929年1月9日永定溪南区委扩大会对溪南里斗争教训的总结和1929年8月22日中共闽西特委交福建省委的《关于武装斗争党务工作的报告》两份历史文件的考证，溪南区土地政策与邓子恢、张鼎丞的回忆有出入，主要有这么几点：（1）关于没收政策，实行“没收一切土地”，包括自耕农的土地亦全部没收；（2）关于土地分配对象，实行将没收来的土地分给农民，地主不分田；（3）关于分田的区域标准，实行“以乡为单位，本乡农民分其本乡土地”（这点与邓子恢、张鼎丞回忆一致）；（4）关于分田的数量标准，“照年岁分配”，即按劳动力分配；（5）关于对中小工商业的政策，执行焚烧商人账簿、没收商店的“左”倾政策。[②]

由此可见，溪南苏维埃区域的土地革命政策执行的是1927年11月中共中央临时政治局召开的扩大会议通过的《中国共产党土地问题党纲草案》，这与广东海陆丰、井冈山的土地分配政策没有很大差异，但“按各人原耕土地抽多补少，不要打乱平分”却是史无前例的首创。这种操作简便的分田方法使全区13个乡2万多人口的土地分配工作在短短的时间里就胜利完成了。虽然由于自身力量的不足和国民党的大举镇压，1928年形成的局面没有坚持多久，党组织的工作和活动就被迫转向地下及农村，但溪南里的土地分配实行“在原耕地基础上抽多补少”的规定无疑是正确的，为进一步开展土地革命提供了可资借鉴的宝贵经验。

（二）中共闽西一大基本解决了没收对象、分田标准和分田对象的问题

在创建闽西苏区之前，毛泽东在总结井冈山根据地建设经验的基础

---

① 《邓子恢传》，人民出版社1996年版，第76页。

② 参见孔永松：《关于〈溪南里土地法〉主要内容的考辨》，《中国社会经济史研究》1988年第2期。

上，于 1928 年 12 月主持制定了工农民主政权的第一部土地法——《井冈山土地法》。《井冈山土地法》第一、第二条规定："没收一切土地归苏维埃政府所有"，以分配给农民个别耕种为主，遇到特殊情况时兼用"分配农民共同耕种"和"由苏维埃政府组织模范农场耕种"两种方法；"一切土地，经苏维埃政府没收并分配后，禁止买卖"。[①] 但是正如毛泽东在 1941 年为它所加的按语中指出的那样："这个土地法有几个错误：（一）没收一切土地而不是只没收地主土地；（二）土地所有权属政府而不是属农民，农民只有使用权；（三）禁止土地买卖。"[②] 这部土地法颁布后，党的六大文件才送达井冈山。但此时井冈山面临湘赣国民党军的联合"会剿"，毛泽东和红军被迫撤出井冈山，因此它的这些问题只能留待以后在实践中修正。

1929 年 4 月，毛泽东率红四军三纵队到达兴国县。他在帮助制定《兴国土地法》时，根据党的六大文件精神，把"没收一切土地"改为"没收公共土地及地主阶级土地"。这是一个原则性的改正，但其余各点均未改变，保留了井冈山时期的分配标准，即以人口为标准和以劳动力为标准，以及区域标准，即以乡、几乡、区为单位分配。该法令还特别强调以人口标准为主体的理由："老幼如分田过少，必至不能维持生活。"[③]

1929 年 1 月，毛泽东、朱德率领的红四军由井冈山向赣南、闽西进军。在闽西地方党组织密切配合下，3 月攻占闽西长汀，并于 5 月间相继克复龙岩、永定，在闽西原有的革命基础上，形成了基础巩固、范围遍及方圆数百里的闽西革命根据地，创造了深入开展土地革命斗争的良好条件。毛泽东的到来，不仅在军事上帮助闽西党组织打开了局面，建立了根据地，而且带来了他关于土地革命的主张和政策。5 月，红四军政治部发布《农民协会章程》，明确制定了"打击地主阶级"和"保护商店""保护学校""保护邮局"等正确的政策。中共闽西特委借助红四军入闽形成的革命形势，迅速领导群众积极开展分田斗争。1929 年 6 月，闽西特委根据毛泽东的指示颁发了第一份土地斗争纲领，这份土地斗争纲领除贯彻

① 《毛泽东文集》第 1 卷，人民出版社 1993 年版，第 49 页。
② 《毛泽东文集》第 1 卷，人民出版社 1993 年版，第 51 页。
③ 《毛泽东文集》第 1 卷，人民出版社 1993 年版，第 49 页。

党的六大精神外，突出了对工商业的保护政策。为了取得经验，龙岩县革命委员会首先在龙岩白土后田试点，领导土地的没收与分配工作，采取了“以乡为单位，将全乡农民原来所耕土地按人口平均分配，地主富农与雇贫农各得同样一份土地，中农自耕土地略多者可以不动。分配方法则采取按原耕抽多补少办法，不要打乱平分”[①]的分田政策，大大加快了闽西的土地革命进程。

1929 年 6 月 22 日，三打龙岩后，中共红四军第七次代表大会（以下简称红四军七大）在龙岩城内召开。会议错误地否定了毛泽东提出的党对红军的领导必须实行集权制（当时对民主集中制的称谓）和必须反对不要根据地的流寇思想的正确意见，给予毛泽东党内“严重警告”处分。因此，毛泽东没有当选前委书记，会后被迫离开红四军的主要领导岗位，到闽西特委指导地方工作。

7 月上旬，毛泽东以红四军前委特派员身份到闽西指导地方工作。其时，闽西特委正准备在上杭蛟洋召开中共闽西第一次代表大会。到达蛟洋后，毛泽东发现党代会的准备工作还不够充分，于是提议会议推迟一周召开，由代表先在本地区进行调查，他自己也参加调查，为大会制定切合实际情况的方针政策作准备。7 月 20 日—29 日，代表大会举行。在毛泽东的指导下，大会根据“土地百分之八十五至九十为地主阶级所有，农民所有田地不到百分之十五”，“六县中雇农、贫农平均数量在百分之八十以上”[②]的调查结果，在全面总结闽西两年来土地革命经验的基础上，吸收《井冈山土地法》和《兴国土地法》的内容，通过了《政治问题决议案》和《土地问题决议案》，制定了一套新的土地政策，提出：对大小地主加以区别对待，对地主也“酌量分与土地”；对富农土地只没收“自食以外的多余部分”，“不过分打击”；对中农“不要予以任何的损失”；“对大小商店采取一般的保护政策”；在土地分配上，以乡为单位，在原耕地基础上“抽多补少”，“按人口平均分配”；等等。这些规定使土地改革的方针

① 《邓子恢自述》，人民出版社 2007 年版，第 69 页。

② 中国社会科学院经济研究所中国现代经济史组：《第一、二次国内革命战争时期土地斗争史料选编》，人民出版社 1981 年版，第 300 页。

政策向前迈进了一大步，如对土豪地主反动派家属在乡间居住而又无其他种方法维持生活者，可酌量分给田地，体现了共产党改造剥削阶级给其以生活出路的政策；对永定县溪南里创造的“以原耕地为基础，抽多补少”的分田方法予以充分肯定，使用这种方法可以在军事斗争紧张激烈时期迅速分好田，快捷简便；“按人口平均分配”，每人都得一份，体现了平等原则，便把从前那种怠工现象完全除去，增加了生产效果；“对大小商店采取一般的保护政策”，有利于维护生产力和避免过大的打击面。至此，除农民土地所有权及限制富农这两方面的政策未作出外，没收对象、分田标准、分田方法和分田对象等土地革命政策大致都制定出来了，这表明我们党在土地革命方面经过反复实践与探索，在理论与策略上已趋于成熟。

会后，闽西各县党组织贯彻第一次代表大会精神，领导广大农民深入开展了轰轰烈烈的土地革命斗争。上杭县在 1929 年 7、8 月间，全县除中都、官庄等一些地方外，其余大部分地区都分配了土地，共有 18 万农民获得了土地。永定县在 1929 年 10 月也完成了分田工作，全县 38196 户、146200 人，分得土地 297723 亩，占全县土地总面积 35 万亩的 85% 以上，人均分得土地 2.03 亩。龙岩县的分田工作基本上在 1929 年 9 月结束。长汀、连城等县建立苏维埃政府较晚，至 1930 年夏也基本完成分田工作。[①]至此，闽西苏区 5 个县，纵横 300 多里的地区内，约有 80 万穷苦农民获得了土地。

（三）南阳会议提出“抽肥补瘦”，解决限制富农问题

中共闽西第一次代表大会决定依原耕地“抽多补少”，平均分配土地。采取这个办法来平分富农的多余土地，在一定时期内、一定程度上满足了广大贫雇农的土地要求。但这个办法只是解决了土地数量上的差别问题，没有解决土地质量上的差别问题。随后在闽西、赣西南执行的过程中，它的弊病就暴露出来了，对富农只实行“抽多补少”的办法，有利于富农，不利于贫雇农。因为分田是在原耕地的基础上进行“抽多补少”，出田户

① 参见余伯流、凌步机：《中央苏区史（修订版）》（上），江西人民出版社 2017 年版，第 318 页。

抽出哪些田来完全由自己决定。富农就钻了这个空子，自己把持肥田，抽出来的都是瘦田。贫雇农分的田与富农留的田相比，收获量相差很大，这就不能完全满足贫雇农的土地要求，他们迫切要求调整土地。不少地方出现了“抽多的不愿抽肥，补少的不愿接瘦”的现象，贫农与富农在土地的肥瘦分配上的斗争，就成为这时土地斗争的中心问题。

土地肥瘦分配的问题，引起了闽西党的重视。为了解决贫农与富农之间土地肥瘦之争，满足贫苦农民的要求，1930 年 2 月 25 日闽西特委第二次扩大会议通过的《关于土地问题决议案》规定：分田方法以抽多补少为原则，抽出之田以肥瘠均匀为度，好田多者抽好田，坏田多者抽坏田。为解决贫农与富农在土地的肥瘦分配上的斗争提供了经验。

同年 5 月，毛泽东在寻邬作深入调查时也发现了土地分配中贫农与富农的土地肥瘦之争问题，于是在 6 月主持召开的红四军前委和闽西特委联席会议（即南阳会议）上，毛泽东充分肯定了闽西特委的处理办法，并将其归结为“抽肥补瘦”原则写入会上通过的《富农问题》决议案中。决议提出：

> 平分土地，若单只按“抽多补少”执行，如闽西去年的经验，并在文件上写着“不得妄想平均”，那末富农得了护富（符）把瘦田让人，自己把持肥田，贫农就大不满意，不但闽西，各地亦大都发生这种现象。这是土地斗争中一种实际的重要斗争，我们不应忽略。应该于“抽多补少”之外还加上“抽肥补瘦”一个原则，并在文件上将“不得妄想平均”改为“不得把持肥田”。[①]

至此，毛泽东和邓子恢在领导这一时期的土地斗争实践中，经过调查研究，又进一步解决了限制富农的问题。这种土地分配原则，既满足了广大贫雇农对平分土地的合理要求，又可以使富农对革命保持中立态度，极

---

① 《富农问题——前委、闽西特委联席会议决议》(1930 年 6 月),《第一、二次国内革命战争时期土地斗争史料选编》，人民出版社 1981 年版，第 407—408 页。

大调动了广大贫农群众的生产积极性。闽西广大农民均质均量分得土地后，完全消除了革命前的怠工现象，积极深耕，把大量人力用在修陂圳、积肥上。“仅长汀、宁化、汀东三县就修好2366条陂圳，而且新开了几十条”[①],1930年早季生产明显增长，龙岩、连城均比1929年同期增产20%，上杭、永定、长汀各增长10%。

综上所述，通过指导闽西土地革命斗争实践，毛泽东、邓子恢、张鼎丞等人为党制定了一条符合中国革命实际的、马克思主义的土地革命路线和各项方针政策，即“依靠贫雇农，联合中农，限制富农，保护中小工商业者，消灭地主阶级”的土地革命路线和“没收一切公共土地及地主阶级的土地”，“以乡为单位，按人口平均分配土地，在原耕地基础上，实行‘抽多补少’、‘抽肥补瘦’”的土地分配政策。这条路线和基本政策，不仅贯彻了党的六大确定的土地政策的正确方面，而且在理论和实践上解决了应当没收哪些土地、如何分配土地等党的六大未曾解决的问题，使“中国式”土地革命步入了正确的轨道。如果说毛泽东、朱德等率领红四军在闽西、赣南重开工农武装割据新局面，实证了在农村建立红色政权的可能性，那么这条土地革命基本路线、基本政策的制定及其指导下的土地革命的成功实践，则进一步实证了在农村建立红色政权的可行性。

三、政权建设新尝试，中国共产党民主建政模式初步创立

苏维埃是俄文的音译，意为会议或代表会议，是俄国无产阶级在1905—1907年的革命斗争实践中创造出来的领导群众进行革命斗争的组织形式。十月革命胜利后，这一组织形式成为苏联的政权机关。苏维埃政权的建立，标志着无产阶级领导的完全新型的人民革命政权在世界上诞生。中国共产党成立伊始的第一个党纲，就把苏维埃管理制度作为社会主义革命的组织形式。但是在中国共产党建党初期，由于自身力量十分单薄，这种苏维埃的政治制度只能是美好的理想，难以付诸实践。1924年

① 王盛泽：《张鼎丞：共产党员的楷模，执政为民的典范》，中共福建省委宣传部编：《穿越时空的怀念》，海峡书局、海潮摄影艺术出版社2011年版，第208页。

实行国共合作之后，中国共产党致力于国共合作的国民革命，不再提出独立地领导工农群众建立苏维埃的口号，而是与国民党一起，建立联合战线性质的国民革命政府。蒋介石、汪精卫背叛革命后，中共不得不考虑重新组建自己独立的革命政权。1927 年 9 月 19 日，中共中央作出《关于“左派国民党”及苏维埃口号问题决议案》，明确提出放弃国民党旗帜，“在革命斗争新的高潮中应成立苏维埃”，建立完全由中共领导的苏维埃政府。自此，中国革命进入创建苏维埃政权的时期。

中国共产党要创建自己独立的革命政权——苏维埃，就必须在理论和实践上搞清楚苏维埃政权是什么，苏维埃政权如何组建或建立，以及苏维埃政权如何实现执政为民。1927 年 10 月，毛泽东及其率领的工农革命军到达井冈山，经过一年零三个月的艰苦奋斗，建立了第一块农村革命根据地，领导创建了茶陵、遂川、宁冈、永新、莲花、鄗县等苏维埃政府，展开了创建苏维埃政权的伟大尝试。在成立茶陵县工农兵政府时明确提出，由共产党人领导的红色政权，必须体现人民当家作主的原则，不能像国民党那样由上级委派县长。1928 年 1 月，毛泽东指导并亲自修订的《遂川工农县政府临时政纲》明确规定，工农兵和一切劳动人民，不分男女都享有政治权利和集会、出版、结社、言论等自由，一切反革命分子及教会人员等则不能获得这些权利和自由；为突出工农兵政权的特征，还提出了必须由下而上民主选举产生各级政权。同时，毛泽东充分注意到了实践中存在的“一哄而集的群众会”不能讨论问题的情况，指出要加强民主集中主义的制度，使群众了解它是最能发动群众力量和最利于斗争的，党的领导要避免国民党直接向政府下命令的错误办法。[①] 但是苏维埃政权的选举如何才能实现真正的民主？如何实现党政分开？如何实现执政为民？接踵而至的强敌“围剿”和艰苦恶劣的战略转移，使他不可能有更进一步的思考，只能等到红四军入闽创建新的革命根据地之后接续探索。

在红四军入闽前，闽西党组织贯彻中央“在革命斗争新的高潮中应成

① 参见《井冈山的斗争》(1928 年 11 月 25 日)，《毛泽东选集》第 1 卷，人民出版社 1991 年版，第 72、73 页。

立苏维埃”的指示，也进行了创建苏维埃政权的最初尝试。从 1928 年 3 月开始，龙岩、平和、上杭、永定等县的农民协会在党组织的领导下，与豪绅地主及当地的军阀势力展开了激烈的斗争，并很快发展为武装暴动。由于敌人过于强大，龙岩后田、平和、上杭蛟洋暴动失败，没能建立政权。永定暴动得到龙岩、平和、上杭的响应，取得了胜利。暴动发生后，邓子恢根据八七会议和龙岩后田、上杭蛟洋暴动的经验教训，与张鼎丞等研究商定立即实行土地革命，建立苏维埃政权并肃清反革命分子。与此同时，福建省委指示成立中共闽西特委，领导建立苏维埃政权，并积极准备分配土地。在邓子恢等组成的中共闽西特委领导下，10 多个乡苏维埃政府成立了。8 月，在各乡苏维埃普遍建立的基础上，召开溪南区工农兵代表会，选举成立了溪南区苏维埃政府，这是中国共产党在福建创建的第一个区苏维埃政府，下辖数万人口。其时，在全国范围内，江西万安，广东海陆丰、琼崖，湖南醴陵，湖北黄安等地都建立过苏维埃或农民政权，但相互之间并没有联系和交流，如何建立苏维埃政权、政权建立后如何运作包括如何开展土地革命，都只能靠自己在实践中探索。溪南区苏维埃政府成立后，即刻组织了自己的武装，为保卫新生红色政权、发展革命势力保驾护航；立即着手进行土地革命，创建了在原耕地基础上“抽多补少”的宝贵分田经验，把农民运动推进到一个新阶段。尽管这时对于政权建设的探索是很初步的，其存在时间不久，但这一实践和尝试，让“苏维埃政权是人民的政权”的观念深入人心，而闽西人民重建苏维埃政权的愿望尤其迫切，这些为朱毛红军的到来乃至苏维埃政权建设的进一步探索创造了良好条件。

1929 年 3 月中旬，红四军入闽，并制定出“以赣南、闽西二十余县为范围”，由此割据区域与湘赣边界之割据区域相连起来的苏维埃政权割据计划。此后，按照这个计划，红四军于 4 月回师赣南，在于都、兴国、宁都建立了红色政权。由于红军处于军事游击时期，时间比较短促，一时难以从容召开工农兵代表大会采取选举的方式产生正式的苏维埃政权，为求迅速建立新政权，这些政权没有经由工农兵代表大会选举产生，但是其成员包含了各方面的代表人物，体现了人民政权的特质。

5月，蒋桂战争结束，粤桂军阀重燃战火，再次入闽创建闽西割据政权的时机成熟。于是，红四军挥师经瑞金再次入闽。在闽西党组织的密切配合下，红四军连克龙岩、永定、白砂、旧县、新泉等重要城镇，闽西的革命局面大为改观。至7月前后，初步形成了以上杭古田和龙岩大池、小池为中心区域的红色政权割据区域。至同年冬，闽西割据区域已经有永定、上杭、龙岩、武平四个县召开了工农兵代表大会，成立了县苏维埃政府，另有长汀、连城二县成立了革命委员会。红色政权建立后，立刻领导群众实行土地革命。与此同时，各县建立了一支具有一定战斗力的地方红军和群众游击武装，“从而基本上完善了作为独立存在的苏维埃政权割据所必须具备的条件”[①]。

闽西独立存在的苏维埃政权割据区域的形成，为以毛泽东同志为主要代表的中国共产党人接续思考苏维埃政权是什么，苏维埃政权如何建立、建设乃至苏维埃政权如何实现执政为民等问题准备了必要条件。从此，中国共产党人在闽西进行了领导与管理人民政权的伟大尝试，揭开了创造中国新社会的序幕。

（一）制定颁布《苏维埃政权决议案》和《苏维埃政权组织法》，确立苏维埃政权的形式及其运行机制，为苏维埃政权的建立提供了基本遵循

自1928年3月领导武装暴动开始，闽西各级党组织经过一年多的奋斗，在工农武装暴动和土地革命等方面积累了宝贵经验，但是红色政权的建设只是一个开始，还有大量艰难而复杂的问题亟待解决，亟须制定和发布政纲，发展土地革命的成果，壮大红色武装，扩大群众斗争，以巩固业已存在的红色政权。在这种情况下，红四军前委决定召开中共闽西一大。这时的毛泽东刚在红四军七大上落选前委书记，被迫离开红四军的主要领导岗位，以红四军前委委员的身份来到地方工作，与谭震林、江华、蔡协民等一起来到上杭蛟洋参会和指导会议召开，这为毛泽东接续探索红色割据政权建设及其相关问题提供了难得的契机。

---

① 蒋伯英、郭若平：《中央苏区政权建设史》，厦门大学出版社1999年版，第88页。

大会原定 7 月 11 日开幕，但在会前，毛泽东与部分与会代表交谈后发现，他们对整个闽西的革命形势以及社会、政治、经济等方面的状况缺乏全面的了解。为了开好这次大会，毛泽东找到闽西临时特委书记邓子恢，建议会议推迟召开，让代表们花点儿时间作深入调查。邓子恢接受了毛泽东的建议，将代表们派回各县作调查。其间，毛泽东为代表们拟定调查提纲，耐心传授调查方法。经过一个星期的调查研究，代表们熟悉了各地情况，为大会制定切合实际的方针政策做好了准备。

1929 年 7 月 20 日，中国共产党闽西第一次代表大会在上杭蛟洋文昌阁召开。大会通过了由邓子恢起草、毛泽东修改的《闽西第一次代表大会政治决议案》以及关于苏维埃政权、土地、共青团、妇女问题等一系列重要决议案，制定了深入开展土地革命和巩固红色政权的正确路线和工作纲领。其中《苏维埃政权决议案》（以下简称《决议案》）对红色政权的性质宗旨、建立步骤、工作范围等作出了具体规定。

关于苏维埃政权的性质宗旨，《决议案》指出："苏维埃不是群众大会，也不是少数委员会而是代表会议，苏维埃是新的国家政权形式，是被压迫工农群众自己管理事务，镇压旧的统治政权的组织，因此它要吸引广大群众参加管理政事和群众发生密切的联系。"这鲜明反映了工农劳苦大众，包括小资产阶级等一切被压迫民众的利益和要求。

关于苏维埃政权建立的步骤，《决议案》规定，在白色政权统治时期，党的组织应该在乡村组织农会，在县城及大集镇组织秘密工会。在工农群众组织之上，成立革命委员会。暴动一经发动，革命委员会"便要成为指挥斗争和群众政权的机关"。暴动胜利后，广大群众已经发动，党的组织也有了相当力量时，革命委员会应该立即组织地方武装，实行土地革命，并召开工农兵代表大会选举产生苏维埃政府，"苏维埃成立，革委会即取消"。

关于苏维埃政权的工作职责范围，《决议案》作出明确规定：（1）举办地方建设事业。如开办学校阅报室、图书馆、医院、合作社，修筑道路、整顿水利及救济失业者；（2）宣传并实行土地法、劳动法；（3）调剂粮食房屋；（4）统一度量衡及币制；（5）废除一切旧礼教；（6）禁止烟、赌；（7）征收统一累进税；（8）镇压反革命派；（9）扩大革命武装；（10）发展苏维埃区域。[①]

会议通过的《苏维埃组织法》（经修订后于1929年8月15日公布，9月又经过红四军政治部补充修订后再次公布施行。以下简称《组织法》）则对县、区、乡三级苏维埃政府的产生办法及组织机构作了明确规定，同时还规定了各级代表及委员的任期、各级代表大会及苏维埃政府委员的成分比例，对红色政权的运行作出了制度安排。

关于各级苏维埃政府产生的办法，《组织法》规定，“一区之内有三个乡苏维埃政府成立时，得召集全区工农兵代表会议”，成立区苏维埃政府；“一县之内有三个区苏维埃政府时，得召集全县工农兵代表会议”，成立县苏维埃政府。

关于苏维埃政府的组织机构及其职能，《组织法》规定，县区乡各级工农兵代表大会是该区域的最高权力机关，闭会期间，苏维埃政府执行委员会为最高权力机关。各级苏维埃政府执行委员会的组成人数，乡苏为5—7人，区苏为7—9人，县苏为13—17人，在各级执委会中再推举3人或5人组成常务委员会。三级政府的组织系统在最高权力一级是相同的，即代表大会——执行委员会——常务委员会——主席；县级苏维埃政府在主席领导下设若干职能机构（如秘书处、土地委员会、粮食委员会、军事委员会、财政委员会、裁判兼肃反委员会、建设兼文化委员会等），区、乡两级政府参照县苏机构，设立相应委员会。

为了体现苏维埃政权的工农民主专政性质，《组织法》对苏维埃代表大会的组成成分作出严格规定。如规定：县苏代表人数为200—300人，其中农民代表占60%，工人代表占25%，红军代表占5%，赤卫队代表占5%，学生代表占3%，小学教师代表占2%。各级代表及委员任期，区、乡为6个月，县及闽西苏维埃为1年。[②]

---

① 参见《中共闽西第一次代表大会关于苏维埃政权决议案》（1929年7月），《中央革命根据地史料选编》（下），江西人民出版社1982年版，第16页。

② 参见《苏维埃组织法》（1929年8月），江西省档案馆、中共江西省委党校党史教研室选编：《中央革命根据地史料选编》（下），江西人民出版社1982年版，第20—21页。

《苏维埃政权决议案》和《苏维埃组织法》的颁布，使闽西苏维埃的政权建设有了基本遵循，大大促进了各地苏维埃政权的建立。至11月，“闽西岩杭永武汀连六县之间，数百里赤色区域，几十万劳苦群众已普遍的建立了苏维埃政权（已成立县苏四个，区苏五十余个，乡苏四百余个），而且经过了五六个月的长期的光荣战争，虽然目前因为反动势力之进攻城市政权不能保守，然而乡村政权则确有坚固的基础”①。

（二）针对苏区民主政治实践存在的突出问题，确立了党政分开、权力机关和行政机关分开的政权组织构建原则

如上所述，中共闽西一大通过的《苏维埃政权决议案》和《苏维埃政权组织法》对苏维埃政权的性质宗旨、建立步骤、工作范围、产生办法、组织机构代表及委员的任期、成分比例等都作出了明确规定。但迫于革命战争时期建立红色政权一要便捷，二要快的要求，这些规定很难被严格遵照执行，加上是军队和党组织帮助建立红色政权，因此实践中出现了两个方面的突出问题。一是党政不分，以党代政。“闽西政权机关多系党员包办，因此没有党团之建立，党与政权混在一起。有些地方如大小池等，竟有党命令革委，革委命令党之怪现象。”②二是执行机关代行权力机关的职权，工农兵政府权力独揽，由群众选举产生的工农兵代表大会形同虚设。因此，如何处理党组织与政府机关的关系、权力机关（即工农兵代表大会）与政府机关的关系成为苏区苏维埃政权建设绕不开的课题。

对于闽西苏区民主政治存在的这些突出问题，毛泽东给予了高度关注。他在思考军队如何建设的问题时，对如何处理红军政治部与地方苏维埃政权机关的关系也进行了深入思考。在为中国共产党红军第四军第九次代表大会写的决议中，他写道，“凡没有建立政权机关的地方，红军政治部即代替地方政权机关，至地方政权机关建设时为止。凡地方政权机关已

① 《中共闽西特委通告第十四号——中共闽西特委第一次扩大会关于苏维埃工作问题的决议》（1929年11月2日），中共龙岩地委党史资料征集领导小组、龙岩地区行政公署文物管理委员会编：《闽西革命史文献资料》第2辑，1982年内部版，第289页。

② 《中共闽西第一次代表大会关于苏维埃政权决议案》（1929年7月），中共龙岩地委党史资料征集领导小组、龙岩地区行政公署文物管理委员会编：《闽西革命史文献资料》第2辑，1982年内部版，第155页。

经建设的地方，应以使地方政权机关独立处理一切事情，在群众中巩固其信仰为原则”①，强调了苏维埃政权机关在职能上保持独立自主的必要性与重要性。

1930年春，普遍建立红色政权的闽西革命根据地政治局势相对稳定，红四军在军事上的胜利，使闽西与赣南两块红色区域即将连成一片，整个的形势对闽西工农运动的发展极为有利。为统一闽西各地苏维埃政权的领导，有效发动和组织群众进行巩固与扩大红色区域的斗争，中共闽西特委提出，中共闽西一大提出的建立闽西统一的政权机关的条件已经成熟，并且可以不经过先建立革命委员会这样的临时政权机构，直接召开工农兵代表大会，选举产生闽西苏维埃政府。1930年1月，闽西苏维埃筹备处成立。2月6日，筹备处颁布《闽西工农兵代表会（苏维埃）代表选举条例》（以下简称《条例》），对选举权、选举程序、选举方式等作出明确规定。

关于选举权，《条例》规定：“凡在闽西赤色政权所及的地方，年满16周岁以上的劳动男女均有选举权和被选举权。”“反动政府之官吏警察衙役及白军营长以上的官长”“城乡绅董族长地保”“反动政党党员”“收租二十担以上者”“经常营放高利贷，或开当铺者”②，均无选举权和被选举权。

关于选举的程序，《条例》规定，这些代表及人数都要经过基层初选、中层复选、县或相当于县级单位的三选。如农民代表的产生，其程序为：“一、由乡政府召集选民会举行初选，500人以下乡村每百人选代表1人，500人以上乡村每加200人多选代表1人，1000人以上乡村每加500人多选代表1人。二、由区政府召集初选当选代表到区开复选会，按照全区人口比例每1000人复选代表1人。三、由县政府召集复选当选代表到县开三选会，按照全县赤色区域人口比例每1万人选举代表1人，即为闽西工

---

① 《建党以来重要文献选编（1921—1949）》第6册，中央文献出版社2011年版，第760页。

② 《闽西工农兵代表会（苏维埃）代表选举条例》（1930年2月6日），中共龙岩地委党史资料征集领导小组、龙岩地区行政公署文物管理委员会编：《闽西革命史文献资料》第3辑，1982年内部版，第49页。

农兵代表会代表。”[①] 其他代表在三选时的代表名额为：工会会员每 300 人选举代表 1 人；士兵每 500 人选举代表 1 人；学生、教职员每县各选代表 1 人。

关于选举投票方式，《条例》规定，初选时要举手通过，复选和三选都用上级机关印制的选票，以无记名投票方式选举。

上述这些规定，确保了闽西第一次工农兵代表大会代表的选举严格有序进行，充分体现了苏维埃政权的民主性。

1930 年 3 月 18 日，闽西工农兵代表大会在龙岩城召开，大会通过了军事、经济、财政、文化、建设 5 项决议案及组织、土地、山林、工会、劳动、婚姻、合作社、裁判等 16 项法案和条例。其中《苏维埃政府组织法案》除了重申苏维埃政权“是工农兵自己选举代表组织的政权机关，一切行动纲领都要根据工人、农民、士兵及其他贫民利益去决定，同时对小资产阶级的利益不加妨害”[②] 的基本性质及宗旨，对各级代表的阶级成分、人数、选举产生方法作了量化规定外，会议根据古田会议确立的苏维埃政权机关在职能上保持自主性的原则，把闽西苏维埃政府的组织系统分为权力机关与办事机关两个部分，把权力机关与政府行政机关区分开来，既强调了政权机关的核心——工农兵代表制的重要性，又凸显了政府行政机关的独立自主性，这在残酷的战争环境中，对政府还只是名义上的政府来说，实属难得。此后，权力机关与行政机关分设的原则一直延续到了今天。

综上所述，经过创建闽西苏区和红四军建党建军的实践以及《苏维埃政权决议案》《苏维埃政权组织法》《古田会议决议》《闽西工农兵代表会（苏维埃）代表选举条例》《苏维埃政府组织法案》等的颁布，毛泽东、邓子恢等事实上对“苏维埃政权是什么”“苏维埃政府如何建立”“苏维埃政府应该

① 《闽西工农兵代表会（苏维埃）代表选举条例》（1930 年 2 月 6 日），中共龙岩地委党史资料征集领导小组、龙岩地区行政公署文物管理委员会编：《闽西革命史文献资料》第 3 辑，1982 年内部版，第 50 页。

② 《闽西第一次工农兵代表大会宣言及决议案》（1930 年 3 月 25 日），中共龙岩地委党史资料征集领导小组、龙岩地区行政公署文物管理委员会编：《闽西革命史文献资料》第 3 辑，1982 年内部版，第 195 页。

做什么”，乃至“苏维埃政府如何运行”作出了初步回答，为中央苏区乃至全国苏区的苏维埃政权的创建提供了可资借鉴的理论依据和实际经验。

（三）总结才溪乡“民主建政、基在乡村”的经验，坚持基层苏维埃政权的基本原则，开始形成中国共产党善于组织群众的独特优势

1929 年 6 月，毛泽东在红四军七大上落选前委书记，离开部队来到地方指导工作。中央“九月来信”后，毛泽东恢复了红四军前委书记一职，重新回到军队主要领导岗位。古田会议召开后，他的工作重心又转移至拓展红色割据区域、创建中央苏区上来。1932 年 10 月，中央苏区局在江西宁都召开中央局全体会议，由于当时“左”倾冒险主义统治了中央，毛泽东受到不公正的无理指责和批评，并被解除了军队领导职务，他再次离开了部队来到汀州，一面养病，一面指导地方工作。1933 年 2 月，在长汀辛耕别墅休养的毛泽东受命回瑞金主持苏维埃临时中央政府工作，他的工作重心又转移到政权建设上来，他再一次拥有了从实践和理论上进一步探索和思考苏维埃政权建设的充裕时间和机会。

回到瑞金，毛泽东立即主抓当时苏区最迫切的工作，即经济建设和政权建设，组织和动员广大工农群众以最大的努力来建设苏维埃和支持革命战争。为了总结临时中央政府成立两年来苏维埃政府工作的经验和教训，提出新的政治任务，以粉碎国民党对苏区发动的军事“围剿”，进一步巩固革命根据地，1933 年 6 月 8 日，中央执行委员会发布《关于召集第二次全苏大会的决议》。然而就在紧锣密鼓筹备“二苏大会”期间，蒋介石调集了 100 万兵力、200 架飞机发动了第五次军事“围剿”，并以 50 万兵力进攻中央苏区。由于王明“左”倾冒险主义统治了中央，在军事上依赖于李德指挥，放弃过去几次反“围剿”战争行之有效的积极防御方针，以阵地战来抵抗强大的敌人，致使第五次反“围剿”连遭失利。在革命的紧要关头，如何确保扩红工作顺利进行，如何搞好苏区经济给反“围剿”以最有力的人力、物力支持，成为以毛泽东为首的临时中央政府面临的最迫切问题。为了开好“二苏大会”，有效动员和部署苏区扩红和经济建设工作，11 月下旬，毛泽东继江西长冈乡调查后，率中央政府工作团一行从瑞金出发，经长汀水口，乘船到官庄，走山路 30 多里，来到中央苏区模范乡——才溪乡。

在才溪乡，毛泽东经过10多天深入的走访座谈，了解到才溪苏维埃政府的扩红、经济建设等各项工作能成为模范主要得益于这里基层民主政治的健全。

一是才溪苏维埃的民主选举是普选，选代表和干部注重实绩，表现差的不能连任，干部不是终身制，随时随地接受人民监督，人民群众都有权对政府和干部提出表扬和批评意见，可以写成书面文字贴在墙报栏，确保了把乡村最贴近基层群众的优秀人才推选出来。

二是实行了代表联系制度。为了密切党群关系、干群关系，使苏维埃政府能在第一时间里听到群众的意见建议和要求愿望，对苏维埃政府工作能迅速上传下达，1932年，才溪实行了代表主任制度。按照代表与居民住所接近原则，将全乡各村置于各代表领导之下，通常是每一个代表负责联系和领导附近的居民10至15人。按照代表住所的接近，在3至7个代表中选举一个代表主任，每村则选一个总代表主任。这样就使“全村民众象网一样组织于苏维埃之下，去执行苏维埃的一切工作任务”[①]。

在才溪的调查，让毛泽东充分认识到“民主建政、基在乡村”，一切苏维埃政权工作的实际执行，主要在乡村这两级。他形象地比喻说：“我们要建立一个坚固的塔，就要从打下坚固的塔脚做起，我们要建立坚固的苏维埃，也要打下坚固的苏维埃脚，这就是城乡代表苏维埃了。”[②]在《才溪乡调查》中，毛泽东写道：“乡的中心在村，故村的组织与领导成为极应注意的问题。将乡的全境划分为若干村，依靠于民众自己的乡苏代表及村的委员会与民众团体在村的坚强的领导，使全村民众像网一样组织于苏维埃之下，去执行苏维埃的一切工作任务，这是苏维埃制度优胜于历史上一切政治制度的最明显的一个地方。”[③]毛泽东在才溪乡调查时还发现，单

---

① 《才溪乡调查》(1933年11月),《毛泽东农村调查文集》，人民出版社1982年版，第336页。

② 《建党以来重要文献选编（1921—1949）》第10册，中央文献出版社2011年版，第504页。

③ 《毛泽东文集》第1卷，人民出版社1993年版，第325页。

靠中华苏维埃共和国地方组织法中规定的省、县、区、乡四级制度是不够的，应该根据实际扩大为五级即加村一级，提出“村亦应建立某些重要工作的委员会（各种有广大会员的民众团体，同样应建立他们的村的领导机关）。因为如果只有乡的委员会，在有一千人上下的广大居民的乡，是无法周密地进行工作的。许多村的委员会的建立，即可保证这一点”①。得益于才溪苏维埃民主建政的成功经验，毛泽东在“二苏大会”上提出了健全基层苏维埃政权的基本原则，即在基层苏维埃政权中，进一步加强代表会议制度的建设。具体措施是：

其一，建立代表与居民固定联系制度，使“民众与苏维埃在组织上连成一片”；

其二，建立代表主任制度；

其三，组织各种经常的及临时的委员会，如优待红军委员会，水利、教育、粮食、卫生委员会等。在这些委员会当中，应当吸引群众中的积极分子参与工作，这样就能把苏维埃工作组成一个网络，真正使广大民众直接参加苏维埃的工作；

其四，乡（市）苏维埃应当每半年举行一次选举，使民众意见可以及时反馈到苏维埃中来；

其五，建立代表召回制度。②

“二苏大会”后不久，毛泽东在前期对长冈、才溪等一些基层政权组织进行调查研究的基础上写就了《乡苏怎样工作？》，目的在于进一步完善基层苏维埃政权建设。毛泽东把才溪乡等苏区的民主建政经验作为典型加以总结，并宣传推广，在全国各苏区产生了巨大影响，起到了示范作用，从而引领苏维埃政权建设轰轰烈烈地开展起来，取得了显著成绩。

“由于重视基层政权建设，苏维埃政府建立起了同人民血肉相连的关系。苏维埃的基层政权就象一张周密的大网，将苏区各级政府与广大民众

---

① 《毛泽东文集》第 1 卷，人民出版社 1993 年版，第 328 页。

② 参见《中华苏维埃共和国中央执行委员会与人民委员会对第二次全国苏维埃代表大会的报告（1934 年 1 月 24 日—25 日）》，中共江西省委党史研究室等编：《中央革命根据地历史资料文库·政权系统》（8），中央文献出版社、江西人民出版社 2013 年版，第 1318—1321 页。

密切联系在一起，这就有利于最大限度地组织和发动群众，有效地推进苏区各项工作，苏区也得到了有效的扩大和巩固。中央苏区发展到鼎盛时期，曾辖江西、福建、闽赣、粤赣 4 个省级苏维埃政权，共设有 60 个行政县，总人口达 435 万，总面积约 8.4 万平方公里。”[①] 可以说正是从这个时候起，中共开始形成了善于组织群众的独特优势，这一独特优势也为以后陕甘宁边区和新中国的政权建设提供了借鉴。

（四）指导根据地民生建设，初步回答了苏维埃政权如何执政为民的问题

1929 年红四军入闽以后，闽西各地举行了轰轰烈烈的土地革命运动，广大人民群众分得了土地，在苏维埃政府的组织领导下，以饱满的热情投入苏区经济建设中去。但是由于国民党反动派企图扼杀红色政权，对革命根据地进行猖狂的军事“围剿”，在经济上进行残酷的封锁，不让根据地军民“保存一粒米、一撮盐、一瓢水”，妄图造成苏区经济枯竭，给根据地人民的生产生活，特别是日常生活必需品的供应，带来了异常的困难，加上一部分商人、投机分子乘机搞贱买贵卖、囤积物资，导致物价上涨，根据地人民生产出来的稻谷、花生、大豆、烟叶等土特产卖不出去，形成严重的“剪刀差”问题，给根据地的经济建设带来不利的影响，给人民群众的生产生活带来不便。发展苏区经济，保障苏区军民生活必需品的供给，成为各级苏维埃政府的头等大事。

1. 指导平抑粮价

中共闽西一大闭幕后不久，毛泽东离开蛟洋，化名杨子任，先后到上杭县苏家坡，永定县牛牯扑、合溪等闽西广大农村，一边搞调查研究，一边直接指导地方工作。

1929 年 10 月下旬，毛泽东在中共闽西特委机关驻地苏家坡村调研时，在与村民雷选如的交谈中了解到，农民为了买油、盐、布，在新谷登场时不得不将谷子卖出，富农和奸商趁机压价，到了青黄不接时，又抬高粮价卖给农民。毛泽东于是找到邓子恢等谈及此事，邓子恢立即召集闽西

---

① 李正华：《毛泽东与中央苏区基层政权建设》，《中国井冈山干部学院学报》2008 年第 3 期。

特委及闽西苏维埃政府工作人员开会研究，商讨解决办法，不久，有关部门作出了暂限粮食价格的规定。1930 年 6 月，闽西苏维埃政府又制定了《调剂米价宣传大纲》，决定组织粮食调剂局，号召人民群众用自愿入股的办法，组织粮食合作社、消费合作社，有力打击了富农、投机商的不法活动，保护了苏区人民群众的利益，发展了生产，促进了苏区建设。闽西各区乡粮食调剂局成立后，需要筹集一大笔周转资金。对此，闽西苏维埃政府决定成立闽西工农银行。1930 年 11 月 7 日，以阮山为行长的闽西工农银行在龙岩成立，以“调剂金融，保存现金，发展社会经济，实行低利借贷”为宗旨，对闽西苏区的经济建设发挥了重要作用，并在以后的岁月里不断扩充和发展，成为中华苏维埃共和国国家银行的基础。

2. 把耕田队发展成劳动互助组，解决农业劳动力紧缺问题

1930 年 6 月，毛泽东来到才溪指导革命根据地建设工作。在这里，由于大部分青年参加红军上前线了，农业劳动力缺乏成为突出问题。1930 年春，才溪按照传统习惯在本村办起耕田队，主要任务是帮助红军家属耕种。每村组织一个耕田队，一个队有 3 或 4 个班，每班 2 组，每组 5 人。由四五或七八户组成一个单位，邻近的自愿结合起来。他们优先帮助红军家属耕种田地，同时还帮助已丧失劳动力又无子无女的孤寡老人。毛泽东发现了这一新生事物后，提出把耕田队改为“互助组”的建议，以帮助解决除红军家属外其他群众的困难，而且把几户人扩大到村、乡的范围。1931 年夏，才溪区、乡苏维埃政府发动广大群众在耕田队的基础上，创办了中央苏区第一个劳动合作社（后通称劳动互助社）。在上才溪、下才溪乡劳动互助社的示范下，1931 年以后，闽西根据地的农业互助合作社运动得到了广泛的发展。到 1934 年 5 月，单长汀一县的劳动互助社就发展到有社员 6717 人。后来又影响到中央苏区和其他苏区，劳动互助社迅速进一步发展起来。它在当时十分贫困和长期战争的特殊环境中，调动了农村一切积极因素，在可能的范围内有计划有组织地调剂了农村有限的劳力、耕畜、农具，改造了“二流子”，增强了人民抵御和改造自然的能力，从而保证了在生产力十分低下和艰苦的战时环境中的生产，并使劳动生产率和生产量获得“惊人的”提高和增加，在特殊环境下创造了中国经济史

上可以“大书特书”的奇迹。无怪乎，著名农村问题研究专家温锐说：“就这个角度认识问题，我们无论怎样高度评价当年农民的劳动互助运动也不为过。”①

3. 发展消费合作社，解决苏区军民的生活必需品供应问题

面对国民党反动派严密的经济封锁和残酷的军事“围剿”，为了巩固苏维埃政权，发展苏区经济，保障苏区军民生活必需品的供给，中共闽西特委于1929年9月专门发出通告，要求各地各级苏维埃政府立即发动群众集股组织合作社。11月，上杭县才溪区上才溪、下才溪乡先后创办了14个专业消费合作社。此后，各地合作社纷纷建立，但与此同时也出现了盲目追求利润的现象。为此，1930年9月，闽西苏维埃政府发布了《闽西消费合作社章程》，规定合作社的任务是低价供给一般居民的日用必需品，如米、盐、油、布等，以便利群众的生活。同时还对消费合作社的组织以及利润的分配等作了具体的规定，使合作社得以健康发展。为了使广大群众自愿加入合作社，闽西苏维埃政府还专门制定、颁布了《闽西合作社修正条例》，条例对组成合作社和群众加入合作社的条件作了明确规定，尤其是政府给合作社以一定的优惠政策，鼓励合作社的发展。此后，合作社紧紧围绕反对经济封锁、改善民众生活，吸收广大群众投身苏维埃经济建设、积极支援革命战争的任务，开展反奸商、平物价、优红属、援战争等工作，使合作社运动高潮迭起。1933年，闽西根据地内形成了从省到县、区、乡的各级消费合作社，合作社的商业网络遍及根据地广大农村。据1933年7月统计：才溪区有32个消费合作社，2个布匹合作社，1个粮食合作社，3个药材合作社，共有股金2531元，每股股金5角至5元。②合作社的发展大大促进了苏区的经济发展，迅速提高了广大工农群众的生活水平。据统计，1933年，才溪贫苦农民在吃肉和穿衣方面，比暴动前改善了一倍。

闽西消费合作社的成功经验引起毛泽东的高度关注和重视，并极力

① 温锐：《理想·历史·现实——毛泽东与中国农村经济变革》，山西高校联合出版社1995年版，第78页。

② 参见寿昌：《关于合作社（续完）》，《斗争（苏区版）》1933年第18期。

在中央苏区各地加以推广。1933 年 2 月 26 日，中央人民委员会召开第 36 次常务会议，决定在各级苏维埃政府内增设国民经济组织。接着，中央国民经济人民委员部首先成立，内设主管合作社事业发展的合作社指导委员会，邓子恢、林伯渠、吴亮平先后担任中央国民经济部部长之职。

1933 年 4 月 28 日，中央国民经济部发布了《各级国民经济部组织暂行纲要》，规定省、县国民经济部内均设立合作社指导委员会，以加强对合作社运动的领导。

1933 年 8 月，中央苏区南部 17 县经济建设大会作出决议，决定成立福建消费合作总社，中央政府主席毛泽东在大会上作了题为《粉碎五次"围剿"与苏维埃经济建设任务》的报告。在报告中，毛泽东指示在中央苏区要大力创办合作社，加入消费合作社的人数要达到 50 万人。

为了总结，也为了推广才溪乡经验，1933 年 11 月，毛泽东第三次来到才溪开展调查研究。由于国民党对苏区实行军事"围剿"和经济封锁，苏区药材非常紧缺，才溪的几家药店乘机抬高药价。毛泽东在才溪了解到这一情况后指出，药材合作社可以由群众入股，一个季度或半年结账一次，赚了钱大家分红。并提议，可以把中医组织起来，在生活上给以一定照顾，让他们免费为群众看病。

为了总结和推广消费合作社创办的成功经验，1933 年 12 月 5 日，中央苏区消费合作社第一次代表大会在瑞金叶坪召开，来自红军部队和江西、福建各省 40 余县的 540 多名代表参加，正式成立了中央消费合作总社。会上，才溪消费合作社被评为中央苏区五个模范消费合作社之一。1934 年 1 月 1 日，第 139 期《红色中华》报以《一个模范的消费合作社——才溪区消费合作社分社》为题，表扬才溪区消费合作社是"一个模范的合作社，大家来学习它的光荣的模范"。

1934 年 1 月，毛泽东在"二苏大会"中对消费合作社在经济战线中取得的成绩给予高度评价，并在《才溪乡调查》中明确指出："这种经济战线上的成绩，兴奋了整个群众，使广大群众为了保卫苏区发展苏区而手执武器上前线去，全无家庭后顾之忧。”[①]

1934 年 3 月，中国工农红军消费合作社成立了，下设闽、赣两个省 17 个县总社，1140 个分、支社，拥有 29.5 万名社员、32.2 万元股金。消费合作社以“保证军需开用，支援革命战争”为己任，积极发行各种债券和股票，广泛吸纳民间闲散资金，有力地推动了苏区的经济建设。“苏区消费合作社的创办与红色股票的发行，证明中国共产党人绝非‘土包子’，股份制也并非资本主义的专利。他们当年在合作组织建设和证券发行上的宝贵探索，为新中国的合作事业和证券市场的发展打下了坚实的理论基础，提供了重要的历史依据，在中国乃至国际经济史上写下了光辉的一页。”[②]

此外，在苏区政府的领导下，苏区在商业和贸易、文化教育、妇女解放、医疗卫生、文化娱乐、移风易俗等方面也取得了重大发展。

4. 倡导群众化、实际化的苏维埃工作作风

在中华苏维埃共和国临时中央政府成立以前，我们虽然建立了十几块农村革命根据地，但一是很小，二是干部主要忙于游击战争，虽然也进行了土改分田，但并没有多少时间来组织和领导群众生活。中华苏维埃共和国临时中央政府成立后，中国共产党开始局部执政。领导和组织群众生活，动员群众拥护战争，就成了极端重要的工作。而这个工作的好坏，干部作风是根本关键。干部作风不仅关系到战争的胜负，而且直接关系到党和苏维埃政权的生死存亡。在闽西指导地方工作的实践使毛泽东充分认识到这个问题，并最早开始抓干部的作风建设，培养形成了“苏区干部好作风”的优良传统。

1932 年 10 月，在江西宁都会议后，毛泽东被解除了军队领导职务。为了党的事业、革命利益和苏区建设，毛泽东以一个马克思主义者的博大胸怀，不计较个人损失，一面养病，一面深入长汀党的机关、企事业单位进行广泛的社会调查，为革命根据地建设制定正确的方针和政策。

---

① 《才溪乡调查》(1933 年 11 月),《毛泽东文集》第 1 卷，人民出版社 1993 年版，第 340 页。

② 王卫斌:《中央苏区时期的消费合作社与红色股票》,《兵团建设》2010 年第 4 期。

为了早日恢复健康，毛泽东应傅连暲之邀来到福音医院，与周以栗、陈正人、罗明等住在一起。毛泽东十分关心长汀的政权、经济、地方武装等建设及群众工作，经常与他们谈论如何领导反“围剿”斗争，如何进行根据地建设。

1933 年 2 月，还在养病的毛泽东接到苏区中央局的指示，要他回瑞金主持苏维埃临时中央政府工作。回到瑞金，有感于他在长汀指导工作时所发现的政府机关官僚主义作风问题，毛泽东在中央苏区南部 17 县经济建设大会上作了题为《粉碎五次“围剿”与苏维埃经济建设任务》的报告，其中重要部分后编入《毛泽东选集》中的《必须注意经济工作》一文。毛泽东强调苏区经济建设是为着革命政治的胜利，也是为着改善群众的生活。他尖锐批评了忙于政治而没有工夫去做经济建设工作，要等到战争胜利了才能进行经济建设的错误认识，要求各级政府加强对经济工作的领导。同时指出：“没有正确的领导方式和工作方法，要迅速地开展经济战线上的运动，是不可能的。”“动员群众的方式，不应该是官僚主义的……要把官僚主义方式这个极坏的家伙抛到粪缸里去……应该是群众化的方式，即是每一个工人、农民所喜欢接受的方式。”[①] 毛泽东旗帜鲜明地反对官僚主义，倡导群众化的工作方法和工作作风。

1933 年 11 月下旬，毛泽东来到才溪，亲自见证了苏区干部好作风对于领导和组织群众、动员群众拥护战争的极端重要性，所以在离开才溪前夕，毛泽东召开干部会，一再叮嘱干部要深入群众，和群众打成一片，既能和群众一起闹革命，又能帮助群众解决困难，群众的劳动问题、生活问题、疾病问题都要帮助解决，最重要的就是发动群众互相帮助。

1934 年 1 月 21 日至 2 月 1 日，第二次全国苏维埃代表大会在瑞金召开。毛泽东在“二苏大会”上再次批评长汀政府忽略了苏维埃政权的根本宗旨，指出苏维埃机关的有些人员犯了一个根本性的错误，即把苏维埃政权当成发号施令的机构，只讲扩大红军，收土地税，推销公债，对有关人民群众自身利益的事情“不讲也不管，甚至一切都不管”。并进一步指出：

① 《毛泽东选集》第 1 卷，人民出版社 1991 年版，第 123、124 页。

“一切苏维埃工作，如果仅提出任务，而不注重实行时候的领导，不注重工作方法，不开展反对机会主义，与反对官僚主义的斗争，不抛弃空谈空喊而采取实际具体的办法，那么什么任务也不能实行的。”①

为了强调苏维埃工作的群众路线观点，毛泽东在“二苏大会”的总结报告中，特意向大会代表高度赞扬了江西长冈乡和福建才溪乡的苏维埃的出色工作，指出这两个乡的工作如此出色，根本原因在于这两个乡的苏维埃能够注意群众生活，帮助群众解决困难。他号召全苏区向模范乡学习，大力倡导群众化、实际化的苏维埃新的工作作风，倡导政府机关工作人员坚持密切联系群众的思想路线，遵循调查研究的工作方法，这大大促进了“苏区干部好作风”的形成。历史积淀出的精华，永久光彩夺目。中央苏区时期形成的苏区干部好作风，在今天依旧是广大党、政、军干部的作风模范。

由此可见，以毛泽东同志为主要代表的中国共产党人在闽西领导与管理人民政权的实践，一步步地把落后的农村改造成政治上、经济上、文化上的先进革命阵地，为此后的中华苏维埃政府乃至陕甘宁边区政府、中华人民共和国政府，提供了可资借鉴的治国理政理论和实际经验。正如后来毛泽东所说：“党开辟了人民政权的道路，因此也就学会了治国安民的艺术……所有这些，都是党的重大进步和重大成功。”②而正是所累积的一步步地把落后的农村改造成政治上、经济上、文化上的先进革命阵地的经验，让毛泽东更清晰地看到了中国革命道路未来的发展方向，坚信依据和发展这个阵地，以农村包围城市，一定可以最终夺取革命的胜利，从而更加坚定了“农村包围城市”的革命道路方向。正因如此，即便后来苏区遭遇重大挫折，红军被迫长征，但坚信“农村包围城市”革命道路必胜的信念，犹如黑夜中的星光，指引着红军走到了陕北，走向了胜利。

① 毛泽东：《关于中央执行委员会报告的结论》，《红色中华》第二次全苏大会特刊第 5 期，1934 年 1 月 31 日。

② 《毛泽东选集》第 2 卷，人民出版社 1991 年版，第 611 页。

四、调查研究求真经，马克思主义中国化探索走向实事求是

20世纪20年代中后期以来，国际共产主义运动中盛行着一种无视本国的实际情况而将共产国际决议和苏联经验神圣化的教条主义思潮。而这时的中国共产党在思想上接受苏联共产党的经验，在组织上接受共产国际的领导，因而教条主义思潮得以兴起并长期阻碍着马克思主义中国化的历史进程。在共产国际和苏共代表错误思想的指导下，陈独秀犯了严重的右倾投降主义错误，导致1927年的大革命惨遭失败。八七会议结束了陈独秀的右倾投降主义错误，制定了土地革命和武装反对国民党反动派的新方针，开始了中国共产党独立领导中国革命的伟大历史进程。遗憾的是，在反右的同时却滋长了“左”倾盲动情绪。党的六届四中全会后，党内盛行“把马克思主义教条化、把共产国际决议和苏联经验神圣化的错误倾向”①。面对党内的“左”倾错误思潮，毛泽东以调查研究为途径来寻求切实可行的办法。从秋收起义到井冈山斗争，再到开辟赣南和闽西革命根据地，不管局势怎样险恶，他也从不放松对周围环境的调查研究，努力按照不断变化着的实际情况来制定行动方针，并且十分注意通过实践的检验来修正或充实原有的想法。在创建闽西苏区的这段日子里，毛泽东一方面躬身调查研究以指导工作，另一方面倾全力培养中国共产党人理论联系实际的思维方式和思维能力，形成了“没有调查，就没有发言权”“中国革命斗争的胜利要靠中国同志了解中国情况”的认识，引领马克思主义中国化探索走向“实事求是”的正途。

（一）以调查研究求真经，指导闽西地方革命工作

毛泽东曾说：“马克思、恩格斯努力终生，作了许多调查研究工作，才完成了科学的共产主义。列宁、斯大林也同样作了许多调查。”②因此，中国共产党人要探索中国革命的成功道路，不做大量周密细致的调查研究是万万不可能的。正是深谙调查研究工作对于探索中国革命道路的至关

---

① 中共中央文献研究室编：《三中全会以来重要文献选编》（下），人民出版社1982年版，第825—826页。

② 《毛泽东文集》第2卷，人民出版社1993年版，第378页。

重要性，毛泽东对于当时在中国共产党内盛行的把马克思主义教条化、把共产国际指示和苏联革命经验神圣化的错误倾向，把扩大农村革命根据地走农村包围城市道路的观点同马克思主义关于无产阶级是革命的领导者的观点对立起来的错误观念感到痛心疾首，他大声疾呼“注重调查，反对瞎说”。为了同这种倾向作斗争，为制定正确政策提供依据，中央苏区时期，特别是从风云突变的 1929 年开始，毛泽东在闽西进行了七次较长时间、较广泛的社会调查。

1. 长汀辛耕别墅调查会

1929 年 3 月 14 日，毛泽东、朱德率领红四军首次入闽，解放了长汀城。进驻长汀城的当晚，毛泽东在辛耕别墅查阅了《汀州府志》和《长汀县志》，对长汀的历史沿革、风土人情和经济状况有了大致了解。3 月 16 日，在长汀党组织的帮助下，毛泽东别开生面地召开了长汀城里的钱粮师爷、老衙役、老裁缝、老教书先生、老佃农、流氓头子（游民）各阶层六种人参加的调查会。靠着“放下臭架子，甘当小学生的精神”，毛泽东从这些人口中很快弄清了这里的政治、经济和社会状况，制定出打土豪、筹款的具体政策。根据这个政策，长汀县委委员张赤男带领积极分子三天就把长汀县城的筹款、罚款对象摸清了，不到 10 天便没收 10 余个反动豪绅的财产，罚款 2 万余元，并向资本家筹措军饷 3 万元，共集款 5 万余元。给养已不成问题，士气非常振奋。与此同时，颁布《告商人及知识分子》，取消苛捐杂税，保护商人利益，知识分子参加革命，依照才干分派相当工作。这些政策对争取商人和知识分子站在革命方面起了很大作用。

得益于这里信息通达，毛泽东通过阅读报纸杂志了解国内外大事，从中发现军阀之间的矛盾，了解军阀混战的情形，分析敌军的行动方向等。据朱德回忆，在朱毛红军到达长汀以后没几天，“从上海中国共产党中央委员会派来的一个通讯员就到了这里，他带来了关于当时国内和国际局势的报告和其他重要文件，其中包括中国共产党第六次全国代表大会的报告和决议”[①]。另外，毛泽东从报纸上得知蒋桂战争爆发，加上之前得到了福建省委、长汀县委关于闽西敌我情况的报告，根据这些情况，毛泽东对红四军入闽以后的行动方向作出了新的估量，开始改变之前重返井冈山、重开闽赣边界割据新局面的计划，并于3月20日主持召开了红四军前委扩大会议，提出了红四军下一步的行动计划，即在国民党内战的初期，以赣南、闽西二十余县为范围，用游击战术以发动群众，以至于公开苏维埃政权割据，由此割据区域以与湘赣边界的割据区域相连接。并在当天送交福建省委并报中央的会议情况报告中强调“这一计划决须确立，无论如何不能放弃，因为这是前进的基础”。这次会议以及上呈省委、中央的报告表明毛泽东经过从井冈山到赣南，特别是进军闽西后，在调查、实践中进一步认识到在农村建立和发展革命根据地的可能性和必要性，并“清晰地勾划了创建赣南、闽西革命根据地的一幅蓝图”[②]。

2. 中共闽西一大期间的调查

1929年5月，红四军第二次入闽，三战龙岩胜利后，形成了以龙岩、永定、上杭为中心的根据地，闽西革命形势蓬勃发展。但因为人民是第一次起来当家作主，对于如何开展斗争、巩固和发展新生红色政权缺乏经验，许多地方存在着烧光杀光等“左”倾政策以及不敢放手发动群众的右倾思想。为了巩固和发展土地革命的成果、壮大红色武装、扩大群众斗争，以巩固业已存在的红色政权，红四军前委决定召开中共闽西一大。这时毛泽东刚在红四军七大上落选前委书记，离开了红四军的主要领导岗位，以红四军前委委员的身份来到地方工作，与谭震林、江华、蔡协民等一起到上杭蛟洋参会并指导会议召开。

大会原定7月11日开幕，但毛泽东通过与部分与会代表的交谈发现，他们对整个闽西的革命形势以及社会、政治、经济等方面的状况缺乏全面的了解。为了开好这次大会，毛泽东找到闽西临时特委书记邓子恢，建议会议推迟召开，让代表们花点儿时间去作深入的调查。邓子恢接受了毛泽

---

① ［美］艾格妮丝·史沫特莱：《伟大的道路——朱德的生平和时代》，梅志译，胡其安、李新校注，生活·读书·新知三联书店1979年版，第288页。

② 蒋伯英：《闽西革命根据地史》，福建人民出版社1988年版，第58页。

东的建议，将代表们派回各县作调查。为了让代表们作有效的调查，毛泽东为代表们拟定调查提纲，耐心传授调查方法，与他们一起仔细讨论、研究巩固发展闽西苏区的各种问题。与此同时，毛泽东与随同来的谭震林、江华、蔡协民、曾志等深入群众进行实际调查，他们把上杭北四区区委负责人等找来，详细询问了合作社以及物价变化等情况。经过一个星期的调查研究，毛泽东对闽西革命形势和闽西地方党今后的工作形成了清晰的思路，指出：

一、闽西苏区有80万已经发动起来的群众；

二、有经过领导武装斗争的有战斗性的共产党——中共闽西特委，7个县委，300多名党员；

三、有人民的武装力量——红军和赤卫队；

四、有足够的粮食，可以维持军需民用；

五、地处闽粤赣三省边界，崇山峻岭，地势险要，竹茂林盛，宜开展游击战争；

六、敌人的统治力量薄弱，土著军阀相互矛盾，有利于各个击破。

因此，闽西特委今后的工作任务是：

一、深入开展土地革命；

二、彻底消灭民团土匪，发展工农武装，有阵地地波浪式向外发展；

三、发展党，建立政权，肃清反革命。[①]

7月20日，中共闽西一大召开，会议通过了由邓子恢起草、毛泽东修改的《闽西第一次代表大会政治决议案》以及关于苏维埃政权、土地、共青团、妇女问题等一系列重要决议案，为闽西的党组织制定了深入开展

① 参见傅柒生、黄春开、赖文燕：《才溪乡调查》，中共党史出版社2013年版，第131—132页。

土地革命和巩固红色政权的正确路线和工作纲领。

3. 中共闽西一大后上杭、永定农村调查

1929 年 8 月初，中共闽西一大闭幕后不久，毛泽东先后来到上杭大洋坝，永定牛牯扑、金丰、湖雷、黄沙坑、合溪等地方，一边调查研究，一边指导地方工作。

1929 年 10 月下旬，毛泽东来到中共闽西特委机关驻地苏家坡村。一次在与中共闽西特委书记邓子恢一起散步时，毛泽东问领导者的责任是什么，在没有得到邓子恢回应后，毛泽东说道："依我看，领导者并没有什么了不起的本事，他的责任在于当好群众的传达员。就是说，应当善于总结出大多数群众的正确意见和要求，及时反映到党的领导机关。党的领导机关就要根据这些意见和要求进行研究分析，找出解决的办法，然后再由领导者把党的决定传达到群众中去执行。"[①] 他阐述了从群众中来到群众中去，注重调查研究、实事求是的工作路线，对指导闽西各级政府克服人浮于事的官僚习气，走好群众路线和养成实事求是的工作作风起到了积极作用。

在苏家坡期间，毛泽东通过走访村民，了解到新谷登场时，粮价大跌，而青黄不接时，粮价大涨，穷人贱卖贵买总是吃亏的情况，指示闽西特委研究解决。不久有关部门就作出了暂限粮食价格的决定。1930 年 6 月，闽西苏维埃政府又制定了《调剂米价宣传大纲》，决定组建粮食调剂局。这些措施，有力打击了投机商的不法活动，保护了苏区人民群众的利益，践行了苏维埃政府为人民谋利益的执政宗旨。

4. 古田会议前的长汀、新泉、官庄调查

1929 年 11 月 26 日，毛泽东经蛟洋到达长汀，在中央"九月来信"的指示下，毛泽东恢复了红四军前委书记一职。11 月 28 日，毛泽东在长汀召开前委扩大会议，讨论红四军的整训计划，并决定召开红四军党的第九次代表大会。紧接着，毛泽东在长汀召开工人座谈会，征求他们对红军的意见。

---

① 《邓子恢传》，人民出版社 1996 年版，第 98 页。

12 月 3 日，毛泽东、朱德率领红四军从长汀来到连城新泉，在这里进行了为期 16 天的政治军事整训。为了开好红四军党的第九次代表大会，毛泽东吸取红四军七大和八大的经验教训，在新泉整训期间，先后召开农民调查会、干部调查会、士兵调查会，进一步摸清了红四军的思想、政治状况，对应该纠正的各种非无产阶级的错误思想进行了梳理分析，对如何加强党和军队建设等问题，广泛听取官兵的意见。在了解到有的战士随地大小便，不知道当地习俗，晚上早早跑到女人洗澡的温泉池子里洗澡后，加上了“洗澡避女人，大便找厕所”两条军纪。

为了了解闽西老百姓对红军的看法，毛泽东还来到与新泉相邻的官庄，询问红军来了以后的生活变化，听取群众对红军的建议和批评。

这些调查为起草古田会议决议作了充分准备。正是这些调查为古田会议确立政治建军、思想建党的基本原则，提供了有力的实践论证。

5. 红四军第三次入闽后的武平、才溪调查

1930 年 6 月，毛主席在江西寻邬的调查结束后，率领红四军由赣南第三次入闽，在武平主持召开了区、乡苏及赤卫队干部和活动分子调查会，在上杭才溪，召开了区乡工作人员、妇女代表、耕田队长等调查会。在才溪，毛泽东根据调查了解到的情况，指导这里的群众把耕田队发展成劳动互助组，以帮助解决除红军家属外其他群众的困难，而且把几户人扩大到村、乡的范围；鼓励妇女同志充分发挥作用，组织起来学犁田、耙田、莳田，解决了由于大量中青年男性参军上前线导致的农业劳动力紧缺的问题；组织犁牛合作社，解决耕牛紧缺的问题；组织药材合作社，解决缺医少药问题，推动了才溪农业合作社运动，使才溪乡的互助合作组织成为我国最早出现的农业合作组织。

6. 宁都会议后的长汀社会调查

1932 年 10 月，中共苏区中央局在江西宁都召开中央局全体会议。由于王明“左”倾盲动主义（即“夺取中心城市”“争取江西首先胜利”的积极进攻路线）统治了中央，以毛泽东为代表主张的基于敌强我弱、敌大我小实际情况的“积极防御战略”受到无理指责和批评。随后，毛泽东被解除军队领导职务。由于身患疾病，毛泽东来到长汀休养。这期

间，毛泽东经常到郊区走访农民，一边劳动，一边拉家常，了解粮食收成情况；到红军斗笠厂召开座谈会，调查工人的生产、生活情况；深入基层工会、商会、合作社、工厂、机关等，调查长汀的经济建设情况。针对在调查中工人、农民、战士反映的各类问题，毛泽东专程前往长汀苏维埃政府召开干部会议，以解决这些问题。在会上，他一方面把群众反映的问题告诉市级领导，并对长汀政府领导干部的官僚作风予以严厉的批评，提出干部要关心群众生活，注意工作方法，反对官僚主义领导方法，“解决群众的穿衣问题，吃饭问题，住房问题，柴米油盐问题，疾病卫生问题，婚姻问题”①。有感于苏维埃政府干部这些问题存在的普遍性，毛泽东着手起草《关心群众生活，注意工作方法》一文，并于 1934 年 1 月 22 日至 2 月 1 日在江西瑞金召开的第二次全国工农兵代表大会上作报告，在全苏区倡导深入群众、深入实际，注重调查研究的工作作风，大大促进了干部工作作风的转变，有力推动了苏维埃各项建设。

7. 才溪乡调查

1933 年 2 月，毛泽东受命回瑞金主持苏维埃临时中央政府工作。回到瑞金，为着革命战争的胜利，也为着改善群众的生活，毛泽东主抓经济建设和政权建设。但其时党内盛行把根据地建设与战争对立起来的观点，存在忙于政治工作没有工夫去做经济建设工作，要等到战争胜利了才能进行经济建设的错误认识。9 月，蒋介石发动了对中央苏区的第五次军事“围剿”，并以 50 万兵力进攻中央苏区。由于当时已进入中央苏区的中央领导人在军事上放弃过去几次反“围剿”战争行之有效的积极防御方针，依赖李德的指挥，以阵地战来抵抗强大的敌人，致使第五次反“围剿”连遭失利，扩红和筹款工作出现了很大困难。

在这紧要关头，毛泽东率中央政府工作团一行人来到了中央苏区的模范乡——才溪乡。对于才溪，毛泽东并不陌生。1930 年 10 月 9 日，他第一次进入上杭才溪进行社会调查。1932 年 5 月 28 日，毛泽东率领红军第

① 《毛泽东选集》第 1 卷，人民出版社 1991 年版，第 136—137 页。

一、第五军团攻克漳州后返回江西，途经才溪时曾留宿两晚。这是毛泽东第三次来到才溪，此行毛泽东的目的主要有两个：一是调查总结才溪乡建设的经验，为 1934 年 1 月即将召开的全国第二次工农兵代表大会准备学习材料；二是他要用才溪乡等地的典型经验为活的例子，论证他主张的在革命环境下根据地建设不仅必要而且可能的重要理论。“发扬这些经验，收集更多的经验，供给一切落后的乡苏、市苏以具体的榜样”，“这一铁的事实，给了我们一个有力的武器，去粉碎一切机会主义者的瞎说”。[①] 到才溪的当天晚上，毛泽东就向区、乡干部谈了调查提纲和调查对象。第二天一早，就着手召开一个个调查会。通过走访干部、妇女、儿童、军属，召开工人代表、贫农代表、耕田队代表调查会，全面了解才溪乡在扩大红军、政权建设和经济文化建设等方面的模范事迹，并写下了著名的《才溪乡调查》，从七个方面总结了才溪乡的先进经验，明确地回答了在国内革命战争环境中，革命根据地的建设不但是必要的，而且是可能的。这篇光辉著作不仅为反对王明“左”倾机会主义提供了有力武器，而且对整个革命根据地的建设起了巨大作用。

在毛泽东等以躬身调查研究求真经的示范和带动下，闽西苏维埃各级党政干部兴起调查研究之风，更加求真务实。可以说，闽西苏区的开辟和发展，本身就是反对各种教条主义、主观主义，深入实际调查，坚持从斗争中创造新局面的硕果。

（二）从马克思主义认识论的高度阐述社会调查研究的重要性，倾力培养中国共产党人理论联系实际的思维方式和思维能力

在创建赣南、闽西苏区期间，毛泽东从实践和调查研究中获得的知识和结论与共产国际、中央和红四军党内许多同志的认识产生了越来越明显的分歧。这种矛盾的反复出现，引发他从更深的层次上进行思考。他意识到这种矛盾的背后潜藏的实际上是认识事物的两种不同的思路：是毫不动摇地坚持从实际出发，还是只从主观愿望或某些书本上的现成结论出发。因此，要解决各种具体问题上存在的矛盾分歧，必须从这个根本问题上

① 《毛泽东农村调查文集》，人民出版社 1982 年版，第 287、352 页。

着手。

1. 复信林彪，指出引起红四军党内争论的根源是“一种形式主义的理论从远方到来”

井冈山时期，红四军内设有前委和军委。前委是中央任命的，前委管辖特委及军委，是红军和边界党的最高领导机构，中央指定毛泽东为前委书记。1929 年 1 月中旬，为了打破敌人的“会剿”，摆脱经济困境，红四军向赣南、闽西出击，以寻求更大的发展空间。可是，红四军下山后一路很不顺，两个团 3600 多人遭到赣敌李文彬、刘士毅两个旅的围追堵截，红军战斗频频失利，原定“围魏救赵”的构想落空，红军在寻邬圳下又遭到敌军伏击，军部被打散，伍若兰被捕，何挺颖牺牲，部队处于绝境之中，“是为红军最困难的时候”[①]。2 月初，毛泽东在寻邬罗福嶂召开前委扩大会议，为简化决策程序、提高决策效率，他提出，现在军情紧急，部队实行改制，军事行动由前委拍板，暂时撤销军委。朱德（时任军委书记）表示同意，陈毅也表示赞成。于是“遂决议军委暂时停止办公，把权力集中到前委”[②]。这一决定在当时的情况下是正确的，部队改制、军委撤销以后，红军提高了战斗力，很快取得大柏地战斗胜利，实现了东固会师，然后攻克长岭寨，击毙郭凤鸣。3 月 20 日，在长汀召开的红四军前委扩大会议决定，在赣南、闽西 20 余县实行公开武装割据，创建中央革命根据地。红军发展态势非常之好。

然而，在此前后，红四军党内包括领导层对革命高潮能否到来、能否建立根据地、军政领导的职权范围、政治领导军事还是军事领导政治等问题的认识出现了分歧。罗福嶂会议后，由于取消了军委，红四军党代表、前委书记毛泽东兼任军政治部主任，工作重心移至军务，过问军务较多，军长朱德觉得有碍司令部工作，认为毛有“家长制”倾向，主张恢复军委。毛泽东认为恢复军委是军长久屈欲伸，有与党争权之嫌。就在朱毛之间的

① 《红四军前委向福建省委和中央的报告》（1929 年 3 月 20 日），江西省档案馆、中共江西省委党校党史教研室选编：《中央革命根据地史料选编》（中），江西人民出版社 1982 年版，第 68 页。

② 罗平汉：《中共百年若干重大事件述实》，人民出版社 2021 年版，第 79 页。

这种分歧愈来愈深之时，刚从苏联回国的刘安恭[①]由中共中央派到红四军工作，朱德、毛泽东、陈毅根据军中情况，决定恢复军委，安排刘安恭任红四军临时军委书记兼政治部主任。刘安恭对毛泽东关于党对军队领导的思想理解不深，提出一些主张后，促发了红四军党内关于“要不要设立军委”的一场争论。

1929 年 5 月底，红四军前委在永定湖雷召开前委扩大会议，会上对要不要设立红四军军委等问题进行了激烈的争论，然而并没有达成共识。为解决湖雷会议未能解决的争论，6 月 8 日，前委在上杭白砂召开扩大会议。毛泽东在会上提出一份书面意见，指出，前委、军委形成分权现象，前委不好放手工作，但责任又要担负，陷于不生不死的状态。他不能担负这种不生不死的责任，请求马上更换书记，让他离开前委。林彪见到这份书面意见后，立即给毛泽东写了一封急信，表示不赞成毛泽东离开前委，希望他留下继续以积极的精神去纠正错误的思想。林彪在支持毛泽东的同时，把造成争论的责任指向了朱德。此信在会上公开后，挑动了两位主要领导人的矛盾，激化了业已存在的分歧和争论。为此，前委要求毛泽东和朱德各作一篇文章，表明自己的意见。6 月 14 日，白砂会议结束后，毛泽东根据前委的要求，以给林彪复信的形式写了一篇长达 7000 字的文章。

在这封长信中，毛泽东除了说明他请求离开前委的几点理由，表明“并不是消极，不参加这种斗争”，“我没有离开一天仍旧可以随大家作思想奋斗一天”，而且也“决不因我去而不达到胜利的目的”，另外，更重要的是乘这样一个时机，对一年多来红四军党内矛盾斗争发展的历史作一个全面系统的总结，以便大家在透彻地了解斗争历史的基础上，认清实质，辨明是非，最后达到消除分歧、统一认识的目的。[②]在这封长信中，毛泽东把自 1928 年 4 月红四军成立一年多以来争论的全部问题归纳为 14 个：

---

① 刘安恭，四川人，和朱德是老乡，早年入云南讲武堂，参加过南昌起义，与朱德一起留学德国，后来又留学苏联学习军事。

② 《给林彪的信》（1929 年 6 月 14 日），《毛泽东文集》第 1 卷，人民出版社 1993 年版，第 75 页。

（一）个人领导与党的领导；
（二）军事观点与政治观点；
（三）小团体主义与反小团体主义；
（四）流寇思想与反流寇思想；
（五）罗霄山脉中段政权问题；
（六）地方武装问题；
（七）城市政策与红军军纪问题；
（八）对时局的估量；
（九）湘南之失败；
（十）科学化、规律化问题；
（十一）四军军事技术问题；
（十二）形式主义与需要主义；
（十三）分权主义与集权；
（十四）其他腐败思想。

信中指出，在这些问题中，“个人领导与党的领导”也就是要不要坚持党对军队的绝对领导问题，是四军党的主要问题，是四军历史问题的“总线索”，其他问题都由此而生。之所以爆发近日的争论，根源之一就是因为自湘南失败[①]以后，尤其1929年3月四军占领长汀后党的领导逐渐加强，“党的意志极大限度的伸张”，使“个人意志感到从来未有的痛苦”，因此“设不设军委之争”实质“就是个人领导与党的领导争雄的具体表现”，是个人同党争夺军队的领导权和军队应当按照哪些根本原则进行建设的问题。

继之，毛泽东尖锐指出，这些人坚持设立军委的理由看起来是冠冕堂皇的：“既名四军，就要有军委”，“完成组织系统应有军委”。但这些完全是形式主义的说法，“现在只有四千多人一个小部队，并没有多数的‘军’

① 亦称“八月失败”。1928年6月30日，杜修经作为湖南省委的代表，携带着省委对边界红军的错误决定（当时井冈山前委受湖南省委直接领导）上井冈山，加之部队中的极端民主主义，从而导致红军部队在8月冒进湘南，二十九团几乎全军覆没，二十八团团长王尔琢牺牲。此次失败，使井冈山的危机更加深重，从此红军开始检讨极端民主主义的错误。

如中央之下有多数的省一样”，“行军时多的游击时代与驻军时多的边界割据时代又绝然不同，军队指导需要集中而敏捷。少数同志们对这些实际的理由一点不顾及，只是形式地要于前委之下、纵委之上硬生生地插进一个军委，人也是这些人，事也是这些事，这是什么人都明白在实际上不需要的。然而少数同志们费尽九牛二虎之力，非要设立不可，究竟有什么理由可以说明呢”，“这种现象是形式主义与需要主义之不同”，“不从需要上实际上去估量，单从形式上去估量，这是什么一种共产主义者的态度呢?！请问实际弄得不好，形式上弄得再好看又有什么用处呢”。[①]针对有人攻击红四军党内有家长制，毛泽东说这“同样是一种形式主义的观察”，并且指出“形式主义之来源是由于唯心主义”。[②]显然，毛泽东把重新设立军委的意见归结为意欲与前委分权的形式主义、唯心主义，这就把党内关于“设不设军委”问题的分歧和争论，上升到马克思主义认识论的高度去寻找问题产生的根源及解决问题的思路，孕育了实事求是思想路线的萌芽。

毛泽东的这封信被前委油印出来发到红四军范围传看后，引起广泛的重视和强烈的反响。陈毅去上海向中央汇报红四军工作时也把这封信带去了，这是他向中央汇报的内容之一，因此也成为中央讨论、解决红四军问题时所需要的重要参考材料之一。后来为红四军问题作了结论的《中央给红军第四军前委的指示信》，即著名的中央“九月来信”，实际上反映了毛泽东这封信中的不少好的思想观点，而这些思想观点又被半年以后的古田会议决议所吸收。

2. 起草红四军九大决议案，历数主观主义的危害，提出用实事求是的办法纠正

白砂会议上，毛泽东的意见以压倒多数的高票获得支持，刚刚成立的临时军委也随之撤销，但双方的意见分歧并没有消弭。1929 年 6 月 20 日，中共红四军第七次代表大会在龙岩城内召开。毛泽东在会前向前委提出建议：通过总结过去斗争经验的办法达到统一认识，解决红军建设中

① 《毛泽东文集》第 1 卷，人民出版社 1993 年版，第 71—72 页。

② 《毛泽东文集》第 1 卷，人民出版社 1993 年版，第 73、74 页。

存在的主要问题，以提高红军的政治素质和战斗力。遗憾的是，这个建议没有被采纳，会议还错误地否定了毛泽东提出的党对红军的领导必须实行集权制（当时对民主集中制的称谓——笔者注）和必须反对不要根据地的流寇思想的正确意见。在红四军攻克上杭县城后，中共红四军第八次代表大会在9月下旬召开。由于极端民主化的干扰，会议开得很不成功。这样自井冈山以来，在红军中存在的各种争论和分歧仍然没有得到解决。中央“九月来信”后，毛泽东复任前委书记。11月28日，毛泽东在长汀城主持召开前委扩大会议，决定筹备召开红四军党的九大。

为了彻底纠正党内错误思想，在起草红四军九大决议案时，毛泽东把“唯心主义、主观主义”列入需要纠正的党内非无产阶级意识的不正确倾向，写道：“主观主义，在某些党员中浓厚地存在，这对分析政治形势和指导工作，都非常不利。因为对于政治形势的主观主义的分析和对于工作的主观主义的指导，其必然的结果，不是机会主义，就是盲动主义。”[①]并提出了纠正主观主义的方法：“（一）教育党员用马克思列宁主义的方法去作政治形势的分析和阶级势力的估量，以代替主观主义的分析和估量。（二）使党员注意社会经济的调查和研究，由此来决定斗争的策略和工作的方法，使同志们知道离开了实际情况的调查，就要堕入空想和盲动的深坑。（三）党内批评要防止主观武断和把批评庸俗化，说话要有证据，批评要注意政治。”[②]这些论述强调的中心思想，实际上就是要正确地认识和处理马克思主义普遍原理和中国革命具体实际的关系，提倡调查研究和实事求是的科学方法和认识路线。1930年5月，毛泽东写了《反对本本主义》（原题为《调查工作》）这一著名文章。文章将这一思想认识进一步上升到了党的“思想路线”层面，指出：“共产党的正确而不动摇的斗争策略，决不是少数人坐在房子里能够产生的，它是要在群众的斗争过程中才能产生的，这就是说要在实际经验中才能产生。”“那些具有一成不变的保守的形式的空洞乐观的头脑的同志们，以为现在的斗争策略已经是再好

① 《毛泽东选集》第1卷，人民出版社1991年版，第91页。
② 《毛泽东选集》第1卷，人民出版社1991年版，第92页。

没有了，党的第六次全国代表大会的‘本本’保障了永久的胜利，只要遵守既定办法就无往而不胜利。这些想法是完全错误的，完全不是共产党人从斗争中创造新局面的思想路线，完全是一种保守路线。这种保守路线如不根本丢掉，将会给革命造成很大损失，也会害了这些同志自己。”[①] 文章明确提出了“没有调查，没有发言权”和“中国革命斗争的胜利要靠中国同志了解中国情况”的论断。

《反对本本主义》的发表，标志着毛泽东在马克思主义中国化的认识上已经达到了理论和实践上的完全自觉。

3. 撰写《才溪乡调查》，为反对王明“左”倾机会主义提供有力武器

然而遗憾的是，《反对本本主义》的发表，并没有使“没有调查，没有发言权”和“中国革命斗争的胜利要靠中国同志了解中国情况”的认识和自觉在全党形成，毛泽东从实际出发的创见及实践依然受到斥责。在1931 年 11 月的赣南会议、1932 年 10 月的宁都会议上，毛泽东都受到了不公正的无理指责和批评，他对党和红军的领导被排斥，被解除了军队领导职务又身患疾病的毛泽东不得不离开部队，来到长汀休养。1933 年 2 月，尚在长汀辛耕别墅休养的毛泽东接到苏区中央局的指示，要他回瑞金主持苏维埃临时中央政府工作。其时，国民党正紧锣密鼓地部署对中央苏区的第五次“围剿”，而在苏区却盛行等到战争胜利了才能进行经济建设的错误认识。为了促进苏区建设，保障反“围剿”的胜利，毛泽东决定深入到扩红和经济建设的模范乡长冈、才溪进行调查，“去粉碎一切机会主义者的瞎说”[②]。1933 年 11 月下旬，毛泽东来到才溪调查，写出了《才溪乡调查》。《才溪乡调查》从政权建设、经济建设、扩大红军、文化教育等方面全面总结了才溪乡的工作成绩和经验，以大量的事实和科学的分析，说明“这样大数量地扩大红军，如果不从经济上、生产上去彻底解决问题，是决然办不到的。只有拿经济上的动员配合着政治上的动员，才能造成扩大红军的热潮，达到如像长冈乡、才溪乡一样的成绩”[③]，论证了毛泽

① 《毛泽东选集》第 1 卷，人民出版社 1991 年版，第 115—116 页。
② 《毛泽东文集》第 1 卷，人民出版社 1993 年版，第 340 页。
③ 《毛泽东文集》第 1 卷，人民出版社 1993 年版，第 330 页。

东所主张的在国内革命战争环境下，根据地的建设不仅必要而且可能的重要理论，“解决了马克思主义中国化的一大难题，即在革命战争年代我们党要不要建设农村革命根据地、能不能建设农村革命根据地、怎样建设农村革命根据地的问题”①。

《才溪乡调查》不仅用铁的事实有力驳斥了“左”倾教条主义者忙于政治工作没有工夫去做经济建设工作，要等到战争胜利了才能进行经济建设的错误认识，同时也是毛泽东贯彻“没有调查，没有发言权”的实事求是原则，向实践学习，向群众学习，总结群众斗争的新鲜经验的又一典范，是讨伐教条主义的又一篇战斗檄文。

从《给林彪的信》《古田会议决议》，到《反对本本主义》，再到《才溪乡调查》，毛泽东一步步从哲学的高度对党内围绕革命道路问题发生的分歧从思想认识根源上作出了马克思主义的回答，批判了照抄书本、照搬外国经验的教条主义思想，强调必须到群众中去调查研究，“没有调查，没有发言权”，必须独立思考，独立自主地进行革命斗争，“中国革命斗争的胜利要靠中国同志了解中国情况”，并在此基础上制定党的路线与政策。可以说，这一系列著作的发表，在党内树起了一面实事求是、群众路线、独立自主的马克思主义的思想旗帜，为中国共产党人从教条主义的束缚中、从对共产国际和苏联经验的盲目迷信中解放出来，提供了理论依据和精神支柱，为坚持马列主义与中国革命实际相结合的原则、独立自主地解决中国革命问题、实现马克思主义中国化指明了方向。

由此可见，自红四军入闽以来，毛泽东为解决红四军及党内分歧所作出的各种努力，无论是躬身调查研究还是写下《给林彪的信》《古田会议决议》《反对本本主义》《才溪乡调查》等力作，无不是为了引导中国共产党人着眼于中国革命的实际和特点，探索中国革命的正确道路，对于培养中国共产党人理论联系实际的思维方式与思维能力，引领马克思主义中国化探索走向“实事求是”的正途发挥了积极作用。

---

① 林强：《才溪精神的力量》，中共上杭县委党史研究室编：《才溪革命史资料汇编》，中共党史出版社 2013 年版，第 213 页。

第五章

闽西苏区马克思主义中国化探索的论争

中国革命是一个将诸种任务汇集在一起的总体革命。在每个阶段、每个范围，都需要对革命的实践不断地进行总结和给出新的具体方案，分歧在所难免。创建闽西苏区期间，中国革命已经转向农村，虽然积累了井冈山武装割据的斗争经验，但随着工农武装割据事业的发展，如何认识农村割据政权的前途及其于中国革命的意义，在农村环境中如何实现党的“无产阶级化”、加强军队建设等都有待进一步探索和解决。由此引发了从革命高潮能否到来到军政领导的职权范围是政治领导军事还是军事领导政治，从农民成分占多数的党能否保持无产阶级先锋队性质到武装斗争的主攻方向是农村还是城市等激烈的论争。然而也正是这些论争推动闽西马克思主义中国化取得了历史性的新突破，促使毛泽东思想初步形成。

一、红四军领导体制之争与政治建军原则的确立

在创建闽西苏区的过程中，首先爆发了关于“红四军设不设军委”的争论，史上亦称之为“朱毛之争”。但事实上这场争论并不仅仅是朱毛个人之间的矛盾和分歧，也并不是始发于闽西，而是自秋收起义和井冈山斗争以来部队中存在问题的爆发。这场论争的结果使“党指挥枪”的政治建军原则得以牢固确立。

（一）红四军领导体制之争的背景

大革命失败后，中国共产党深刻认识到独立掌握军队和独立领导武装斗争的极端重要性，于是组织了全国范围的百余次武装起义。南昌起义标志着人民军队的诞生，标志着党对军队领导的开始。但是该如何建设一支无产阶级的新型人民军队对年轻的中国共产党来说无疑是一个全新的

课题。

1.“三湾改编”奠定政治建军的基础

八七会议后，毛泽东受中共中央的委派，以中共中央特派员的身份前往长沙，领导湘赣边界的秋收起义。起义受挫后，毛泽东改变了攻打长沙的计划，转向敌人统治力量薄弱的农村去进行武装斗争，发展革命力量。1927年9月29日，起义部队来到江西永新三湾。由于这支部队是由原武汉国民政府警卫团，安源工人纠察队、矿警队和萍乡等地的农民自卫军以及收编的当地土匪武装组成，成员复杂，思想混乱，组织纪律性差，军阀习气严重，加之作战失利，连续行军，条件艰苦，一些意志不坚定的人开始动摇，士兵不断逃亡，原有5000多人的秋收起义部队到达永新三湾时仅剩不足1000人和38匹战马。毛泽东认为，部队出现这种状况除了成员复杂外，还在于党组织在基层领导中的缺位，以致难以直接掌握士兵，难以掌握部队。为了巩固这支新生的革命军队，适应革命斗争的需要，毛泽东在到达三湾的当天晚上，就主持召开了中共前敌委员会扩大会议，决定对起义部队进行整顿和改编。会上，毛泽东提出了“支部建在连上”的重要主张。当时担任师长的余洒度提出各种异议，陈浩、徐韩等人也站出来反对，讨论非常激烈。毛泽东以第一次国内革命战争时期的叶挺独立团把党支部建在团上，领导干部绝大多数是共产党员，党掌握了自己的军队的成功经验来说明“支部建在连上”能够发挥堡垒作用，有效实现党对军队的领导。经过激烈而充分的讨论和毛泽东的耐心解释，大家取得共识，确立了“党指挥枪”“支部建在连上”“官兵平等”等一整套崭新的治军方略，从政治上、组织上保证了党对军队的绝对领导。这就是著名的“三湾改编”。

“三湾改编”初步解决了如何把以农民及旧军人为主要成分的革命军队建设成为一支无产阶级新型人民军队的问题，保证了党对军队的绝对领导，奠定了政治建军的基础，是我党建设新型人民军队最早的一次成功探索和实践，标志着毛泽东建设人民军队思想开始形成。

2. 井冈山斗争时期政治建军原则的破坏与恢复

1927年10月，毛泽东率领经“三湾改编”后的秋收起义部队到达井冈山，先后在宁冈、永新、茶陵、遂川等县恢复和建立了党组织，发展武装力量，开展游击战争，领导农民打土豪分田地，建立红色政权，实行工农武装割据，创立了党领导下的第一个农村革命根据地。1928 年 3 月底，朱毛会师，井冈山革命根据地进一步发展壮大，革命武装力量也发展壮大。此时，边界红军的来源如下："（一）潮汕叶贺旧部；（二）前武昌国民政府警卫团；（三）平浏的农民；（四）湘南的农民和水口山的工人；（五）许克祥、唐生智、白崇禧、朱培德、吴尚、熊式辉等部的俘虏兵；（六）边界各县的农民。但是叶贺旧部、警卫团和平浏农民，经过一年多的战斗，只剩下三分之一。湘南农民，伤亡也大。因此，前四项虽然至今还是红军第四军的骨干，但已远不如后二项多。后二项中又以敌军俘虏为多。"①

由于红军大部分来自旧军队和游民无产者，他们对于新型人民军队的党管干部、党管军队极不适应，并予以抵制。部分军事干部抱怨"党代表管得太宽，一支枪也要党过问"，甚至喊出"反对一切归党支部"的口号，提出取消各级党代表。1928 年 7 月 15 日，红四军在湖南省酃县（今炎陵县）沔渡镇召开第三次代表大会。会议决定组织由湖南省委任命的前委，错误地取消了军委和党代表制度。党代表制度的取消，造成各级党代表无法开展工作，连队的政治工作无人过问，"三大纪律、六项注意"的执行大不如前，军事干部无人管束，种种非无产阶级倾向纷纷暴露，并直接导致红军第二十八团、第二十九团冒进湘南，招致失败。

毛泽东、朱德、陈毅等人目睹这种状况，于 1928 年 10 月初在江西省宁冈县茅坪乡召开第五次代表大会，果断恢复了军委和党代表制度，成立以朱德为书记的遂川行委。1 个多月后（1928 年 11 月 14 日至 15 日）在江西省宁冈县新城乡召开第六次代表大会，会议通过的《党务决议案》首次以决议文件的形式明确了加强党对红军的政治领导的原则。以此次会议精神为指导，部队随之进行了新城整训。红四军官兵们通过整训，更加深切地认识到取消党代表的危害，以及加强党对部队的政治领导的意义。

---

① 《毛泽东选集》第 1 卷，人民出版社 1991 年版，第 63 页。

3. 赣南、闽西转战期间各种非无产阶级思想的抬头极大妨碍了党指挥枪原则的贯彻

1929 年 1 月，朱毛率主力部队离开井冈山，转战赣南。红军迭经激战，党委干部人才已经伤亡殆尽，加上恶劣的游击环境，以致党员加入党组织太随便，许多不够党员资格的也拉了进来，甚至吃鸦片、发洋财及赌博人员也加入了中国共产党；对党员完全不作训练教育；党员犯了错误敷衍了事，不执行纪律等，这些状况使部队的思想政治工作严重弱化，部队中原本存在的军阀残余、流寇思想、单纯军事观点、取消党代表制度等重又抬头。“红军党的组织问题现在到了非常之严重的时期，特别是党员的质量之差和组织之松懈，影响到红军的领导与政策之执行非常之大”①，这极大妨碍了党指挥枪原则的贯彻，使红军难以完成中国伟大革命斗争所赋予的“以武装建党、建政，做群众工作”的特殊使命。如何在恶劣的农村游击环境中，牢固建立党对军队的领导权，把一支成员大部分来自旧军队和游民无产者的部队，建设成一支坚强的无产阶级的新型人民军队，再次成为亟待朱德、毛泽东、陈毅等解决的问题。

（二）红四军领导体制之争与人民军队建设原则的确立

朱毛红军下井冈山以来，随着斗争的深入，红四军中的无产阶级思想和各种非无产阶级思想的分歧越来越明朗化。至 1929 年 5 月红四军第二次入闽，这些争论的焦点集中到了军委设置问题上，并日益反映到党内以及部队领导机关中来。

1. 争论的起因

这场争论的引发，还得从井冈山斗争时期形成的红四军领导体制说起。1928 年 4 月底，井冈山朱毛会师后成立红四军，朱德任军长，毛泽东任党代表兼军委书记，后陈毅担任军委书记。1928 年 6 月 4 日，在上海的中共中央来信，认为应当设立前敌委员会，又指示“前委组织军事委员会，以朱德为书记，陈毅为士兵委员会秘书长”。同年 11 月，根据中央的这一指令，以毛泽东为书记，朱德、谭震林和两位工人、农民代表组成

---

① 《毛泽东文集》第 1 卷，人民出版社 1993 年版，第 88 页。

的前敌委员会成立。不久，朱德接替陈毅担任军委书记，陈毅改任士兵委员会秘书长，形成了前委在红四军内直接领导军委工作的领导体制。

1929 年 1 月，红四军主力从井冈山突围到赣南、闽西打游击，由于天天行军打仗，居无定所，红四军前委和军委的工作高度重合。2 月初，朱毛红军入闽前夕，红四军前委在赣南罗福嶂召开前委会议。有人提议说红四军下山以来，天天行军打仗，居无定所，军委会开过后，还得向前委汇报，前委又得开会；或去前委开了会，军委又得传达贯彻，人呢又是同一批人，军委与前委显得重叠，还不如军委“暂停办公”，由前委统一领导军队及各级党委的工作。也有人不同意这个提议，认为前委的权力太集中，不一定好。会议最终决定取消军委，但就此问题的不同意见，为后来的纷争埋下了伏笔。

罗福嶂会议后，由于取消了军委，红四军党代表、前委书记毛泽东兼任政治部主任，工作重心移至军务。而红四军这支弱小的军队，既属于初创时期，又生长在国民党强大优势兵力的“丛林”之间，时刻都面临被“剿灭”的危险。在这样敌众我寡的情况下，如何生存，怎么领导，如何建设和发展，面临着生死的考验，一切都在艰难的起步与探索之中，因此在这些问题上发生分歧在所难免。但在发生意见分歧时，毛泽东常常坚持自己的意见，他的工作方法和态度让同志们感到郁闷，也让之前反对撤销军委的同志再次萌生了前委权力太集中，有必要重新设立军委的想法。朱德也觉得毛泽东干预军务过多，有碍司令部工作。红四军的两个核心人物在“设不设军委”问题上产生了分歧。

5 月末，朱毛红军执行“闽西六县游击计划”进展顺利，红色割据区域不断扩大，红军人数也大为增加，前委既要管军队，又要管地方工作，出现兼顾困难，在这种情况下，前委决定成立红四军临时军委，恢复了自 1928 年 11 月以来的前委在红四军内直接领导军委工作的领导体制。这时，刚从苏联学习军事回国的刘安恭以中央特派员名义由中共中央派到红四军工作，担任临时军委书记兼政治部主任。他对红四军党代表、前敌委员会书记毛泽东根据中国国情采取农村武装割据、最后夺取城市的策略和将红军置于党的绝对领导之下开展各种政治思想工作的做法不甚理解，由此引发了红四军党内关于“要不要设立军委”的一场争论。

2. 争论的分歧

在毛泽东看来，以下级党委限制上级党委的决定，不仅有悖于组织原则，而且必然会引起党内混乱，前敌委员会的工作也必然发生极大的困难。为此，5月底，毛泽东在福建永定湖雷主持召开中共红四军前委会议，讨论党的工作范围、支部工作等问题。会上，就党对军队领导的问题展开讨论，讨论的焦点是红四军内是否仍要设立军委。毛泽东认为：当前军队战斗频繁且经常转移，领导工作的重心还在军队，军队指挥需要集中而敏捷，由前委直接领导和指挥军队更有利于作战，不必设置重叠机构，批评在前委下硬生生地插进一个军委，实际上是分权主义，因此主张撤销军委。毛泽东的意见得到了林彪（红一纵队司令员）、江华（前委秘书长）、谭震林（前委委员）等人的支持。而军委书记刘安恭却认为“既名四军，就要有军委”，指责前委管得太多，是书记专政，有家长制的倾向。[①]他的意见得到了军长朱德等的支持。红一纵队党代表陈毅则居中调停。毛泽东觉得作为书记难以继续工作，于是提出辞职，但前委多数同志没有同意。争论中意见未能统一，湖雷会议没有得出什么结果。

就在此时，诱歼龙岩陈国辉旅的战机出现，红四军向龙岩出击，然后转向上杭白砂。为继续解决湖雷会议未能解决的争论，在占领白砂以后的第二天，即6月8日，再次召开前委扩大会议。然而与会同志的态度仍同湖雷会议时一样。最后，会议愈争愈烈，毛泽东再次愤而提出辞职，表示：“我不能担负这种不生不死的责任，请求马上调换书记，让我离开前委。”[②]双方意见难以达成一致，会议只好将这个问题提交代表们表决。会议以压倒多数票通过取消临时军委的决定，刘安恭的临时军委书记职务被免除，调任红二纵队司令员，政治部主任改由陈毅担任。至此，军委的存废问题算是有了一个结论，但争论的根本问题仍未解决。

---

① 参见《毛泽东年谱（1893—1949）》上卷，人民出版社、中央文献出版社1993年版，第277页。

② 《毛泽东年谱（1893—1949）》上卷，人民出版社、中央文献出版社1993年版，第278页。

鉴于双方意见未能统一，前委要求毛泽东和朱德“各作一篇文章，表明他们自己的意见”[①]，以统一认识。应这一要求，6月14日，毛泽东以《给林彪的信》为题，写了一篇长文。长信首先把自红四军成立以来存在的问题归纳为“个人领导与党的领导”“军事观点与政治观点”“分权主义与集权”“其他腐败思想”等14个问题（这14个问题，后来实际上构成古田会议的主基调和思想理论基础），并指出在这些问题中，“个人领导与党的领导”是红四军党的主要问题，是红四军历史问题的“总线索”。其他问题的发生与发展，都与这一“总线索”相关联，因此“在要不要军委这个具体问题的争论背后，实质上是一场关于党和军队关系问题的争论”[②]。

6月15日，朱德也发表了《给林彪的信》一文，表示了三点不同看法：（1）党管一切为最高原则，共产主义中实在找不出来，党应该经过无产阶级组织的各种机关（苏维埃）起核心作用去管理一切，说我代表军官要争自由，与党分权，我不能接受；（2）过去前委代替了支部工作，实行的是由上而下的家长制，而不是由下而上的民主制；（3）毛泽东强调党员的自由要受限制，但他自己的行为却是自由的，不服从中央调动。[③]

两个人的文章，都刊登在红四军当月出版的第三期《前委通讯》上。由于是公开发表，不同意见的对立更加尖锐。然而，客观形势已经不允许红四军内部再这样争论下去了。鉴于蒋介石调集了闽、粤、赣三省国民党军队“会剿”闽西革命根据地和红四军，红四军必须尽快统一思想，团结对敌。在这种情况下，红四军决定于6月22日召开党的第七次代表大会。会前毛泽东向前委提出建议：通过总结过去斗争经验的办法达到统一认识，解决红军建设中存在的主要问题，以提高红军的政治素质和战斗力。但这个建议没有被采纳。红四军七大由陈毅主持，号召“大家努力来争论”。代表们围绕从井冈山斗争以来出现的各方面问题进行讨论。会议所作的决议对许多具体问题的结论是正确的或比较正确的，但错误地否定了毛泽东提出的党对红军的领导必须实行集权制（当时对民主集中制的称

① 金冲及主编：《毛泽东传（1893—1949）》，中央文献出版社2004年版，第209页。

② 中共中央文献研究室编：《朱德传》（修订本），中央文献出版社2006年版，第211页。

③ 参见余伯流：《红四军党的“七大”纷争与古田会议》，《党史研究与教学》2010年第1期。

谓）和必须反对不要根据地的流寇思想的正确意见，并认为毛泽东所说四军历史上有个人领导与党的领导的斗争，未免近武断，“流寇思想与反流寇思想的斗争，也不是事实”，决议还把“集权制领导原则”视为“形成家长制度的倾向”。[①]

在会上，朱德和毛泽东之间发生了争论。陈毅以团结为重，做了必要的斡旋、调解工作。他诙谐地说，你们朱毛两个人，一个晋国，一个楚国，两个大国天天在打架，我这个郑国在中间简直是不好办。我是晋楚之间，两大国之间，我跟哪个走？站在哪一边？我就是怕红军分裂、怕党分裂。我还是希望你们两方面团结。[②]他同时认为，毛泽东是前委书记，对争论应多负些责任，给予他党内严重警告处分，给予朱德书面警告处分。大会改选了红四军党的前敌委员会，在选举前委书记时，由中共中央指定的前委书记毛泽东没有当选，陈毅被选为前委书记。毛泽东在会上最后发言说，现在还是要根据我们历来的实际斗争中间的经验，加强这个政治领导，加强党对红军的领导，军队要做群众工作，要打仗，要筹款；至于会议对我个人有许多批评，我现在不辩，如果对我有好处，我会考虑，不正确的，将来自然会证明他这个不正确。[③]

至此，红四军内部这场持续一个多月的争论才停止。虽然还没能取得共识，但毛泽东在此间为军队建设所作的思考无疑为他后来起草古田会议决议、确立人民军队建设的基本原则奠定了坚实的基础。

3. 古田会议与人民军队建设原则的确立

中共红四军七大决议案和毛泽东、刘安恭等的信件，通过中共福建省委的秘密交通送到中共中央。8 月 13 日，中共中央召开政治局会议进行讨论，认为这个决议案“有些是正确的，有些是不正确的”；刘安恭的信将毛泽东、朱德分成两派，许多是不符合事实的，是故意造成派别。会议决定：由周恩来起草一封致红四军前委的信，要他们努力与敌人斗争，军委可暂不设立，军事指挥由军长、党代表管理，调刘安恭回中央。

---

① 《毛泽东年谱（1893—1949）》上卷，人民出版社、中央文献出版社 1993 年版，第 281 页。

② 参见胡石言等：《陈毅传》，当代中国出版社 1991 年版，第 101 页。

③ 参见胡石言等：《陈毅传》，当代中国出版社 1991 年版，第 101 页。

8 月 21 日，中共中央发出由周恩来起草的给红四军前委的指示信，强调“红军不仅是战斗的组织，而且更具有宣传和政治的作用”[①]，指出红军必须采取比较集权制，党的书记多负责任绝对不是家长制，事事要拿到支部中去讨论去解决——这是极端民主化的主张，并且批评红四军七大侧重于解决内部纠纷是不正确的，前委同志号召“大家努力来争论”和“刘安恭同志企图引起红军党内的派别斗争”是错误的。

不久，陈毅应中央的要求到达上海，8 月 29 日在中共中央政治局会议上详细汇报了红四军的情况和党内的争论，说毛泽东“在政治上比较正确”。中共中央政治局决定成立李立三、周恩来、陈毅三人委员会，由周恩来召集，负责起草一封指示信。三人委员会确定，以中央 8 月 21 日给红四军前委的指示信为基础，由陈毅执笔起草这封指示信。经过三人多次讨论，陈毅对一些重大问题的认识得到很大提高。他在多年后曾几次对身边工作的人说，到上海党中央两个月，等于上了两个月的训练班。9 月 28 日，中共中央政治局通过了这封信，也就是“九月来信”。

“九月来信”强调“党的一切权力集中于前委指导机关，这是正确的，绝不能动摇。不能机械地引用‘家长制’这个名词来削弱指导机关的权力，来作极端民主化的掩护”；同时，“前委对日常行政事务不要去管理，应交由行政机关去办”。[②]这些指示，肯定了毛泽东提出的红军建设的基本原则。指示信要求红四军维护朱德、毛泽东的领导，毛泽东“应仍为前委书记”。中央的“九月来信”，为红四军党内统一认识、纠正各种错误思想提供了根据。

为了进一步统一全军党内的思想，急需召开一次党的代表大会。11 月 28 日，毛泽东在长汀主持召开中共红四军前委扩大会议。会议决定：（1）召开红四军党的第九次代表大会；（2）用各种方法建立红四军的政治领导；（3）纠正红四军党内各种错误倾向，扫除红军内部的封建残余制度

---

① 《周恩来年谱（1898—1949）》（修订本），中央文献出版社 1998 年版，第 170 页。

② 《周恩来选集》上卷，人民出版社 1980 年版，第 40—41 页。

（如废止肉刑、禁止枪毙逃兵等）。①

随后，他和朱德、陈毅率队伍到达上杭县古田村，为红四军九大的召开作了认真的准备。他在军内外进行了周密的调查，根据中央“九月来信”精神和红四军的实际情况，起草了“纠正党内非无产阶级意识的不正确倾向”“党的组织”“党内教育”“红军宣传工作”等八个决议草案。

12月28日和29日，红四军党的第九次代表大会在上杭古田举行。这是红军发展史上一次十分重要的会议。毛泽东在会上作了政治报告，朱德作了军事报告，陈毅传达了中共中央的指示。

会议经过热烈的讨论，一致通过毛泽东起草的八个决议，总称《中国共产党红军第四军第九次代表大会决议案》，也就是著名的《古田会议决议》。大会选出毛泽东、朱德、陈毅、罗荣桓、林彪、伍中豪、谭震林等11人为中共红四军前委委员，毛泽东重新当选为前委书记。

《古田会议决议》全面总结了红四军成立以来在部队建设上的基本经验教训，确立了中国人民军队建设的基本原则：

一是规定了红军的性质、宗旨和任务。决议指出，红军是一个执行革命的政治任务的武装集团。必须坚决贯彻中国共产党的纲领、路线、方针和政策，完全服务于人民革命斗争、根据地建设和土地革命。红军决不是单纯地打仗的，必须同时担负打仗、做群众工作和筹款三大任务。这是它区别于其他一切旧军队的根本标志之一。必须反对单纯军事观点和不重视根据地的流寇思想，把宣传工作当成“第一个重大工作”。

二是确立党对红军实行绝对领导的原则。决议规定，红军中必须健全各级党的组织，实行政治委员制度，反对以任何借口来削弱党对红军的领导，并且尖锐地批评了极端民主化、非组织观点和个人主义等错误倾向。决议规定，党的各级会议都必须讨论军事工作，一经形成决议，“通过群众路线去执行”；厉行集中指导下的民主，少数人在自己的意见被否决之后，必须拥护多数人所通过的决议，除必要时在下一次会议再提出讨论

① 参见《毛泽东年谱（1893—1949）》上卷，人民出版社、中央文献出版社1993年版，第295页。

外，不得在行动上有任何反对的表示；党内要正确开展批评与自我批评；无论担任什么军职的党员干部，都应该参加党的会议，报告工作，接受党组织的监督。

三是规定了红军中政治机关和政治工作的地位。决议提出，在省级地方政权未建立前，红军的政治机关与军事机关在前委领导下平行执行各自担负的工作：政治训练及群众工作事项，军事系统应接受政治系统的指挥；作战、宿营、给养等，政治系统应接受军事系统的指挥。在没有建立政权机关的地方，由政治部代替当地政权机关的工作，如负责宣传群众、组织群众、建设政权等。决议批评把政治机关隶属于军事机关的错误观点，指出这种思想发展下去，便有脱离群众、以军队控制政权、离开无产阶级领导的危险，就同国民党军队所走的军阀主义道路一样。

四是强调在红军内部加强思想政治教育。决议从红四军的组成和处在农村分散游击环境的实际出发，指出对红军不断进行马克思主义和党的正确路线教育，是克服各种非无产阶级思想，提高军队政治素质，完成无产阶级政治任务的中心环节。决议对各种错误思想的表现和社会根源作了分析，并提出克服的办法。

五是规定处理红军内外关系的原则。决议坚持官兵平等，实行民主主义制度，指出官兵之间只有职务的不同，没有阶级的分别。长官应当爱护士兵，关心士兵，切实保障士兵的民主权利，坚决废止肉刑。士兵要尊重长官，自觉地接受管理，遵守纪律，克服极端民主化和平均主义、雇佣思想等错误倾向。在军政关系上，要求红军指战员严格尊重人民政权机关，巩固它在群众中的威信。在军民关系上，要求红军严格执行“三大纪律”和“六项注意”，同人民群众打成一片。在对敌军的工作上，要求在坚决消灭一切敢于顽抗的敌人的同时，实行瓦解敌军和宽待俘虏的政策。

《古田会议决议》是中国共产党和红军建设的纲领性文献，它系统地解决了如何将以农民为主要成分的军队建设成无产阶级领导的新型人民军队这个根本性问题，这样的军队是中国过去历史上不曾有的。决议不但在红四军中实行了，而且在其他各部分红军中也先后实行，大大加快了人民军队建设的进程。

（三）争论的性质和影响

1. 争论的性质

首先，对于红四军党内的这场争论，毛泽东认为它不仅仅是眼下“要不要设军委”的问题，也不仅仅是他和朱德在此问题上的分歧，而是事关自红四军成立以来全部争论的性质问题。白砂会议后，在给林彪的复信中，毛泽东说得很明白：“现在的争论问题，不是个人的和一时的问题，是整个四军党的和一年以来长期斗争的问题，不过是从前因种种原因把它隐蔽了，到近日才暴露出来。”并进一步肯定了争论的必要性，他接着写道：“其实从前的隐蔽是错误了，现在的暴露才是对的，党内有争论问题发生是党的进步，不是退步。”紧接着，他把整个四军党的和一年以来长期斗争的全部问题归结为 14 个：

（一）个人领导与党的领导；
（二）军事观点与政治观点；
（三）小团体主义与反小团体主义；
（四）流寇思想与反流寇思想；
（五）罗霄山脉中段政权问题；
（六）地方武装问题；
（七）城市政策与红军军纪问题；
（八）对时局的估量；
（九）湘南之失败；
（十）科学化、规律化问题；
（十一）四军军事技术问题；
（十二）形式主义与需要主义；
（十三）分权主义与集权；
（十四）其他腐败思想。

在这些问题中，毛泽东认为“个人领导与党的领导”是四军党的主要问题，是四军历史问题的“总线索”，其他问题都由此产生。因此，解决红四军党内的争论，首先要研究解决这个问题，它揭示了红四军党内争论问题的实质是要不要坚持党对军队的绝对领导的问题。正因为事关人民军队的建军原则，所以即便是与亲密战友朱德发生了分歧，毛泽东在这个问题上也断然不肯调和敷衍，因为只有这样，四军的改造工作由此可以完成，四军的党由此可以得到一极大的进步。

其次，对于这次争论的性质和原因，在给林彪的复信中，毛泽东尖锐地指出，引起这场争论的原因是“党的意志极大的限度的伸张、个人意志感到从来未有的痛苦，一连打了几个胜仗和一种形式主义的理论从远方到来”，其性质是“少数同志们历来错误的结穴，两个指导路线的最后斗争”。

对于毛泽东的这个结论，红四军七大决议予以否定，认为引起这场争论的主要原因一是由于四军党员的经济背景复杂所引起的思想认识的不一致；二是负责同志工作方式与态度不好，引起了意见纠纷；三是组织上不完备，领导人兼职较多而且责任心都很重，爱多管事；四是新的理论批评旧的习惯引起反响；五是过去党内缺乏批评精神。指出这次争论是由于过去党的斗争历史上各种不同的主张历久得不到解决而引起的总爆发，并不是简单的两种路线的斗争结果。

古田会议以后，人们普遍认可了毛泽东的说法，把这场争论定性为人民军队建军史上“两条路线的斗争”。近年，有历史学者认为红四军七大的结论更契合历史的真实。比如著名苏区史学者蒋伯英教授认为，红军的主要领导人毛泽东、朱德、陈毅以及林彪、刘安恭等，他们“都有着共同的政治抱负和信念，为了共同的大目标而出生入死。所不同的是斗争的方针策略和军队建设的原则，即使夹杂个人义气，也还不是立场和路线的问题”[①]。的确，在这场争论中，红军的主要领导人尤其是朱毛之间的分歧更多是认识上的分歧，不是立场上的分歧，比如都强调党对军队的领导，只是在党的领导方式上有争议。但同时必须看到的是，这场争论并不局限在领导层，而是已经扩展至全军各级党组织和全体党员。同时这场争论也不

① 蒋伯英：《1929：朱毛红军与古田会议》，福建人民出版社 2009 年版，第 171 页。

局限于“设不设军委”，而是涉及党对军队的领导以及建党、建军、建政的一系列基本原则和政策问题，这些问题解决得好不好将影响到根据地建设以及党和军队建设的方向和前途。在这些问题的争论和分歧中，夹杂着不同的立场，更隐藏着分析问题的两种不同思维方式，尤其是后者，即便在主要领导人之间，也是存在的。比如，在红四军七大上，陈毅批评毛泽东的马克思主义要和中国革命的实际相联系的思想是对马克思主义的低估和信任不够，是认识模糊。毛泽东正是看到了这点，才会得出争论是“两个思想系统的斗争”，是“形式主义与需要主义之不同”的结论，试图从认识论的高度揭示争论产生的根源及解决问题的思路，引导中国共产党人着眼于中国革命的实际和特点，探索根据地、党和军队建设的正确道路。如果从这个意义上去理解，毛泽东对这场争论的定性并无不妥。

半年后，当中共中央特派员涂振农来到红四军时，毛泽东、朱德分别同他谈了这次争论的经过，并作了自我批评。涂振农在给中央军委的报告中写道：“据我在那里时的观察，确实都从行动上改正过来。朱德同志很坦白的表示，他对中央的指示，无条件的接受。他承认过去的争论，他是错的。毛泽东同志也承认工作方式和态度的不对，并且找出了错误的原因。过去军政关系的不甚好，是做政治的和做军事的人对立了，缺乏积极的政治领导的精神。同时要说到四军党内虽有争论，但都是站在党的立场上，在党的会议上公开讨论，虽有不同的意见，但没有什么派别的组织，只是同志间个人的争论，而不是形成了那一派和这一派的争论。”[①]1944 年 3 月 15 日，毛泽东在致华中局[②]的电文中提到：“关于内战时期在闽西区域的争论，属于若干个别问题的性质，并非总路线的争论，而且早已正确地解决了。”[③]从这些话看，毛泽东似乎在事后否定了自己在给林彪复信中对争论的定性。事实不然。毛泽东对涂振农说这番话，一是检讨自己的工作方式和态度，二是强调他与朱德等主要领导人个人之间的分歧是立场相

① 金冲及主编：《毛泽东传（1893—1949）》，中央文献出版社 2004 年版，第 215—216 页。

② 即中共中央华中局，抗日战争时期代表中共中央领导华中地区工作的机关，成立于 1941 年 5 月，1945 年 9 月撤销。

③《毛泽东文集》第 3 卷，人民出版社 1996 年版，第 104 页。

同的同志间的个人分歧。除了襟怀坦荡，也不排除有修复与朱德等人的关系，维护红四军党内团结的考虑。至于后来的讲话，一是为了肯定陈毅为解决争论发挥的积极作用，二是重申当年他和朱德等主要领导人之间的分歧是非路线之争。但这里并没有明确否认这场扩展至全军各级党组织和全体党员的争论中没有夹杂不同立场。

这场夹杂有不同立场的争论没有演化为红四军内的派系斗争，应该归功于作为红军主要领导人的毛泽东、朱德、陈毅等和以周恩来等为主要领导人的中央都站在了党的立场上，襟怀坦荡，共同促使了争论的妥善解决。

由此可见，发生在红四军主要领导人之间的争论的确是非路线之争，但这场争论事实上夹杂着不同的立场，更隐藏着分析问题的两种不同思维方式。如果以前者否定后者，不仅不能还原历史的真实，也会弱化毛泽东在这场争论中独具慧眼地透过争论分歧看到问题本质的历史贡献，更无法解释为什么仅仅半年之后，毛泽东就有感而发写就了《反对本本主义》这篇经典著作。

2. 争论的影响

1929 年红四军第二次入闽创建闽西苏区期间发生的这场争论，就如毛泽东在《给林彪的信》中所说，“是党的进步，不是退步”[①]。

一是使党对军队的绝对领导地位得以牢固树立。

毛泽东在“三湾改编”时就提出了“党指挥枪”“支部建在连上”“官兵平等”等一整套崭新的治军方略，以确立党对军队的绝对领导原则。红四军成立以后，又先后建立了党代表制度、各级党委和支部，成立了以毛泽东为书记的前敌委员会和以朱德为书记的军事委员会，形成了严密而完整的组织系统。但正如毛泽东在《给林彪的信》中指出的：第一，红四军的大部分是从旧式军队脱胎出来的，带来了一切旧思想、旧习惯、旧制度；第二，这支部队是从失败环境中拖出来结集的，原来党的组织很薄弱，靠了个人的领导才得救的，造成了个人庞大的领导权。因此一直到

① 《毛泽东文集》第 1 卷，人民出版社 1993 年版，第 64 页。

1929年3月红军占领长汀以后，虽然党及红军的各个方面都比以前进步了，但党对军队的领导地位并没有完全确立。

官兵成分异常复杂，“单纯军事观点”“极端民主化”“非组织观点”“流寇思想”“个人主义”等各种非无产阶级思想泛滥，给政治建军工作的开展带来了巨大的阻力。红四军内部在要不要“坚持党对军队的领导”等建军核心问题上产生了原则分歧。

湖雷、白砂和红四军七大的激烈争论，首先使自红四军成立以来隐蔽的各种矛盾得以暴露，以利于毛泽东“向一切有害的思想、习惯、制度奋斗”①，从根本上去思考四军党的领导地位难以完全确立的根源和出路；其次，争论促使朱德和陈毅自省，并与毛泽东的认识趋于一致。八大和出击闽中的失利使朱德深刻体会到红四军党内军内单纯军事观点、极端民主化的弊端，愈发觉得毛泽东所主张的、“八月来信”中提出的“红军不仅是战斗的组织，而且更具有宣传和政治的作用。每一个红军士兵都负有向群众宣传的责任；整个红军的游击，更充分负有发动群众实行土地革命建立苏维埃政权的使命。谁忽视了这一点，谁便要将红军带向流寇土匪的行径。”②的正确性。陈毅抵达上海后，经过比较、分析，也深刻认识到极端民主化等的危害和毛泽东提出的红军建设基本原则的正确性。这样，在经过一次次的思想争辩交锋和实践检验后，朱、毛、陈对这个问题的理解和把握才趋于全面和深刻，最终化解了矛盾和分歧。

朱、毛、陈等红四军主要领导人之间的矛盾分歧的化解和认识的趋于一致，最终为红四军的发展与壮大找到了一条正确的道路，为《古田会议决议》全面总结红四军成立以来在部队建设上的基本经验教训，确立中国人民军队建设的基本原则作了必不可少的准备。

二是积累了进行党内斗争的宝贵经验和教训。

首先，朱、毛都主张同志间应不惧争论，并把争论视为促进党的进步的手段。白砂会议后，在给林彪的信中，朱德指出，“每个同志的积极斗

---

① 《毛泽东文集》第1卷，人民出版社1993年版，第64页。

② 《周恩来军事文选》第1卷，人民出版社1997年版，第85页。

争”，是使党内一切错误得到“应有尽有的洗除，努力建设新生命的党”的必然途径。而毛泽东则直言“党内有争论问题发生是党的进步，不是退步”。朱、毛两位红军主要领导人视同志间的争论为促进党的进步的手段，不仅袒露了共产党人的坦荡胸怀，更是这场争论没有演化为激烈派系斗争的根本所在，为我们正确开展党内争论树立了光辉典范。

其次，也暴露了自下而上极端民主化的危害，为古田会议确立民主集中制的组织原则提供了借鉴。6 月 22 日，红四军召开党的第七次代表大会。会议没有采纳毛泽东通过总结过去斗争经验的办法达到统一认识，解决红军建设中存在的主要问题，以提高红军的政治素质和战斗力的建议。相反，作为会议主持人的陈毅认为，既然是开会解决问题，就应该畅所欲言、各抒己见，而不是事先定了调子，等候大家的补充，且四军是党的军队，不是毛泽东同志一个人的军队，毛泽东同志的缺点和错误在四军中应该有一个公开的讨论，于是，他号召“大家努力来争论”。9 月 21 日，朱德率红四军攻克上杭县城后，主持召开的红四军党的第八次代表大会同样实行“由下而上的民主制”，大大小小的问题，事前没有准备意见，就拿到会场上来争。只要民主，反对集中，使很多问题都议而不决，陷入无休止的讨论之中，不仅得不到一个明确结论，而且严重损害了朱、毛威信，影响了部队的建设发展，也削弱了部队的团结稳定。

所幸，中共红四军七大决议案和毛泽东、刘安恭等的信件，通过中共福建省委的秘密交通送到中共中央，争论的情况为中央所了解。中共中央对一些错误观点进行了批评，并写进了 8 月 21 日和 9 月 28 日给红四军前委的指示信中，为红四军党内统一认识、纠正各种错误思想提供了根据。

三是促使朱毛结成了牢不可破的一体。

1927 年 10 月，毛泽东率领秋收起义部队到达井冈山，开始了以农村为中心的中国革命道路的探索。1928 年 4 月，朱德和陈毅率领的南昌起义余部历经劫难，转战粤东、闽西、赣南、湘南，也来到了井冈山。两军会师，组建了工农革命军第四军（后改称红军第四军）。自此，毛泽东与朱德的合作开始。与此同时，在国民党的反动宣传机器中出现了“朱毛”一词。但是，这并不意味着“朱毛一体”形成。事实上，在朱毛合作的初期，由于双方阅历、背景的差别，他们对于生长在国民党强大优势兵力的“丛林”之间、时刻都面临被消灭的危险的红四军这支弱小的军队如何生存，怎么领导，如何建设和发展，有着不一样的思考和探索，甚至存在尖锐分歧。比如，面对敌人对井冈山进行的大规模的第三次“会剿”，毛泽东认为井冈山地势险峻，易守难攻，主张巩固井冈山根据地、建设湘赣边区，敌来则集中对付敌人，敌去则分兵发动群众，根据地的扩大采取波浪式的发展。朱德则认为井冈山位于湘江和赣江之间的狭长地区，东西两条大江无法徒涉，在南北方向又难以发展，在军事上井冈山缺乏回旋的余地，主张红军应该远道进行大规模游击战争。为此，毛泽东与朱德常常争论不休，彼此都说服不了对方。朱德认为毛泽东的主张是“保守主义”，毛泽东则认为朱德的主张是“游击主义”。在宁冈县柏路村主持召开的前委、湘赣边特委、红四军军委、红五军军委联席会议就粉碎敌人“会剿”是采用毛泽东的“保守主义”还是朱德的“游击主义”方针形成争论。在红四军出击赣南受挫后，朱毛在红四军的行动方针上再次发生分歧。朱德认为部队行军目标太大，不利于行动，也不利于补给，应该分兵行动。但毛泽东不同意立即分兵，认为分兵活动容易遭敌人各个击破。为此，在罗福嶂前委会议上毛泽东、朱德二人发生了激烈的争论。罗福嶂会议后，由于取消了军委，红四军党代表、前委书记毛泽东兼任政治部主任，工作重心移至军务。这让朱德觉得毛泽东干预军务过多，有碍司令部工作。于是两人在“设不设军委”问题上又产生了分歧，并由于中央特派员刘安恭的到来，引发了红四军内部的大争论。

由此可见，古田会议之前，朱毛对敌人来说毫无疑问是一个整体。但红四军的两个核心人物之间虽然有合作，但也存在尖锐的矛盾和分歧。由于当时的毛泽东、朱德处在同一起跑线上，都是对四军如何生存、怎么领导、如何建设和发展进行初步探索，很难评判谁的想法正确，一切只能由实践来检验。

直到几个月过去了，主持中央工作的周恩来作出裁决，对毛泽东提出的实行工农武装割据的思想、关于红军建设的基本原则进行了肯定。同时，出击闽中、东江失利的实践证明了毛泽东关于军队建设思想的正确。

在真理面前，真正的共产党人没有打不开的心结，更没有放不下的面子。朱德坦然承认，这场争论，他是错的，发出“人家都说朱毛红军，朱离不开毛，朱离开了毛过不了冬”的肺腑之言。陈毅坦诚地承认了自己的鲁莽和过失。毛泽东也表示他的工作方法和态度也有问题，并请朱德、陈毅多多包涵。

朱、毛的冰释前嫌，在党和人民军队中树立了标杆，成为党内团结的象征，使中国共产党和红军迸发出强大的生命力，也标志着“朱毛一体”的真正形成。正是从这一刻起，一起经历血雨腥风、面对生死考验的毛泽东和朱德，彼此相互帮助、信赖和尊重，随着时间的推移，这种相濡以沫变得愈加强烈，经受住了历史的重重考验，直到1976年两人相继去世。他们的个性和经历的互补，造就了人世间非常深厚的友谊，谱写了动人的篇章。

二、党员成分之争与“思想建党”理论的形成

在古田会议前后，除了有“设不设军委”之争外，还充斥着应该吸收什么成分的人入党才能保持党的无产阶级先锋队性质的争论。

（一）党员成分之争的历史背景

闽西早期的中共党组织中，首先凝聚的是一批接受马克思主义思想的知识分子，这些知识分子干部投身革命多出于自身的理性选择，对主义、革命怀抱信仰，有强烈的献身精神，在早期的革命活动中起到不可替代的作用，充分体现了党的革命性、先进性。但随着中国革命转向农村，中国共产党不可避免地要从农民中发展党员。自朱毛红军入闽以后，随着军事斗争的节节获胜，党的组织和队伍迅速壮大。1929年4月闽西临时特委恢复时，有党员近1000人，其中以龙岩、永定为最多，各300—500人，武平最少，不过10人。但经过几个月的斗争，扩大了党的影响，党的组织发展很快。据5月上旬统计，各县党员总数已达1400人左右。[①]1929年

① 参见《中共闽西特委关于党和群众工作的报告》（1929年5月11日），中共龙岩地委党史资料征集领导小组、龙岩地区行政公署文物管理委员会编：《闽西革命史文献资料》第2辑，1982年内部版，第73页。

夏，因红四军第二次入闽，闽西各县党组织发展更快。1929 年 7 月前后，闽西的党员数已发展到近 3000 人。这些新增党员几乎全是农民成分，据 1930 年 7 月统计，党员中农民占 60%，知识分子和小商人占 10%，其他占 17%，工人只占 13%。[①] 这种状况，必然削弱党的战斗力。《闽西第一次代表大会政治决议案》（1929 年 7 月）中记载："闽西党员数量太少，六县共计不上三千……兼之党员质量亦不很好，政治水平太低，组织涣散、纪律废弛，去年斗争中干部损失太多，为了这些原因，党的领导力就削弱了。其中最大的缺陷，就是缺乏组织性，简直像一盘散沙。" 1930 年 2 月 28 日，中共闽西特委第二次扩大会议通过的组织问题决议案，在分析党内思想状况时也指出："目前党内农民成分太多，分子复杂，农民意识支配了一切。地方主义、保守观念、封建思想、家庭观念、享乐主义、金钱主义、不拿枪等现象无奇不有。" [②]

红军中的党员成分，与地方党组织大致相同。在红四军转战赣南、闽西前，红军的来源包括：（1）潮汕叶贺旧部；（2）前武昌国民政府警卫团；（3）平浏的农民；（4）湘南的农民和水口山的工人；（5）许克祥、唐生智、白崇禧、朱培德、吴尚、熊式辉等部的俘虏兵；（6）边界各县的农民。但是叶贺旧部、警卫团和平浏农民，经过一年多的战斗，只剩下 1/3。湘南农民，伤亡也大。因此，前四项虽然至今还是红军第四军的骨干，但已远不如后二项多。后二项中又以敌军俘虏为多，即红军大部分来自旧军队和游民无产者，农民和其他小资产阶级出身的成分占了很大比例。转战赣南、闽西后，这一比例更是不断攀升。据 1929 年 5 月的统计，红四军全军约 4000 人，其中党员 1329 人，在这些党员中，有工人 310 人，占 24%；农民 626 人，占 47%；小商人 106 人，占 8%；学生 192 人，占 14%；其他 95 人，占 7%。党员中农民和小资产阶级占 70%。[③] 至 1929 年

① 余伯流、凌步机：《中央苏区史》，江西人民出版社 2001 年版，第 506 页。

② 江西省档案馆、中共江西省委党校党史教研室选编：《中央革命根据地史料选编》（上），江西人民出版社 1982 年版，第 582 页。

③ 《中国共产党历史》上卷，中共党史出版社 1991 年版，第 268 页。

冬，这一比例上升至81.2%。[①] 根据当年陈毅《关于朱毛红军的历史及其状况的报告》的统计：红四军中叶贺旧部到现在大半成了干部，约占全军2/10；湖南农军约占4/10；历次俘虏敌方士兵所改编的约占2/10；在赣南、闽西新招募的约占2/10。如此的构成，必然使几千年积淀下来的旧思想、旧观念和旧军队的陈腐意识，不同程度地反映到红军中来，突出的有单纯军事观点、极端民主化、流寇思想和军阀主义残余等。具体表现为对党委、支部讨论问题的制度不习惯，认为军队只管打仗，喜欢走州过府，政权观念薄弱，对建立苏维埃、建立农民协会、建立游击队和农村中的党组织不重视；主张维持旧的所谓军风军纪，部队中打骂现象比较严重，连长、排长打了战士，过两天开了士兵委员会，战士也可以打连长、排长的手板，还有打屁股的。部队进至闽粤赣边区，甚至还采取枪毙逃兵的野蛮手段。

闽西地方党组织及红四军存在的这种情况也是整个中国共产党普遍存在的状况。据1928年党的六大时的统计，党员中农民占党员总人数的76.6%，士兵占0.8%，知识分子占6.9%，其他成分占4.8%，工人只占10.9%。到1929年6月党的六届二中全会召开时，工人党员占党员总人数的比例降至7%。[②]

在中国这样一个半殖民地半封建的农业大国，农村人口占全国人口总数的90%。大革命失败以后，党被迫到农村去开展土地革命，进行武装斗争，党要发展壮大，农民成分比例占优势就不可避免。农民是无产阶级的天然同盟军，它与其他小资产阶级分子一起，既有接受无产阶级政党领导、强烈要求革命的一面，也有自私、保守、狭隘和落后的一面。大量农民和小资产阶级分子加入党的队伍，必然将各种非无产阶级思想带进党内。如果不注意解决这个问题，必然会削弱党的战斗力，影响党的先锋队性质。

中国国情和中国革命的特点决定了必须吸收大量的农民和小资产阶级

① 余伯流、凌步机：《中央苏区史》，江西人民出版社2001年版，第506页。

② 转引自黄宏、林仁芳主编：《古田精神》，人民出版社2007年版，第26页。

分子入党，然而阶级理论是马克思主义政党理论的基础，在理论上中国共产党必须保持无产阶级先锋队的性质。因此，以农民和小资产阶级分子为主要成分的党能否保持无产阶级先锋队性质的问题，必然地摆在人们面前，必须去思考和解决，这是时代和中国国情提出的历史课题，无法回避。

（二）争论的分歧与思想建党原则的确立

鉴于党内农民和小资产阶级成分给党的建设所带来的越来越大的影响，自八七会议特别是党的六大以后，中共中央和共产国际领导人都看到了这一问题。但是对于如何来解决这个问题，却产生了很不一致的意见。共产国际，包括斯大林对中国共产党以农民和小资产阶级为主要成分表示非常担心，他们机械地从“共产党是工人阶级的先锋队，是与工人阶级紧密联系在一起的”这一世界各国共产党自身建设的一般原理出发，来指导中国共产党的建设。他们批评中国共产党重视农民甚于重视工人，担心中国共产党长期在农村会丧失无产阶级先进性，会变成农民党，要求中国共产党把工作的重心放在城市，强调要在工人中发展党员，提拔工人出身的党员到领导岗位。共产国际的这种担心不无道理，但是，实践证明，按照世界上发达国家共产党建设的模式来解决中国共产党的问题的思路是不正确的，片面强调以组织建设为主要手段来维护党的无产阶级性质是行不通的。

共产国际提出的党建路子是错误的，但是他们的担心是有道理的，不解决农村条件下党的建设问题，党变质了，即使以农村为中心，也难免要失败。但是按照共产国际给中国共产党指出的党建路子，靠大力发展工人党员，增加党员中的工人成分，大量提拔工人出身的党员担任领导干部来保持党的无产阶级性质是不符合中国实际的，也是行不通的。要开辟革命新道路，必须从实际出发创造性地解决党的建设这个关键问题。

受共产国际这种指导思想的影响，中共中央坚持八七会议以来强调工人成分的片面认识，认为只有在工人中大量发展党员，才能保持党的无产阶级先锋队性质。1928 年 6 月 18 日至 7 月 11 日，在苏联莫斯科近郊兹维尼果罗德镇“银色别墅”秘密召开的党的六大，强调要在组织上加强党员成分无产阶级化和“指导机关之工人化”。1929年2月7日，《中央给润之、玉阶两同志并转湘赣边特委信》也指出：“党的主要工作，在建立和发展党的无产阶级基础（主要的是产业工人支部）与领导工农群众日常生活的斗争和组织群众。”[①] 直至1929年6月，党的六届二中全会通过的《组织问题决议案》依然认为，党的阶级基础还不宽广，重工业工人中党的发展极弱，党的干部缺乏尤其是工人干部缺乏。面对农民出身的党员已经在党员总数中占绝大多数的现实，除了反复强调要在工人和农村雇工中发展党员之外，拿不出更好的解决问题的办法。当时，在党内甚至有相当一部分的人认为，陈独秀犯过右倾错误，瞿秋白犯过“左”倾错误，他们都使中国革命遭受了惨痛失败或严重挫折，而中国革命要取得胜利，必须由工人干部领导才行，主张排斥知识分子。

与此同时，毛泽东则认为中国共产党内农民成分占多数是由中国的特殊国情和中国革命的性质所决定的，是不可避免的，问题在于中国共产党的建设必须另辟蹊径，寻找新路。那么，这条新路是什么呢？毛泽东在实践中得到了自己的答案。

在井冈山时期，尤其是1928年边界党的一大以后，由于军事斗争的节节获胜，红色区域得以巩固发展，党的组织也进入了大发展时期。由于存在突击发展，没有认真履行在斗争中培养、考察的手续，造成党组织缺乏战斗力，面对白色恐怖，投机分子纷纷反水。这使毛泽东认识到“无产阶级思想领导的问题，是一个非常重要的问题。边界各县的党，几乎完全是农民成分的党，若不给以无产阶级的思想领导，其趋向是会要错误的”[②]。为了纠正湘赣边界地方党组织出现的这些不良倾向，10月4日至6日，中共湘赣边界第二次代表大会在茅坪步云山的白云寺召开，讨论边界党组织的现状和改造办法。主持会议的毛泽东强调要进行组织上的整顿和思想上的再教育，增强党的战斗力。大会决议案作出了厉行洗党、再行思想教育的决定。经过清洗和思想教育，湘赣边界各省的党员人数大大减

① 《建党以来重要文献选编（1921—1949）》，中央文献出版社2011年版，第35页。

② 《毛泽东选集》第1卷，人民出版社1991年版，第77页。

少，但战斗力大大地加强了。

之后，红军迭经激战，党委干部人才已经几乎伤亡殆尽。战事频繁，加之“党的领导机关对于这些不正确的思想缺乏一致的坚决的斗争，缺乏对党员作正确路线的教育”[①]，至1929年红四军第二次入闽时，红四军中各种非无产阶级思想更加严重，“极端民主化、非组织观点、绝对平均主义、主观主义、个人主义等非无产阶级革命思想，尤其是个人享乐主义十分突出”[②]，严重影响着红四军的建设。毛泽东深感对红四军进行一次整顿很有必要。适逢红四军党内爆发了“设不设军委”的争论，毛泽东下决心借机纠正党内存在的各种非无产阶级思想。因此，在红四军七大召开之前，在给林彪的复信中，他将红四军党内长期争论的内容概括为14个问题，指出这些问题正是党内各种错误思想的反映，并提出了克服的具体办法。红四军七大召开在即，毛泽东又向前委提出建议：通过总结过去斗争经验的办法达到统一认识，解决红军建设中存在的主要问题，纠正各种错误思想，以提高红军的政治素质和战斗力。但是这个建议没有被采纳。红四军七大以后，红四军党内的争论虽然停止了，但如何在思想上、政治上建党的问题却没有得到解决。

所幸的是，此时在中央领导层，周恩来已经清醒认识到党内非无产阶级思想的存在必然影响党的政治路线。他在1928年11月11日为中央起草的《告全体同志书》第四部分中指出“党的政治路线上许多不正确思想的来源，固然是客观环境的反映，然而党的组织还没有布尔什维克化，党内还存在许多非无产阶级的意识，也是一个主要的原因”。并指出，由于党内的农民成分占75%，“因此，这种小资产阶级意识还有大大发展的可能”，要使党“布尔什维克化，第一要加强无产阶级的基础，同时要继续改造党的组织，尤其要坚决地反对小资产阶级的意识”。[③]为此，他列举了党内存在的小资产阶级意识的10种表现，号召全党坚决起来奋斗，将其扫除干净，并且提出了克服党内小资产阶级意识的四条措施：强固党的无

① 《毛泽东选集》第1卷，人民出版社1991年版，第85页。

② 朱钦胜:《中央苏区反腐倡廉史》，中国社会科学出版社2009年版，第187页。

③ 《周恩来选集》上卷，人民出版社1980年版，第8—9页。

产阶级基础；发展党内政治讨论，提高党内政治水平线；党员职业化；健全和改进支部生活。红四军前委于1929年4月上旬在于都得到周恩来起草的这份重要文件，并“在兴国石印数千份，散发红军及各地党部”[①]。红四军七大后，周恩来在听取了陈毅的汇报后，又一针见血地指出，红四军党内之所以会出现各种错误思想，“皆原于同志理论水平低落，党的教育缺乏。这些观念不肃清，于红军前途有极大危险，前委应坚决以斗争的态度来肃清之”[②]，并在随后主持起草的中共中央“九月来信”中，批评了红四军内部存在的不良倾向，指出“只有加强无产阶级意识的领导，才可以使之减少农民意识”[③]，明确支持毛泽东以思想建党、政治建军的主张。

为了贯彻中央“九月来信”精神，进一步统一全军党内的思想，1929年11月28日，毛泽东在长汀主持召开中共红四军前委扩大会议，会议决定召开红四军党的第九次代表大会。随后，他和朱德、陈毅率队伍到达连城新泉，在军内外进行了周密的调查，为红四军九大的召开作了认真的准备。

12月28日—29日，红四军党的第九次代表大会在上杭古田举行。会议经过热烈的讨论，一致通过了毛泽东起草的八个决议，总称《中国共产党红军第四军第九次代表大会决议案》，也就是著名的《古田会议决议》。其中《关于纠正党内的错误思想》在分析党内种种不正确思想的来源时指出，除了由于党的组织基础的最大部分是由农民和其他小资产阶级出身的成分所构成外，党的领导机关对于这些不正确思想缺乏一致的坚决的斗争，缺乏对党员正确路线的教育，也是这些不正确思想存在和发展的重要原因。强调党的先进性与群众性是相辅相成的，不能为了保持党的先进性而失去党的群众性，提出对红军不断进行马克思主义和党的正确路线教育，是克服各种非无产阶级思想、提高军队政治素质、完成无产阶级政治

---

① 《红军第四军前委书记毛泽东给中央的报告》（1929年6月1日），《中共中央文件选集》第5册，中共中央党校出版社1990年版，第685页。

② 《建党以来重要文献选编（1921—1949）》第6册，中央文献出版社2011年版，第521页。

③ 《周恩来选集》上卷，人民出版社1980年版，第37页。

任务的中心环节。

经历从井冈山到赣南、闽西的实践，经过与共产国际和中国共产党内的教条主义的斗争，从思想上建党的原则最终得以确立。从此，中国共产党沿着毛泽东、周恩来等开辟的这条正确道路，解决了如何在一个农民和小资产阶级分子占多数的国家建设一个无产阶级政党的问题。

（三）思想建党原则确立的影响

1. 为中国革命奠定了强有力的组织支撑

思想建党原则，揭示了中国共产党建设的根本规律，着重强调了在半殖民地半封建中国的特殊历史条件下，把无产阶级政党建设成坚强的司令部，不仅要注意改变党的组织成分，而且特别重要的是要加强思想政治教育，把农民、小资产阶级出身的党员的思想提高到无产阶级先进分子的水平，使之真正成为无产阶级先锋队的优秀战士。这些宝贵思想是以毛泽东同志为主要代表的中国共产党人在坚持马克思列宁主义关于党的建设思想，反对当时的教条主义的斗争中形成的。它从根本上解决了中国共产党在异常困难和艰险的环境中如何发展壮大的关键问题。从此，以毛泽东建党思想建设起来的中国共产党，由于思想先进、领导坚强、路线正确，在领导中国革命的伟大斗争中，战胜了无数艰难险阻，从胜利走向胜利！中国革命从此有了坚强有力的组织支撑。正如《中共红四军前委给中央的报告》中所说："此一月的光阴易过，红军在表面中对于政局没有惊人的动作，但于今后斗争，却建立了基础。"①

2. 为毛泽东提出农村包围城市的革命道路理论扫除了最大障碍

经过井冈山斗争的实践，毛泽东提出了"工农武装割据"的思想，在1928年10月和11月所写的《中国的红色政权为什么能够存在？》和《井冈山的斗争》，论证了在农村建立红色政权的可能性，奠定了"农村包围城市，武装夺取政权"革命道路理论的初步基础。但是，当时还没有摆脱"城市中心论"的思想束缚，还没有提出"乡村中心"（也即"农村中心"）

① 《中共红四军前委给中央的报告》（1930年1月6日），《建党以来重要文献选编（1921—1949）》第7册，中央文献出版社2011年版，第12页。

的思想。要发生这个转变，其根本前提是必须解决半殖民地半封建社会农民成分占多数的中国共产党如何保持无产阶级先锋队性质的问题。如果不解决无产阶级政党对农民的领导问题，不解决长期在农村发展中党的无产阶级化问题，任凭农民和小资产阶级思想在党内泛滥并左右党和军队的发展方向，最终也只能走历代农民战争所走过的失败道路。正如周恩来曾经指出的："讲到乡村中心的时候，还必须联系到一个问题，即农民必须由无产阶级政党领导。""如果没有坚强的无产阶级政党的领导，即使以'乡村为中心'，也难免要失败，事实上也是有许多地方失败了的。"[①]由此可见，如果不解决半殖民地半封建社会农民成分占多数的中国共产党如何保持无产阶级先锋队性质的关键问题，中国革命走农村包围城市的发展道路将无以论证，中国革命走向成功就将是一句空话。从这个意义上讲，思想建党原则的确立，为毛泽东论证农村包围城市的革命道路理论扫除了最大障碍。就如周恩来深刻指出的："当时要党不去用主要的力量与城市无产阶级联系，而把主要力量放在农村，这是史无前例的……只有中国党经过长期的实践，证明在脱离城市无产阶级的情况下，也能够锻炼成为一个坚强的布尔什维克党，这才能得出这个结论来。"[②]正因为古田会议确立了思想建党原则，从根本上解决了党的无产阶级化问题，因而在古田会议结束后的一周，即1930年1月5日，毛泽东即信心满满地在《星星之火，可以燎原》一文中，为他的农村包围城市的革命道路理论进行了论证，"明确指出要创造红色区域，实行武装割据，认为这是促进全国革命高潮的最重要因素，也就是要以乡村为中心"[③]，使"工农武装割据"思想发展成完整的"农村包围城市，武装夺取政权"的中国特色革命道路理论。

3. 使马克思主义在中国开始了真正意义上的传播

毛泽东认为，只有用马克思列宁主义理论武装全党，才能保持党的无产阶级先锋队的性质，才能充分发挥党对无产阶级事业的领导作用。在明确思想建党原则的过程中，毛泽东经常细致地观察党内各种思想的变化和

---

① 《周恩来选集》上卷，人民出版社1980年版，第178页。

② 《周恩来选集》上卷，人民出版社1980年版，第178页。

③ 《周恩来选集》上卷，人民出版社1980年版，第179页。

发展情况，及时总结各种错误思想，强调必须加强马克思列宁主义教育，指出这是克服党内小资产阶级思想、分清无产阶级思想和非无产阶级思想的界限、提高全党马克思主义水平的根本方法，也是实现无产阶级化的正确方法。《古田会议决议》指出："红军党内最迫切的问题，要算是教育的问题。为了红军的健全与扩大，为了斗争任务之能够负荷，都要从党内教育做起。不提高党内政治水平，不肃清党内各种偏向，便决然不能健全并扩大红军，更不能负担重大的斗争任务。"① 只有加强马克思列宁主义的教育，才能使红军中的党员正确认识政治路线，正确认识红军是执行党的政治任务的工具，因而保证党的政治任务的实现。

与此同时，毛泽东又强调了理论联系实际的重要性。他指出："教育党员用马克思列宁主义的方法去作政治形势的分析和阶级势力的估量，以代替主观主义的分析和估量"，"使党员注意社会经济的调查和研究，由此来决定斗争的策略和工作的方法，使同志们知道离开了实际情况的调查，就要堕入空想和盲动的深坑"。② 他要求中国共产党人要正确地认识和处理马克思主义普遍原理和中国革命具体实际的关系，具备理论联系实际的思维方式和思维能力。

为使党内教育顺利地进行，《古田会议决议》明确规定了教育材料和方法，使之内容丰富、形式多样、生动活泼，保证了党内教育的效果，对实现党的无产阶级化起到了积极作用。

此外，通过健全马克思主义宣传机构、系统翻译和出版经典著作、培养马克思主义宣传与研究人才、创办红色报刊等对广大党员干部和群众进行马克思列宁主义的理论教育，使许多干部的世界观、人生观、价值观发生了巨大的改变，思想觉悟得到了极大的提高。

4. 确立了党的建设始终必须遵循的重大原则

肃清党内的各种非无产阶级思想绝非一日之功，也绝不可能一劳永逸，它贯穿党的建设的始终。

---

① 《毛泽东文集》第 1 卷，人民出版社 1993 年版，第 94 页。

② 《毛泽东选集》第 1 卷，人民出版社 1991 年版，第 92 页。

新中国成立后，由于历史的原因，封建思想残余和各种非无产阶级思想的影响还会长期存在，这无疑会反映到党内来，影响我们党保持中国工人阶级先锋队以及中国人民和中华民族先锋队的性质，影响党的健康发展。改革开放以后，一些消极东西的侵入，加上市场经济发展中的负面影响，一些党员思想上出现了严重混乱，马克思主义思想意识淡薄，各种非马克思主义的思想意识在头脑中作祟，更有甚者忘记了党的宗旨和奋斗目标，大行腐败之事，丧失了党员的先进性，严重影响了党的光辉形象。因此，加强党的思想建设，以提高全党思想水平，保证党的先锋队性质，保持党的先进性，是中国共产党在发展中始终面临的一项长期、艰巨的任务。

正因为如此，原中共中央总书记、国家主席、中央军委主席胡锦涛同志指出：古田会议是我们党和军队建设史上一次非常重要的会议，特别是古田会议强调要重视加强思想政治建设，这个精神至今仍有重要的现实指导意义！

面对当前党的建设和党内政治生活中出现的理想信念坍塌、纪律意识淡化、宗旨意识模糊等问题，习近平总书记多次就思想建党作出明确要求，他特别告诫全党，思想上的滑坡是最严重的病变，“总开关”没拧紧，各种出轨越界、跑冒滴漏就在所难免了。2017 年 9 月 29 日下午，中共中央政治局就当代世界马克思主义思潮及其影响进行第四十三次集体学习。习近平总书记在主持学习时发表重要讲话，指出，回顾党的奋斗历程可以发现，我们党之所以能够不断历经艰难困苦创造新的辉煌，很重要的一条就是我们党始终重视思想建党、理论强党，坚持用科学理论武装广大党员、干部的头脑，使全党始终保持统一的思想、坚定的意志、强大的战斗力。2022 年 1 月 18 日，习近平总书记在十九届中央纪委六次全会上发表重要讲话，强调必须坚持把思想建设作为党的基础性建设，淬炼自我革命锐利思想武器。2022 年 10 月，党的二十大报告进一步指出，用党的创新理论武装全党是党的思想建设的根本任务，要加强理想信念教育，引导全党牢记党的宗旨，解决好世界观、人生观、价值观这个总开关问题，自觉做共产主义远大理想和中国特色社会主义共同理想的坚定信仰者和忠实实践者。明确了我们党在领导和团结全国人民持续推进中国特色社会主义伟大事业的历程中，必须始终坚持思想建党的重大原则，确保党始终保持无产阶级的先锋队性质，才能使我们党朝着胜利的方向，不懈努力、不断进取、再创辉煌。

三、革命前途之争与“星火燎原”理论的问世

大革命失败后，革命力量被迫转向农村，中国共产党开始了创建农村革命根据地的艰苦斗争。与此同时，“红色政权能否存在”以及“中国革命的前途在哪”的问题摆在了中国共产党人的面前。秋收起义失败后，毛泽东率部队来到了井冈山，在创建井冈山革命根据地和赣南、闽西苏区的过程中，围绕这些问题的争论和分歧始终相伴相随。对这些争论和分歧的回应，促使了“星火燎原”理论的问世和农村包围城市革命道路理论的形成。

（一）“红旗到底打得多久”之问

大革命失败后，中国共产党英勇无畏地领导人民进行了艰苦卓绝的武装斗争，在全国范围内组织和领导了包括南昌起义、湘赣边界秋收起义和广州起义在内的近百次不同规模的武装起义，这些相继展开的武装起义给国民党反动派以沉重打击，但是由于企图攻打或坚守大城市，均告失败。在这种情况下，受命领导湘赣边界秋收起义的毛泽东产生了“上山”的想法。1927 年 10 月，毛泽东率起义部队来到井冈山，开始了创建以宁冈为中心的井冈山农村革命根据地的艰苦斗争。11 月，中共中央在瞿秋白的领导下，在上海召开了临时政治局扩大会议，通过了《中国现状与共产党的任务决议案》，接受了共产国际代表罗明纳兹提出的所谓“不断革命”的错误观点，否认大革命失败后处于低潮的形势，认为敌人的屠杀进攻，反而证明革命潮流之高涨。湖南省委和湘南特委机械地教条地执行中央命令，批评毛泽东创建罗霄山脉中段政权的计划，指示毛泽东、何挺颖带领工农革命军离开湘赣边界，把部队开向湘南，策应湘南暴动（即湘南起义）。国民党伺机进行疯狂反扑，使根据地遭到很大损失，这就是有名的“三月失败”。

1928 年 4 月末，朱毛会师，红军的军力得到扩充，更坚定了毛泽东建立罗霄山脉中段政权的决心。但中央对建立罗霄山脉中段政权的否定态度以及“三月失败”，加之湘南暴动的最终失利，使很多同志产生了悲观情绪，提出了“红旗到底打得多久”的疑问。这种悲观情绪对部队的士气影响很大，不从思想上消除这种疑虑，势必影响部队的战斗力。毛泽东意识到，这是一个最基本的问题，不从理论上作出答复，就不能稳定军心和民心，红军和割据区域就不能前进一步。为此，1928 年 5 月 19 日，召开湘赣边界党的第一次代表大会的前一天，毛泽东向朱德等人谈了自己对大会内容的一些构想，提出要着重解决一部分同志的思想情绪问题。他说，不是有一些同志提出了“红旗到底打得多久”的疑问吗？这种右倾悲观思想必定会影响我们的斗争，甚至可能会像瘟疫一样传染一大片人。这是四军坚持罗霄山脉中段政权的最大障碍！[①] 鉴于此，毛泽东决定在 5 月 20 日—22 日召开的湘赣边界第一次代表大会上把回答“红旗到底打得多久”的疑问作为他的讲话的重要内容。在会上，他总结建立井冈山根据地的经验，提出深入土地革命，加强根据地政权建设、军队建设和党组织建设的任务，阐明了中国革命战争发展和胜利的必然性和可能性。他的讲话，初步回答了“红旗到底打得多久”的问题，荡涤了一些同志的右倾悲观情绪，增强了广大军民的斗争信心。

8 年后，他在《中国革命战争的战略问题》中写道：“当着一九二七年冬天至一九二八年春天，中国游击战争发生不久，湖南江西两省边界区域——井冈山的同志们中有些人提出‘红旗到底打得多久’这个疑问的时候，我们就把它指出来了（湘赣边界党的第一次代表大会）。因为这是一个最基本的问题，不答复中国革命根据地和中国红军能否存在和发展的问题，我们就不能前进一步。”[②]

1928 年 6 月 26 日，湖南省委对红四军的下一步行动发出了新的指令，“占领永新县后，立即向湘南发展”，要红四军军委“毫不犹豫地立即

---

① 参见曾宪文、刘晓农编著：《井冈山斗争史话》，江西人民出版社 2013 年版，第 106 页。

② 《毛泽东选集》第 1 卷，人民出版社 1991 年版，第 188 页。

执行”，同时要毛泽东“随军出发”。毛泽东说服省委巡视员杜修经暂不执行省委的指示，留在湘赣边界做发动群众的地方工作，巩固罗霄山脉中段政权。未料思乡心切的第二十九团官兵们执意进入湘南，结果在郴州与敌人交战遭遇失败，第二十九团覆没，史称“八月失败”。“八月失败”严重影响到群众的斗争情绪，许多党员和群众悲观地认为，革命的红旗真的打不下去了。如何从理论上更进一步地回答“红旗到底打得多久”的问题再次摆在了毛泽东面前。

10 月 4 日至 6 日，湘赣边界党的第二次代表大会在茅坪步云山的白云寺举行，讨论边界党组织的现状和改造办法。主持会议的毛泽东首次提出了“工农武装割据”的重要思想，进一步回答了“红旗到底打得多久”的问题，指出：“一国之内，在四围白色政权的包围中，有一小块或若干小块这种红色政权的区域长期地存在，这是世界各国从来没有的事。这种奇事的发生，有其独特的原因。而其存在和发展，亦必有相当的条件。”[①]在同年 11 月 25 日给中共中央的报告中，毛泽东更明确地指出，工农武装割据的存在和发展，除了中国政治经济发展不平衡和军阀混战这一客观条件外，“还需要具备下列的条件：（1）有很好的群众；（2）有很好的党；（3）有相当力量的红军；（4）有便利于作战的地势；（5）有足够给养的经济力”[②]。他还指出，小块红色区域的长期存在不但没有疑义，而且必然地要继续发展，“日渐接近于全国政权的取得”[③]，肯定了工农武装割据的发展对于夺取全国政权的意义。

与毛泽东等坚信在农村可以建立红色割据政权不同，共产国际及其领导人包括斯大林、布哈林等在内怀疑甚至否定中国共产党在农村能够实现“无产阶级化”。从 1928 年党的六大召开至 1930 年期间，共产国际和联共（布）领导人对中国红军和农村根据地问题，不但不重视而且有非常错误的认识。周恩来在《关于党的“六大”的研究》一文中，特别指出了这一点。他说，在 1928 年召开党的六大时，斯大林并没有“把中国红军问

① 《毛泽东选集》第 1 卷，人民出版社 1991 年版，第 48—49 页。
② 《毛泽东选集》第 1 卷，人民出版社 1991 年版，第 57 页。
③ 《毛泽东选集》第 1 卷，人民出版社 1991 年版，第 50 页。

题放在中国革命问题的第一位”[①]。时任共产国际总书记的布哈林比斯大林更悲观。他在党的六大上作政治报告时说：“我们觉得在一个农民区域中，若聚集了这么多不生产的群众、红军，虽然他们再红些，再数倍的红，但他们总（终）是些活的人，需要饮食的。一个同志说，在乡里做工生活好些，因为乡中有鸡吃。那么，他们是农民之一个很大的负担了。农民在开始的时候，自然对待他们是很好的，看他们这样奋斗，杀了好多土豪劣绅，但是他们今天将我的最后的一个老母鸡吃了。第二天则这样喊的人要多些了，第三天则这样喊的人更多些了。最后便会有人说：‘见了鬼！什么红军！还要我的米、我的鸡给他吃。’或者说：‘红军是好的，但是难得维持他，他也不与城市发生关系，他又没有银行，又没有商品。’你们想想，到这时候便该知道是一个很大的问题了。我们以为到这个时候，农民一定要起来反对红军，虽然红军在开始是因为农民而反对了劣绅土豪的。事实上这样的情形，已经开始表现过了。因此我们认为不要将红军聚到一个地方，最好将他分成几个部分，三部分，四部分，看当地的条件怎样。分聚到各地方，经相当的时间再转一个地方，到这个地方住一些时，杀一杀土豪劣绅，吃一吃饭，喝一喝鸡汤，再到另外一个地方。到另外的区域中，还是照样的杀土豪，吃鸡，过了相当时间之后再前进。当着他住在这一区域的时候，他可以变成农民的自卫军，来保护农民，来尽一个人民自卫军的作用，以后再继续前进，去进攻另一地方的地主、土豪、劣绅，于是在那里又可以吃一吃鸡而到别处去。这样也可以变成组织的联系，时去时来，都带着一定的任务。不然，便会像一个肥胖的大肚子的女人，坐到某一个地方，便在那里大吃大嚼个精光。”[②]他明确反对工农武装割据的理论。在共产国际领导人的负面影响下，党的六大对于中国革命的长期性，对于农村根据地的重要性，对于中国革命的特点是农民斗争与武装割据，对于中国革命的中心问题是农民土地问题等，没能形成必要的正确认识，

① 黄修荣、黄黎：《共产国际与中国共产党关系探源》下卷，人民出版社 2016 年版，第 773—774 页。

② 黄修荣、黄黎：《共产国际与中国共产党关系探源》下卷，人民出版社 2016 年版，第 774 页。

依然强调了“城市中心论”，在选举中则片面强调了“唯成分论”。

为贯彻共产国际和布哈林的指示精神，1929年2月7日，中共中央发出《中央给润之、玉阶两同志并转湘赣边特委信》，即“二月来信”，要求朱德、毛泽东将队伍分散，每支数十人、数百人，最多不超过500人，还要朱、毛离开队伍回到中央，以便“隐匿大的目标”。当毛泽东、朱德收到这封来信时已是4月，红四军正利用蒋桂战争爆发的有利时机，由闽西长汀回师赣南，准备实施赣南、闽西二十余县公开割据的计划。5日，毛泽东主持召开中共红四军前委会议，讨论刚刚收到的中共中央“二月来信”，认为中央“对客观形势及主观力量的估量，都太悲观了”，决定不予执行，并复信中央，表示不能同意中央对革命形势的悲观估计。并从红军不是本地人，分开则领导机关不健全、容易被敌人各个击破和愈是恶劣环境领导者愈须坚强奋斗等方面，说明红军不能分散，领导者不能轻易离开。复信还批评那种把坚持无产阶级领导权同发挥农民的革命主力军作用对立起来的观点，指出：“农村斗争的发展，小区域苏维埃之建立，红军之创造与扩大，亦是帮助城市斗争、促成革命潮流高涨的条件。”“半殖民地中国的革命，只有农民斗争不得工人领导而失败，没有农民斗争发展超过工人势力而不利于革命本身的。”[①]尽管如此，“二月来信”在红四军官兵中还是产生了一定的消极影响，加剧了之前因为出击赣南受挫和井冈山失守给官兵们带来的悲观情绪。后来周恩来说“‘六大’是有原则性的错误，对以后发生了坏的影响”[②]，就是从这个意义上说的。

这种悲观情绪到了红四军第二次入闽时，不仅没有随着工农武装割据事业有所发展而消弭，反而与各种非无产阶级思想掺杂在一起，并借助“设不设军委之争”的豁口有所发展。

这种悲观情绪之所以反复出现，根源在于人们还不能认识到中国革命的长期性、中国革命的特点决定了必须走农村包围城市的发展道路，不明白工农武装割据与中国革命前途之间的必然联系。由于转移是失利后被迫

---

① 《毛泽东文集》第1卷，人民出版社1993年版，第55页。

② 《周恩来选集》上卷，人民出版社1980年版，第186—187页。

进行的，充满艰辛又缺乏充分的思想理论准备，因此，一旦遭遇挫折，即便是一时的失利，革命队伍中也会有不少人怀疑这条道路的正确性，“红旗到底打得多久”的疑问就会浮出水面。

由此可见，红色政权能否坚持下去，怎样坚持和发展下去，就成为以毛泽东为首的革命根据地领导人急需回答的问题。

（二）复信林彪，论证星火燎原

古田会议确立了思想建党、政治建军的原则，解决了人民军队建设和以农民为主要成分的党的“无产阶级化”问题。但弥漫于党和红四军内对于革命前途的悲观情绪，使毛泽东必须对“红旗到底打得多久”作进一步的回答。因为就在古田会议刚刚闭幕，时值新年，毛泽东收到一封奇特的“贺年信”。信中讲述了大敌当前之际，红四军应分散去打游击，各自找出路。不仅如此，信中还过高地估计了敌人的军事力量，字里行间自始至终透露出一股悲观情绪，写信人就是时任红四军第一纵队纵队长的林彪。

事实上，林彪的悲观情绪自跟随朱德上了井冈山不久就已开始流露，其时面对井冈山斗争环境艰苦、形势越来越严峻的情况，林彪便经常发出“天天吃南瓜，能打得天下吗”“一个井冈山，十个井冈山也是空的”之类的牢骚话，怀疑革命根据地发展的前途。转战赣南、闽西期间，林彪的这种悲观情绪又一再出现。1929 年 5 月 18 日，红四军前委扩大会议在瑞金召开，讨论时局和红军的行动计划。林彪在会上发表悲观的言论，主张红军在粤赣边界区域流动游击，受到了毛泽东的批评。红军攻占福建上杭县城后，林彪又几次给前委写信，提出要去上海工作或者去苏联学习。此次，林彪提笔写给毛泽东和陈毅的新年贺信，除向他们两人祝贺新年外，坚持对形势的悲观估计，质疑“红旗到底打得多久”。这让毛泽东意识到一直以来弥漫于党和红四军内对于革命前途的悲观情绪到了非彻底解决不可的时候了。因此，对于林彪提出的这个问题，毛泽东十分重视，他认为这种思想并非林彪一人所有，而是在红四军、全党具有一定代表性。它反映出在反革命力量不断对红色区域进行“围剿”、中国革命正处于低潮的时期，右倾悲观情绪在党和红军中所造成的消极影响，说明这些同志不仅看不到中国革命的前途，反而被当前的困难所吓倒。因此，“这是一个最基本的问题，不答复中国革命根据地和中国红军能否存在和发展的问题，我们就不能前进一步”[①]。现在林彪来信征求意见，毛泽东想利用这个机会以党内通信的书面方式，对红四军内部存在的悲观情绪进行一次系统的批评，进一步阐明他对革命前途和革命道路的看法。

经过深思熟虑后，1930 年 1 月 5 日，毛泽东在古田赖家坊的“协成店”驻地，给林彪写了一封题名为《时局估量和红军行动问题》（1948 年 2 月，中共中央决定出版《毛泽东选集》将该文收入的时候，把题目改为《星星之火，可以燎原》）的长篇复信。毛泽东在这封信里写道：“你的这种全国范围的、包括一切地方的、先争取群众后建立政权的理论，我觉得是于中国革命不适合的。你的这种理论的来源，据我的观察，主要是没有把中国是一个帝国主义最后阶段中互相争夺的半殖民地一件事认清楚。”[②]认清了这一点，“就会明白相应于全世界只有中国有统治阶级混战的一件怪事而产生出来的另一件怪事，即红军与游击队的存在与发展，以及伴随红军与游击而来的，成长于四围白色政权中的小块红色政权（苏维埃）之存在与发展（中国以外无此怪事）”[③]。他强调指出，红军与无产阶级领导下的农民苏维埃“无疑义的它是促进全国革命高潮的重要因素”，把建立农村革命根据地、实行工农武装割据的问题提到异常突出的地位（20 年后，即 1950 年，他把这封信收入《毛泽东选集》时，又在“重要因素”前加了一个“最”字，把这个问题的极端重要性表达得更明确了）。信中他批评林彪等“没有建立赤色政权的深刻观念，因之也就没有由这种赤色政权的深入与扩大去促进全国革命高潮的深刻的观念”，并且明确地指出，单纯的流动游击政策是不能达到促进全国革命高潮的任务的，而朱毛式、贺龙式、李文林式、方志敏式之有根据地的，有计划地建设政权的，红军游击队与广大农民群众紧密地配合的，深入土地革命的，政权发展是波浪式向前扩大的政策，无疑是正确的。“这里用得着中国的一句老话：‘星星之火，可以燎原。’这就是说，现在虽只有一点小小的力量，但是它的发

① 《毛泽东选集》第 1 卷，人民出版社 1991 年版，第 188 页。

② 金冲及：《毛泽东传（1893—1949）》，中央文献出版社 2004 年版，第 220 页。

③ 金冲及：《毛泽东传（1893—1949）》，中央文献出版社 2004 年版，第 220 页。

展会是很快的。它在中国的环境里不仅是具备了发展的可能性，简直是具备了发展的必然性。”在信的最后，毛泽东还以诗一般的语言和激情描绘了一幅令人鼓舞的图景，写道：“我所说的中国革命高潮快要到来，决不是如有些人所谓‘有到来之可能’那样完全没有行动意义的、可望而不可即的一种空的东西。它是站在海岸遥望海中已经看得见桅杆尖头了的一只航船，它是立于高山之巅远看东方已见光芒四射喷薄欲出的一轮朝日，它是躁动于母腹中的快要成熟了的一个婴儿。”[①] 他明确指出中国革命走农村包围城市道路的可能性和必然性，深刻阐发了关于中国革命要“以乡村为中心，以农村根据地促进全国革命高潮”的思想。

事后，毛泽东指示红四军政治部将复信油印发至红四军各大队党支部，以便让更多的指战员了解他的思想和意图。

（三）星火燎原理论的影响

1. 完成了中国革命道路从“工农武装割据”到“农村包围城市”理论的转变，毛泽东思想得以初步形成

1930 年 1 月 5 日，毛泽东在给林彪的信（即《星星之火，可以燎原》）中，进一步批评了党内普遍存在的主张流动游击、忽视建立巩固的根据地的城市中心思想，阐明了建立巩固的农村根据地的重要性，强调了它对夺取全国政权的意义，这表明在毛泽东的认识中农村中心思想已经形成。这一回信也进一步阐明了进行武装斗争、建立革命政权和土地革命“三位一体”的工农武装割据理论，提出了中国革命要以农村为中心，走“农村包围城市、武装夺取政权”的道路（以农村为中心这个核心问题的解决，标志着农村包围城市道路开辟出来了。尽管革命道路的理论是在后来概括的，但对这条道路的艰难探索的实践，主要是在这个时期进行的。——笔者注）。这是在中国这样一个半殖民地半封建的东方大国里进行革命斗争所作出的新结论，是对马克思主义关于武装夺取政权理论的重大发展。中国革命独创性道路的开辟和新理论的提出，既是中国革命道路理论形成的标志，也是毛泽东思想初步形成的重要标志。

① 《毛泽东选集》第 1 卷，人民出版社 1991 年版，第 106 页。

2. 纠正了党内对革命前途的错误认识，一扫在中国共产党人和革命群众中弥漫的悲观情绪，形成了推动革命前行的强大动力

毛泽东这封给林彪的信，进一步纠正了红四军主力下井冈山后在一部分人头脑中滋长起来的单纯流动游击的错误观念，要求大家毫不动摇地确立“建立赤色政权的深刻观念”，从而把更大的精力投入开辟和巩固赣南、闽西革命根据地的工作中去，逐步形成“农村包围城市、武装夺取政权”的新格局，解决了敢不敢坚持革命、怎样坚持革命这两个根本性问题，从而一扫在中国共产党人和革命群众中弥漫的悲观情绪，使他们看到了革命的前途和希望。正是凭着建立赤色政权的深刻观念和“星星之火，可以燎原”的坚定信念，我们党战胜了一个又一个困难，创建了中央革命根据地，取得了四次反“围剿”的胜利，并使中国革命在符合本国国情的条件下胜利发展。

3. 树立了处理党内思想观念分歧的成功范例

在革命处于低潮时期的艰苦斗争环境中，出现“红色政权能否存在”以及“中国革命的前途在哪里”的问题不可避免。难能可贵的是，无论是林彪还是毛泽东在这种思想分歧面前都表现出一个共产党人应有的胸怀和坦荡，并以很理性的方式加以讨论和解决。

首先是林彪不隐瞒自己的观点，敢于向上级反映，这是值得提倡的。在红四军七大前后，林彪一方面支持毛泽东同红四军党内存在的错误思想作斗争，一方面又带着个人主观臆断批评朱德，为此他在红四军七大上受到陈毅批评。中央“九月来信”尤其是红四军九大召开，对林彪有所触动，他对自己的错误有所认识，所以写信给毛泽东和陈毅，征求批评。与此同时，林彪不隐瞒自己的观点，把自己对时局的看法向上级反映，表现了一个共产党员的坦诚。对林彪写信给毛泽东这件事，50余年后，黄克诚有一个客观的评论。他说：“林彪写信给毛主席，提出‘红旗能打得多久’的问题。在党内来说，一个下面的干部，向党的领导反映自己的观点，提出自己的意见，现在看来这是个好的事情；如果把自己的观点隐瞒起来，上面说什么就跟着说什么，这不是正确的态度。林彪不隐瞒自己的观点，尽管观点错误，但敢于向上级反映，就这一点说，是表现了一

个共产党员的态度。在党内有什么意见就应该提出来，现在应该提倡这种精神。”[①]至于后来，在1948年2月，中共中央决定出版《毛泽东选集》并准备收入这封信之际，已是东北野战军司令员、中共东北局第一书记的林彪致电中宣部，要求不公布他的名字，则表明他随着职务的提升，变得越来越矫饰了，但不能由此就否认他当年不隐讳自己观点的坦诚。

其次，毛泽东以平等谦和的态度和理论的彻底性来消除思想分歧，寻求共识，为党的领导干部对待党内及群众的不同意见树立了典范。毛泽东在复信的开头写道："林彪同志：新年已经到来几天了，你的信我还没有回答，一则因为有些事情忙着，二则也因为我到底写点什么东西给你呢？有点什么好的东西可以贡献给你呢？搜索我的枯肠，没有（想出）一点（什么）适当的东西来。因此也就拖延着。现在我想得一点东西，虽然不知道到底与你的情况切合不切合，但我这点材料实是现在斗争中的一个重要问题，而（即）使与你的个别情况不切合，仍是一般紧要的问题，所以我就把它提出来。”[②]从信中可以看出，毛泽东是以平等、谦和、慎重的态度对待林彪提出的问题的。紧接着，毛泽东以理论的彻底性批驳了林彪的错误观点，论证了星星之火可以燎原的原因，提出了“农村包围城市”的革命道路理论。这样的处理方式收到了很好的效果，不仅林彪本人深受触动，更在全党取得了共识，“建立赤色政权的深刻观念”得以确立。毛泽东这种以平等谦和的态度和以理服人的方式来消除思想分歧、寻求共识的做法值得我们党的领导干部学习效仿。

---

① 《黄克诚军事文选》，解放军出版社2002年版，第809页。

② 《中国革命战争纪实·土地革命战争·创建革命根据地卷》，人民出版社2007年版，第535页。

第六章

闽西苏区马克思主义中国化探索的严重干扰

从绘制苏区割据新蓝图到论证星火燎原理论，以毛泽东同志为主要代表的中国共产党人从思想建党、政治建军，土地革命的政策，根据地建设的方针，到实事求是、群众路线、独立自主的思想路线，都提出了明确而系统的、切合中国实际的主张。这是以毛泽东同志为主要代表的中国共产党人以马克思列宁主义为指导，严格遵循从实际出发的原则，坚持在实践中顽强探索的成果。如果能够坚持这些正确路线，闽西、福建乃至全国的革命进程将大大加快。可惜，在这样极为有利的形势下，李立三和王明的“左”倾错误路线发展到了足以统治党的中央机关的程度，从而破坏了这一大好局面，严重阻碍和干扰了闽西马克思主义中国化探索。但即便如此，以毛泽东同志为主要代表的中国共产党人仍然与“左”倾路线进行了不懈斗争，千方百计地抵制错误路线，为减少执行“左”倾路线可能造成的损失付出了艰辛的努力。

一、“左”倾冒险主义的干扰与斗争

（一）“左”倾冒险主义的干扰

1928 年 7 月 17 日，在共产国际第六次代表大会上，布哈林作了题为《国际形势和共产国际的任务》的报告，把第一次世界大战以来的世界政治形势划分为三个时期：第一时期是资本主义制度陷入严重危机，无产阶级采取直接革命行动的时期；第二时期是资本主义制度渐趋稳定，资本主义经济复兴时期，也是无产阶级大军遭遇几次严重失败后继续进行自卫斗争的时期；第三时期是世界资本主义经济迅速发展，资本主义内部矛盾愈演愈烈的时期。他提出 1928 年以后是世界社会主义革命的第三时期，这就是有名的“第三时期”理论。这一理论夸大了世界资本主义体系的总危机，从而要求世界无产阶级和广大人民群众向帝国主义及各国反动资产阶级实行全面的进攻，这是不符合当时实际情况的主观主义的估计和分析。然而，共产国际不顾各个国家的不同情况，要求共产国际所属各国党都要使这个理论“得到无条件的执行”。

为了在中国革命中贯彻“第三时期”理论，1929 年，共产国际先后向中共中央发出了四封指示信①，要求中国共产党改变关于中国革命还处于低潮的判断，一再鼓吹“中国革命运动的新高潮已经成为不可争辩的事实”。

此时的中国，在党的六届二中全会以后，全国革命形势发展很快，全国红军达到 10 万人，农民赤卫队有数百万人；建立了十几块革命根据地，县苏维埃政权已有 300 多个；党员数量增加到 12 万人，大城市的产业支部由 98 个发展到 229 个；青年群众组织有 160 万人；赤色工会会员超过 10 万人；互济会组织达 86 万人；党在国民党统治区（白区）的工作，也有了初步恢复和发展。1930 年 5 月，中原大战爆发，给革命造成了有利时机。在这种形势下，在中共领导层内，一些同志开始头脑发热，对国内形势产生了过于乐观的估计，认为中国革命的高潮已经到来。1930 年 2 月 26 日，中共中央发布《中央通告第七十号——目前政治形势与党的中心策略》，提出党在当前的总任务是“争取群众动员群众组织群众以准备武装暴动”②，党的工作重点应该放在城市。时任中共中央政治局常委、中央秘书长兼宣传部部长的李立三更是头脑发热，提出了一套比共产国际“第三时期”理论还要“左”的理论主张。1930 年春，他在《红旗》上发

① 第一封信是《共产国际执委给中共中央关于中国革命现势、前途和目前任务的信》，强调反右倾斗争，要求中国共产党把右倾作为主要危险，力图改变党的六大既反右又反“左”，并主要是反“左”的立场。第二封信是《共产国际执委给中共中央关于农民问题的信》，要求中共六大改变中立富农的政策为反对富农的政策。第三封信是关于中国职工运动的决议，坚持要公开赤色工会。第四封信是《共产国际执委给中共中央关于国民党改组派和中共任务问题的信》，认为目前中国已进入深刻的全民族危机时期，可以且应当开始用革命方法推翻地主资产阶级联盟的政权，建立苏维埃形式的工农专政。

② 《建党以来重要文献选编（1921—1949）》第 7 册，中央文献出版社 2011 年版，第 49 页。

表了《第三时期与中国革命》《论革命高潮》等文章，强调在分析中国革命形势时应特别注意两点：“第一，资本主义是普遍的危机，而不只是在某一国的危机；第二，目前世界的形势要发展成为世界直接革命形势——世界武装暴动的形势，是必然的，并不只是可能的。”[①] 他鼓吹红军应该摒弃农村割据，集中力量进攻中心城市。1930 年 3 月初，周恩来受中共中央委派赴莫斯科向共产国际汇报工作，而时任中共中央总书记的向忠发能力弱，李立三成为中国共产党实际领导人。1930 年 6 月 11 日，中共中央政治局通过了李立三起草的《新的革命高潮与一省或几省首先胜利》的决议。决议认为中国革命也好，世界革命也好，都到了大决战的前夜，全国范围内已有“直接革命的形势”，“有极大的可能转变成为全国革命的胜利”。决议不仅对形势作了根本错误的估计，并且从“城市中心论”的错误观点出发，特别强调：“没有工人阶级的罢工高潮，没有中心城市的武装暴动，决不能有一省与几省的胜利。不特别注意城市工作，想‘以乡村包围城市’、‘单凭红军来夺取城市’，是一种极错误的观念。”[②]

在这种思想的指导下，8 月初，中共中央制定了以武汉为中心的全国总暴动和集中红军进攻中心城市的冒险计划，重点是武汉暴动、南京暴动和上海总同盟罢工，要求各路红军“会师武汉”，“饮马长江”。随后，又将党、团、工会的各级领导机关合并，成立各级行动委员会，作为领导武装暴动和罢工的指挥机关，停止了党、团、工会的正常活动，使一切经常工作陷于停顿。

与此同时，决议还混淆了民主革命和社会主义革命的界限，认为一省或数省首先胜利的开始即是向社会主义革命转变的开始，提出了“加紧反富农”的斗争口号和建立集体农庄以杜绝富农经济的“左”倾政策。

（二）反对“左”倾冒险主义的斗争

李立三的“左”倾冒险主义政策和主张，几乎颠覆了自红四军入闽以来尤其是古田会议及之后毛泽东等从中国革命实际出发对中国革命形势作

① 李立三：《第三时期与中国革命》，《红旗》1930 年第 122 期。

② 《建党以来重要文献选编（1921—1949）》第 7 册，中央文献出版社 2011 年版，第 263 页。

出的分析及对“农村包围城市”革命道路的探索，遭到了苏区领导人和广大革命群众的抵制和反对。

1. 灵活机动执行“左”倾中央关于进攻南昌、九江的命令

1930年3月10日，周恩来刚离开上海，李立三就在中央政治局会议上提出，要朱毛红军会合赣西南黄公略的红三军（即原红六军），去夺取吉安、南昌、九江，以配合武汉暴动。此时毛泽东和朱德正率红四军在赣南分兵游击，发动群众。为促使毛泽东和朱德放弃“割据政策”，进攻中心城市，4月3日，李立三以中共中央的名义通过粤赣闽省委转发给红四军前委的一封指示信，批评红四军主张并坚持先武装地方武装再升级扩大为主力红军的正确策略，要求红军“立即纠正这一错误”，“改变分散武装农民的策略而为集中武装农民建立红军的策略”[①]，以完成争取一省数省政权的任务。为促使毛泽东当面接受中央精神，转变观念，执行中央关于攻打南昌、九江、武汉的计划，指示信要求毛泽东离开红四军前往上海参加全国苏维埃区域代表大会。毛泽东拒绝执行中央的这个决定，没有去上海开会，而是留在赣南进行“寻邬调查”，并撰写了《反对本本主义》一文。

1930年6月初，红四军由赣南第三次进入闽西。1930年6月11日，正当毛泽东在上杭南阳龙田书院主持红四军前委和闽西特委联席会议的时候，中共中央政治局通过了李立三起草的《新的革命高潮与一省或几省首先胜利》的决议，决议重申“中国新的革命高潮已经逼近到我们的前面了”，强调“注意促进全国革命高潮，注意武装暴动的组织上和技术上的准备，注意布置以武汉为中心的附近省区首先胜利，是目前党的策略总路线”。[②]6月15日，中央致信红四军前委，提出“现在红军的任务，不是隐避于农村中作游击战争，它应当积极进攻，争取全国革命的胜利”，并且以强硬的语调严厉地批评毛泽东等“反映着农民意识，在政治上表现出来机会主义的错误”，“中央新的路线到达四军后，前委须坚决按照这个新的

---

① 《建党以来重要文献选编（1921—1949）》第7册，中央文献出版社2011年版，第132页。

② 《建党以来重要文献选编（1921—1949）》第6册，中央文献出版社2011年版，第260、268页。

路线转变”,“如果前委有谁不同意的，应即来中央解决”。[①]除了给毛泽东、朱德发信指示外，李立三派出中共中央特派员涂振农赶到苏区。红四军前委和闽西特委联席会议在南阳开了一个星期后，在6月19日又移到长汀县城继续进行。21日，涂振农赶到长汀，在联席会议上作了两天传达中共中央精神的报告，要求红四军攻打吉安、九江、南昌，一面屏蔽武汉，一面胁迫南京。其时毛泽东虽然对中国革命形势作出了乐观判断，但这种判断是基于他坚信农村割据政策的正确而对中国革命前途进行的预测，是以坚持“农村割据”为前提的。因此，对涂振农传达的中央要求攻打吉安、九江、南昌等中心城市的意见，毛泽东和朱德明确表示反对。但除了他们之外，很少人反对，会议最终接受了这个报告提出的意见。之后，部队很快集中，先打下吉安，作为进攻南昌、九江的根据地。尽管如此，自长汀北上以来，毛泽东、朱德还是始终坚持从实际情况出发，灵活机动地使用兵力，不断改变进军方向，并没有机械地执行中共中央关于进攻南昌、九江的命令。与此同时，在成立红军第一军团（之前为红军第一路军）时，不同意中央要求将每一支枪都编入主力红军，而是将相当数量的武装留在地方，用以巩固和保卫根据地，制订了一个向赣南、闽西农村分兵的“三个月计划”。他们强调：“在现时这种环境之下，若仍采取大部分集中行动的策略，显然是单纯军事路线，违反了争取群众扩大苏维埃区域的伟大任务。”[②]因而不仅避免了“左”倾冒险主义可能造成的损失，而且红军还得到了较大的发展，由从长汀出发时的10000人左右发展到18000人，为日后的大规模反“围剿”战争打下了基础。

2. 抵制出击东江冒险计划

李立三“左”倾错误同样也遭到了闽西根据地领导人邓子恢、张鼎丞等同志的抵制。6月底，中共中央于6月11日通过的《新的革命高潮与一省或几省首先胜利》决议精神传达到福建省委。福建省委表示完全接

① 《中共中央关于执行新的中央路线问题给红四军前委的信》（1930年6月15日），《建党以来重要文献选编（1921—1949）》第7册，中央文献出版社2011年版，第276、278页。

② 《中共红四军前委通告第三号——分兵争取群众的意义及工作路线》（1930年3月18日），《建党以来重要文献选编（1921—1949）》第7册，中央文献出版社2011年版，第103页。

受，省委军委正式作出决定，要红二十一军出击东江，准备夺取广州，并派出省委常委、省军委书记王海萍前往闽西，贯彻中央路线和省军委决定。1930 年 7 月 8 日—24 日，在福建省委代表王海萍的指导下，中共闽西“二大”在龙岩城召开。会议进行讨论时，邓子恢、张鼎丞等认为，闽西苏区目前尚有不少民团土匪，正想趁夏收之际放火抢粮，应该先集中红二十一军消灭团匪、巩固苏区，然后再逐步向漳州、厦门等附近的大城市发展。但这些正确意见被“立三路线”的拥护者扣上新右倾的帽子并断然拒绝。王海萍强调说：“闽、粤、桂总暴动是中央的方针，是绝对正确的。闽西红军应坚决地迅速地向广东出击。我们胜利了，即使丢掉闽西苏区也是没有关系的。”[①]红二十一军政治委员兼军委书记李力一坚决拥护王海萍的主张。最后大会完全接受王海萍等人的主张，决定“闽西党的总任务是：集中一切革命力量，扩大斗争到广东去。首先夺取闽粤桂三省政权，争取全国革命胜利”[②]。邓子恢由于消极贯彻李立三的错误主张，在大会选举新的特委领导机构时落选，郭滴人当选为特委书记。在这种情况下，闽西特委不得不服从上级组织决定，命令红军出击东江。但即便如此，他们在实际工作中还是尽量限制了这一错误的方针。早在 5 月中旬，红十二军出发去东江时，闽西特委实际上未执行“集中全部红军”的指令，只调了两个团出发应付。至 8 月下旬，奉命集中红军夺取广东时，也只调了二十一军去东江，而把二十军留置于闽西各县开展游击战争，消灭地方反动武装，使红二十军不仅没有损失，反而一度攻占汀州，并在斗争中获得了发展，由 5 月成立时的 3 个纵队 1200 人发展至 8 月的 5 个纵队 3000 余人，在一定程度上捍卫了苏区的安全，减轻了“左”倾错误对闽西的危害。

然而闽西党组织却因此受到南方局与坚持出击东江冒险计划的红二十一军军委的批评，他们指责闽西党对于中央关于争取闽粤桂等省与湘鄂赣等省首先胜利，促成全国暴动胜利的政治任务认识不清，在执行过程中始终是动摇的不坚决的，犯了严重的保守主义的错误。8 月 9 日，因红

---

① 许毅主编：《中央革命根据地财政经济史长编》上册，人民出版社 1982 年版，第 141 页。

② 《邓子恢传》，人民出版社 1996 年版，第 112 页。

二十一军政治委员兼军委书记李力一执意执行李立三“左”倾错误路线，闽西红军执行第二次出击东江的冒险任务，致使闽西革命斗争受到严重损失，苏区缩小，党员由10000人降至8000人。

面对这种情况，邓子恢不顾受到撤职的处分，在7月的闽西第二次党代会及9月的闽西第二次工农兵代表会议上，实事求是地全面总结了闽西斗争各个时期的经验与教训，既肯定了1930年5月以前闽西在各方面的成就，也指出了5月省委代表到达之后，红军连续两次出击东江失败，苏区面临着严重的困难。邓子恢的报告实际上批评了“左”倾冒险主义的错误，这在当时“左”倾气氛相当浓厚的情况下是难能可贵的。

邓子恢等许多同志对“左”倾冒险主义错误的反对和抵制，在当时的条件下虽然没有受到足够的重视，但是他们的意见反映了闽西苏区相当一部分党员和干部对“立三路线”的不满。正是鉴于闽西苏区遭到严重危害及广大干部群众的不满情绪，10月间，当施简和左权先后由中央派到闽西工作时，在中央关于纠正“立三路线”的决定尚未传达到闽西的情况下，他们决定暂时停止执行南方局关于出击东江的指示，命令由二十军与二十一军合编的新十二军于11月初改向漳州进攻，计划打下漳州之后再寻找适当机会出击东江。尽管这种权宜之计仍然未能奏效，但邓子恢等许多同志对“左”倾错误的抵制和反对，无疑影响着更多的共产党人尝试着结合具体实际更加灵活地去执行甚至纠正上级的错误指示，客观上深化了党内对以毛泽东同志为主要代表的中国共产党人探索和形成的正确革命路线理论的认识和认同。

3. 坚持以“限制富农”政策代替“反富农”政策

党的六大通过的决议提出，在民主革命阶段，对富农在政治上应采取区别对待的政策，只要不反革命，就不应给予过重的打击，但在经济上如何对待富农，没有明确具体的规定。毛泽东、邓子恢、张鼎丞等在领导闽西土地革命的斗争实践中，提出了给地主、富农以生活出路的政策。1929年7月闽西党的一大通过的《土地问题决议案》明确规定，土豪地主反动派家属在乡间居住而又无其他方法维持生活者，可酌量分给田地。1930年5月，全国苏维埃区域代表会议通过《土地暂行法》，主张没收地主和反革命富农的土地，对一般富农只没收其出租的土地。为了解决贫农与富农之间的土地肥瘦之争问题，1930 年 2 月 25 日闽西特委第二次扩大会议通过的《关于土地问题决议案》规定：分田方法以抽多补少为原则，抽出之田以肥瘠均匀为度，好田多者抽好田，坏田多者抽坏田。6 月，毛泽东在上杭南阳主持召开的红四军前委和闽西特委联席会议上，对闽西特委的做法大加赞赏，将其归结为“抽肥补瘦”原则，写入会上通过的《富农问题》决议案中。然而这些从土地革命斗争的实践中得到的认识和提出的政策并没有得到其时由李立三实际控制的中共中央的认可。6 月 11 日，中共中央政治局通过的由李立三起草的《新的革命高潮与一省或几省首先胜利》决议，混淆了民主革命和社会主义革命的界限，认为一省或数省首先胜利的开始即是向社会主义革命转变的开始，并遵照一年前共产国际的执委会指示信精神①，提出“加紧反富农”的斗争口号和建立集体农庄以杜绝富农经济的“左”倾政策。

6 月底，这个决议精神传达到福建省委。1930 年 7 月 8 日—24 日，在福建省委代表王海萍的指导下，中共闽西“二大”在龙岩城召开，会议认为闽西党上半年犯了不少富农路线错误，指责这是“因为当时受四军党的机会主义路线的影响所致”，批评和否定了毛泽东、邓子恢等同志自 1929 年以来在闽西土地革命方面的正确方针。为了加紧推进所谓反富农路线，会议发出通告，错误地认为闽西“农村中封建势力已经废除，目前农村贫苦群众的唯一敌人就是富农阶级”，提出“加紧反富农斗争，争取

---

① 1929 年 6 月 7 日，共产国际执委会给中共中央写了一封关于农民问题的指示信，严厉批评中共六大的正确决议，认为中共六大提出的“不要加紧反对富农”及在其后的一些文件中提过的“联合富农”的口号，是“最重大的错误”，严正要求中国共产党必须“极其认真地重新讨论农民问题”，“完全纠正党在农民问题方面的路线”。当时的中共中央收到这封指示信后，作出了《关于接受共产国际对于农民问题之指示的决议》，承认在对待富农问题上犯了错误。在这样的背景下，中共中央相继下发若干文件，恢复了反对富农的斗争。特别是在同年的 12 月 8 日，中共中央还发出了第六十号通告——《执行武装保护苏联的实际策略》，明确提出必须坚定地贯彻反对富农的斗争，真正将富农从党组织、各级苏维埃政权及其他农民组织中驱逐出去，认为必须这样，“才能深入土地革命，执行武装保护苏联的任务”。（参见《中央通告第六十号——执行武装保护苏联的实际策略》，1929 年 12 月 8 日）

社会主义胜利的前途”[①]，是目前闽西党的中心任务之一。

9 月，闽西第二次工农兵代表大会进一步开展反富农斗争，错误估计农村阶级状况，混淆农村阶级阵线，认为“农民中的富裕分子叫做富农”，“过去一般中农及贫农中一部分，已开始转变为富农”，一部分中农及贫农“脑子里也有富农的幻想与企图”。同时认为富农“自始至终是一个反革命的东西”，并据此提出“建立反富农的战线”[②]，政治上排除富农出苏维埃，经济上没收一切土地，重新进行分配，在闽西苏区掀起了一场以反富农为中心的重新调查与分配一切土地的斗争。与此同时，闽西苏维埃政府偏离了过去关于保护商店和守法商人、鼓励商业流通等正确法令，不适当地采取提高商业税，规定“实行劳工监督资本”，发动工人“镇压商业资产阶级的动摇”，小商人不得参加政权等过“左”的政策。[③]

对于这些“左”倾思想和政策，毛泽东领导苏区干部群众进行了坚决斗争。1930 年 10 月，红一方面军总前委和江西省行委联席会议通过了《对于土地问题决议》，明确规定不采取以劳动力为标准的分配方法，坚持按人口平均分配和抽多补少、抽肥补瘦的原则。尔后，毛泽东随红一方面军一面行军打仗，一面做农村调查，写下《兴国调查》《东塘等处调查》《赣西南土地分配情形》《江西土地斗争中的错误》等文章，提出在政治上中立、经济上限制富农的政策，而限制富农，主要是限制富农的半封建的剥削、允许其资本主义的剥削，给经济上的出路，并否定了建立集体农庄的做法。由于闽西的党组织自 1929 年 1 月至 1930 年底，除受福建省委领导外，还统一受中共红四军前委（后为中共红一军团前委、红一方面军总前委）领导，也就是说，自 1929 年 1 月至 1930 年底，闽西苏区党的最高

① 《中共闽西第二次代表大会的总结与精神》（1930 年 8 月 5 日），中共龙岩地委党史资料征集研究委员会、龙岩地区行政公署文物管理委员会编：《闽西革命史文献资料》第 4 辑，1983 年内部版，第 19 页。

② 《闽西第二次工农兵代表大会反富农斗争决议案》（1930 年 9 月），江西省档案馆、中共江西省委党校党史教研室选编：《中央革命根据地史料选编》（下），江西人民出版社 1982 年版，第 427 页。

③ 《闽西第二次工农兵代表大会宣言》（1930 年 9 月），中共龙岩地委党史资料征集研究委员会、龙岩地区行政公署文物管理委员会编：《闽西革命史文献资料》第 4 辑，1983 年内部版，第 104 页。

领导机构为中共红四军前委和后来的中共红一军团前委（1930 年 6 月成立）、红一方面军总前委（1930 年 8 月成立）。因此，红一方面军总前委和江西省行委联席会议通过的《对于土地问题决议》，闽西苏区同样适用。由此可见，即使在李立三“左”倾错误路线统治中央的情况下，毛泽东仍然坚持自己的正确主张，以政治上中立、经济上限制富农的政策来指导赣南、闽西苏区的土地革命斗争。

4. 积极贯彻六届三中全会精神，终止“立三路线”

李立三的“左”倾思想在党的六大上就已显露。当时中共中央和共产国际都认为中国革命的形势“不是高潮，是低潮”，唯独他在党的六大上坚持认为中国革命“现在还是高潮，因为各地还存在工人、农民的斗争”[①]。从 1928 年 11 月政治局改组，到 1929 年 6 月六届二中全会召开，由于周恩来在中央处于主导地位，党的六大制定的温和路线基本上得到了维护。但与此同时，共产国际改变了对整个世界和中国革命形势的判断，改变了中国革命还处于低潮的判断，这使李立三的“左”倾思想与共产国际趋于一致，由此他得到共产国际青睐和支持。中共中央高层进入周、李二人并列竞争时期，这一转变发生在 1929 年 6 月至 1930 年 4 月这一时期。这期间，稳健的周恩来与冒失的李立三常有争论，据向忠发的自白书记载：

> 在 1929 年 6 月召开的二中全会上，周恩来与李立三发生了争论。全会结束后，他们又继续争吵了两天。虽然我不大支持李立三，却也没有能说服他。后来，这两个人经常发生争执，我总是在中间给他们调解。从 1930 年 1 月开始，他们之间的争论更加激烈。由于问题得不到解决，于是，周恩来决定去莫斯科向共产国际报告。

随着周恩来离开上海赴莫斯科向共产国际报告工作，李立三完全控制了党中央，他的“左”倾言行也达到了顶峰。1930 年 6 月 11 日，中央政

---

① 《周恩来选集》上卷，人民出版社 1980 年版，第 175 页。

治局会议通过《新的革命高潮与一省或几省首先胜利》决议。6月下旬，李立三在共产国际尚未批准决议的情况下，擅自将6月11日决议加以发布，由此引发共产国际强烈不满。7月30日，共产国际电复中共中央，批评中国共产党的目下路线是盲动精神，要求中共中央停止执行6月11日决议。与此同时，共产国际决定派周恩来和中共驻共产国际代表团团长瞿秋白回国，纠正中共中央6月11日决议的错误。

1930年8月19日，周恩来回到上海，瞿秋白也于8月下旬抵沪，他们向李立三等中共领导人传达了共产国际指示精神。经过严肃批评和耐心说服，李立三承认了自己的错误。9月8日，中共中央致电共产国际，正式承认错误。9月24日—28日，瞿秋白、周恩来主持召开中共扩大的六届三中全会，正式在全党停止李立三的"左"倾冒险错误路线，纠正了"立三路线"对于中国革命形势的极"左"估计，停止了组织全国总起义和集中全国红军进攻中心城市的计划。

党的六届三中全会后，中共中央派邓发到闽西传达会议精神。1930年11月上旬，中共闽西特委、共青团闽西特委召开扩大会议，这两个会议传达并"接受了党三中全会扩大会议的新路线"，决定立即划分总行委，恢复闽西党、团二特委，党、团、工会恢复正常活动。11月上旬至12月中旬，上杭县委、龙岩县委、平和县委等先后召开会议，积极贯彻六届三中全会精神，检查并纠正了李立三"左"倾冒险主义的那些错误。

二、"左"倾教条主义的干扰与斗争

（一）"左"倾教条主义的干扰

六届三中全会在瞿秋白、周恩来等主持下，纠正了李立三"左"倾冒险主义对中国革命形势的错误估计，停止了全国总起义和集中全国红军进攻中心城市的计划，恢复了党、团、工会的独立组织和经常工作。六届三中全会是在共产国际的指示精神下召开的，而斯大林、共产国际要求中共停止"立三路线"，主要原因不是其"左"倾盲动错误（如前面所分析的，李立三的错误与共产国际的方针、政策是一致的），而是他不尊重共产国际的态度和不等共产国际批准就擅自将6月11日决议公布的破坏国际纪律的严重错误。在这种精神指导下的党的六届三中全会，不可能对共产国际指导中国革命的“左”倾错误和政策有丝毫触动，对李立三“左”倾错误的思想实质不可能从根本上加以清算和纠正。因此，一旦出现诱因，“左”倾思想必然加剧发展。

7月30日，共产国际致电中央政治局要求中共中央停发6月11日决议，但李立三拒绝接受共产国际的意见，接连于8月1日和3日召开会议，继续布置全国武装暴动工作，提出要在世界革命的总爆发中夺取中国革命的胜利，把世界无产阶级和被压迫民族都吸引到这场反帝的决定性斗争中来。1930年10月，共产国际发出了《共产国际执委给中共中央关于立三路线问题的信》（即共产国际十月来信），明确指出李立三的错误是政治路线问题，“并不是什么偶然的意见分歧，或者什么在时局底估计和策略任务底认识方面有次要的不同意见”，“他所犯的错误，并不是个别的错误，而是造成了整个错误观点的系统，定下了反马克思列宁主义的立场”，“立三同志底路线”“就是反国际的政治路线”。①与此同时，还批评六届三中全会在李立三问题上犯了“调和主义”的错误，共产国际十月来信实质上否定了中共六届三中全会的历史功绩。

共产国际执委给中共中央关于“立三路线”问题的信传到中国，立即引起强烈反响，造成党内的思想混乱和党的领导危机，王明乘机带头在党内掀起了反对六届三中全会及其中央、反对“调和路线”的浪潮。为了表明自己是真正的马列主义者和国际正确路线的代表，为了反对李立三在中国革命问题上的“右倾”②错误，六届三中全会闭幕后，王明突击写出了《两条路线》意见书。这本约6万字的小册子不仅批判了“立三路线”和瞿秋白与三中全会的调和错误，而且全面系统地阐发了自己在关于中国社会性质、革命性质、革命对象、革命动力、革命转变等问题上的见解和主张，提出了更有理论性、形态更完备的“左”倾路线的理论与纲领。

---

①《共产国际执委给中共中央关于立三路线问题的信》（1930年10月），《中共党史教学参考资料》（3），人民出版社1959年版，第226、227、232页。

② 1930年12月12日至15日，共产国际执行委员会主席团在莫斯科召开扩大会议，会议把李立三的“左”倾错误说成实质上是右的错误。

关于中国社会的性质，王明在《两条路线》中，却只提中国是半殖民地国家。在“半殖民地国家”理论指导下，王明认为中国民主革命不是两大任务，而是三大任务，即反帝反封建反资。既然革命的对象包括资产阶级，革命的动力也就被王明大大缩小。王明在《两条路线》中提出：“中国现在革命阶段的革命主要动力是：工人阶级、雇农和贫农，中农是巩固的同盟者，加上城乡的广大的半无产阶级成分和小资产阶级的下层。”[①] 王明在这里不仅把民族资产阶级一脚踢出了革命动力的行列，而且把上层小资产阶级也赶出了革命的队伍。《两条路线》还夸大了中国现阶段革命中反对资产阶级的意义，从而混淆了民主革命与社会主义革命的界限，急于进行革命转变，甚至提出中国革命在一省或数省的胜利，就是革命转变的开始，陷入“左”倾的革命超越论。此外，王明还提出，要保障党的政治路线、保障党的任务的实现，还必须清除党内的障碍，这只有开展两条路线的斗争。由于右倾是党内主要危险，因此，党应“集中火力去反对主要的右倾危险”。

1931 年 1 月 7 日，中共中央召开六届四中全会。在米夫[②]的控制与操纵下，王明由一名一般的领导干部一跃而升为中共中央委员、中央政治局委员，逐渐占据中共中央的领导地位。从此以后，王明打着反“立三路线”的旗号，强迫中央苏区“承认自己执行立三主义的错误”，在党内推行比李立三“左”倾错误更严重的“左”倾教条主义错误：一方面提拔一些具有“左”倾教条主义思想的同志到中央领导岗位，另一方面无情打击犯过“左”倾冒险错误和被认为犯了“调和主义”错误的同志，并给毛泽东扣上“狭隘经验主义”的帽子，把中国革命引向了更加危险的境地。以毛泽东同志为主要代表的中国共产党人的马克思主义中国化探索不可避免地受到了严重阻碍和干扰。

1931 年 4 月，中共中央政治局候补委员、参与领导中央特科工作的

---

① 邱守娟：《毛泽东的思想历程》，人民出版社 2003 年版，第 131 页。

② 米夫（1901—1938），苏联人。1925 年、1927 年先后任莫斯科中山大学副校长、校长。1928 年 3 月调任共产国际执行委员会东方部中国部主任。1930 年 7 月被任命为共产国际执委会远东局负责人，并于 10 月抵达上海。1931 年 8 月回到苏联。

顾顺章在武汉被捕叛变。6月，担任中共中央政治局常务委员会主席的向忠发在上海被捕叛变。这两人的叛变给中共中央机关和中央领导人的安全造成极大威胁。在周恩来等人的领导下，党采取果断行动，迅速将中央机关和中央主要领导干部转移到安全地带或撤离上海。王明于10月前往莫斯科，周恩来于12月底到达中央根据地瑞金。在他们离开上海之前的9月下旬，由于在上海的中央委员和政治局委员都已不到半数，根据共产国际远东局的提议，在上海成立临时中央政治局，由博古、张闻天（洛甫）、康生、陈云、卢福坦（后叛变）、李竹声（后叛变）六人组成。博古、张闻天、卢福坦三人任中央常委，博古负总的责任。这个中央临时领导机构，随后得到共产国际的批准。以博古为首的临时中央，继续贯彻执行"左"倾教条主义的方针。

（二）反对"左"倾教条主义干扰的斗争

面对王明"左"倾教条主义错误的严重干扰和影响，苏区领导人和广大革命群众不得不与之进行了更加艰难的斗争。

1. 纠正乱肃"社会民主党"运动

六届三中全会虽然纠正了"立三路线"对中国革命形势的极"左"估计，但党内的"左"倾思想和"左"倾政策仍然明显地存在着，表现之一就是把中间势力当作"最危险的敌人"，主张"要一切斗争、整个地反对"的思想在党内依然盛行，导致赣西南苏区大规模开展了整肃"AB团"的运动，闽西苏区则出现了乱肃"社会民主党"的运动。

1930年10月底，闽西苏区与广东东江苏区及赣南部分县苏区合并为闽粤赣特区。11月初，中共闽粤赣边区特别委员会、闽粤赣边区军事委员会成立，由中央派来的邓发分别担任书记和主席。闽粤赣边区特委的成立，实际上代替了中共闽西特委的职能，闽西苏维埃政府也由边区特委直接领导。来到苏区后，邓发去巡视闽西根据地各个机关，看到在苏维埃文化部里有很不正常的现象，于是凭直觉作出判断，闽西党和苏维埃机关里已混入大量的反革命分子，地方的苏维埃工作已经被富农、流氓和反动政治派别的反革命分子把持了。在赣西南苏区大规模开展整肃"AB团"运动的影响下，1930年12月，闽粤赣边区特委发出指示：为了保证胜利，必须把钻进革命队伍的反革命分子彻底、干净地除掉。闽西苏维埃政府根据这一指示，成立了闽西苏维埃政府肃反委员会，由闽西苏维埃政府裁判部部长林一株兼任主席，各县也相应成立了肃反委员会。

1931 年春节前夕，闽西长汀县南阳镇龙田书院的草坪上，新创建的中国工农红军第十二军正在召开一个多数官兵闻所未闻、新鲜而又生疏的纪念大会——纪念国际共产主义运动先驱李卜克内西、卢森堡。报告结束了，台下的几千官兵，按照时兴的与会规矩，鼓起了掌。团干事吴拙哉出于激情，一时“搭错了神经”，竟“呼”地站起身，猛然伸出右臂高声喊出了“坚决拥护第二国际”“社会民主党万岁”的口号。

谁也没有想到，红色苏区的一场悲剧竟然就由呼喊这两句口号而引发。很快，吴拙哉被作为反革命分子逮捕，并严刑逼供。屈打成招之下，他胡乱供出傅柏翠为特委书记，林梅汀为宣传部部长，黄洪为组织部部长，江桂华、张德宗等为委员的所谓社会民主党领导机构及与他们有关系的大量人员，由此闽西苏区开始了大规模的整肃“社会民主党”的运动，史称“肃社党”事件。

六届四中全会上王明攫取中共中央的领导权后，在“左”倾思想指导下，闽西苏区的肃反错误加剧发展。1931 年 2 月 21 日，闽西苏维埃政府裁判部连续发出裁字第一号、第二号通告，强调要健全和加强肃反组织，以迅速清除苏维埃区域内的“社会民主党”等各种反革命政治派别，并把对所谓“社会民主党”的“反动党徒”的处决权下放到“各县裁肃委员”。3 月 2 日，林梅汀等 17 名所谓“社会民主党”主犯被处以死刑。3 月 4 日，闽西苏维埃政府又发出裁字第三号通告，要求闽西各级政府“应不要姑息、不要留情感的站在革命的立场严密查缉一切反动分子”，“加紧政治侦探工作，以极大的力量，破获国际社会党在闽西各地活动，根本肃清他们的组织”。[①]

1931 年 4 月 4 日，中共中央致信中共闽粤赣边区特委，认为闽西的

① 中央档案馆、福建省档案馆编：《福建革命历史文件汇集（苏维埃政府文件）（1931 年—1933 年）》，1985 年内部版，第 51 页。

社会民主党、江西的AB团及其他地方的改组派等，都是敌人积极地打入到党内和红军中来从事破坏活动的。“从蒋介石到傅柏翠都有整个的联系和计划”，必须“以最严厉的手段来镇压”，要求肃清红军中、政府中、党部中的一切反革命分子。[①]这封指示信，犹如火上浇油，使闽西苏区整肃“社会民主党”的错误加剧发展，喊出了“抓尽一切社党分子，杀尽一切社党头子”的口号，肃反成为一切工作的中心，各级政府、党组织，各群众团体，各裁肃委员可以随意抓人杀人。凡犯有“立三”错误者，对“立三路线”抱有过怀疑者，出身地主富农家庭者，平时工作生活中有缺点错误者都在怀疑肃杀之列，并导致傅柏翠率领自卫武装进行抵抗，公开与革命分裂，脱离革命队伍。闽西苏区肃清“社会民主党”的错误，还因瑞金县委隶属于闽粤赣边区特委而蔓延到瑞金。

错误的肃“社党”运动使闽西苏区遭受严重损失，闽西苏维埃政府35名执行委员中，半数以上被当作“社会民主党”分子错杀，新红十二军连以上干部半数以上被肃清，整个闽西苏区被当作“社会民主党”错杀的达6352人，闽西党组织的党员人数由8000人减到5000人。[②]

闽西苏区林一株等人以闽西苏维埃政府的名义大肃“社会民主党”的做法，引起闽西干部和群众的极大不满。这时由于反对极“左”的李立三军事冒险路线，邓子恢被罢去闽西党政军领导人职务，调离了闽西，被贬到沿海地方工作，无权过问此事。力挽狂澜的重任就落在了张鼎丞、郭滴人等闽西的领导人身上。当时留守在上杭白砂的闽粤赣临时省委（1931年5月经中共中央决定，闽粤赣边区特委改为临时省委）组织部部长罗明对肃“社党”的看法与张鼎丞、郭滴人是一致的，他们利用以林一株为主席的肃反队伍在人们心中激起的仇恨，于1931年7月15日撤销了以林一株为首的闽西肃反委员会，新成立闽西苏维埃政府政治保卫处，由郭滴人任处长，主管肃反工作。之后他们根据群众揭发，发现和掌握了林一株以肃“社党”之名，滥施职权、为非作歹的事实，果断将其拘捕并处决，闽

① 中共龙岩地委党史资料征集研究委员会、龙岩地区行政公署文物管理委员会编：《闽西革命史文献资料》第5辑，1984年内部版，第133—134页。

② 参见余伯流、凌步机：《中央苏区史》，江西人民出版社2001年版，第999页。

西肃“社党”狂澜得到遏制。

与此同时，瑞金县乱肃“社会民主党”的错误，也被中共赣东特委和新任中共瑞金县委书记邓小平等坚决制止。

9月，支持林一株等人整肃“社会民主党”的中共闽粤赣临时省委书记邓发[①]调任中共苏区中央局委员，离开了闽西。整肃“社会民主党”的运动迅速降温。

但是，闽西苏维埃政府无权作出停止“肃反”运动的决定。张鼎丞和郭滴人都想到必须找毛泽东。1931年11月，张鼎丞、郭滴人在出席中华工农兵苏维埃第一次全国代表大会期间，向毛泽东和苏区中央局汇报了闽西苏区肃“社会民主党”中的错误做法。毛泽东听后，严肃地指出“这样搞，不要敌人打，我们自己就会垮台”[②]，决定立即停止肃“社会民主党”运动，纠正肃反错误，并给了5000多元作为善后救济费用。

1931年12月，周恩来前往瑞金时途经闽西苏区，目睹了闽西苏区肃“社会民主党”造成的严重恶果，十分痛心和焦急。12月18日，他致信中央政治局说：“我入苏区虽只三日，但沿途所经，已见到闽西解决社党所得的恶果是非常严重的。自然肃清社党是绝对正确的，然而他们处理方法之错误，如中央历次所指斥的殆有过之无不及。群众之死于社党之罪的并不都是社党领袖，甚至因其与社党领袖假共党之名在一起开会的也被列为社党而杀了……究竟社党与共党之别在那里，何种情形方可算罪，群众简直答不出。扩大红军，说群众不积极，十二军团长团政治委员亲口对我说闽西群众不好，而他们一下子便拘捕五六十人（在一百人之中全都是农民而且多是贫农），给以严刑（只据别人一点口供，还说不打不招，等问审问清白，连释放都难，因为身体已伤），对群众将成如何影响！……据我在途中所见到闽西党的最近决议及中区党的文件，都还只言反AB团反社党的成功，而未及他的错误。可见此事转变之难与问题之严重性。”[③]

周恩来给中央的信，为进一步改正肃“社党”运动的错误，起了极其

① 1931年5月，中共闽粤赣苏区特委改称中共闽粤赣临时省委，由邓发任临时省委书记。

② 张鼎丞：《中国共产党创建闽西革命根据地》，人民出版社1983年版，第59页。

③ 《建党以来重要文献选编（1921—1949）》第8册，中央文献出版社2011年版，第765页。

重要的作用。一个月后，中央专门就肃反问题给闽粤赣省委以指示，让他们以自我批评的精神改正思想上的错误。

在中共中央、毛泽东、周恩来和闽西苏区领导人罗明、张鼎丞、郭滴人等的共同努力下，肃“社党”运动停止了，并在后来的工农大会上对过去一年多大规模肃“社党”的重大错误进行了严肃的自我批评，总结了沉痛的教训，从而基本结束了长达一年零三个月的肃“社党”运动。但是由于当时正处在王明“左”倾路线的开始时期，中共中央、苏区中央局和闽西特委虽然结束了这场残酷的运动，但仍认为肃“社党”是必要的，其错误主要是方针政策、方式方法上的错误，没有认识到这是一场天大的冤案，应该从根本上加以推翻，以致形成惯性，在此后对抵制王明“左”倾错误路线的人进行“残酷斗争，无情打击”。新中国成立后，中共福建省委陆续为错杀的3728人平反并追认为烈士。1983年8月，中共福建省委设立“处理我省在第二次国内革命战争时期肃反中被错杀人员遗留问题办公室”，具体解决历史遗留问题。经过近两年的工作，又为2624人平反昭雪，对其直系亲属给予一次性困难补助或定期补助，闽西肃清“社会民主党”历史冤案得以平反昭雪。

2. 不打赣州打漳州

王明“左”倾冒险主义统治中央后，要求红军去占领城市，反对毛泽东主张的在农村积蓄力量，建立革命根据地，以农村包围城市，最后夺取全国胜利的正确道路，严重干扰和影响了中央苏区的斗争。

1931年9月20日，中共中央通过并发出《由于工农红军冲破第三次“围剿”及革命危机逐渐成熟而产生的党的紧急任务》。文件认为，由于红军取得第三次反“围剿”胜利，革命危机在中国已经成熟，“很明显的映出了争取革命在一省与数省首先胜利的前途”，因此红军要“扩大苏区至中心城市”。[①] 为敦促中央苏区加快实施“扩大苏区至中心城市”的计划，10月，中共临时中央再次给苏区中央局发出指示电，电文强调，目前全

① 《建党以来重要文献选编（1921—1949）》第8册，中央文献出版社2011年版，第555、559页。

国和世界形势都有利于中国苏维埃运动的发展，苏区中心任务是最大范围发动群众，巩固并扩大红军，支持长期艰苦的阶级战争，冲破敌人“围剿”，向外发展，扩大苏区，建立根据地；在这根据地上建立苏维埃临时中央政府，最大限度实施苏维埃政纲，以争取一省与几省革命首先胜利。电文要求中央红军乘势向外发展。

坚持从红军和苏区实际情况出发的毛泽东和朱德，此时正在部署红一方面军主力在苏区内打土围、拔白点，同时休整、训练部队。接到来电后，毛泽东以苏区中央局的名义复电中央，表示了异议。接到毛泽东复电后，10 月 31 日，中共临时中央给苏区中央局再次发出指示电，坚持要苏区向外发展。毛泽东接电后，坚持原定部署，并复电说明理由。但此时的中共临时中央的“左”倾领导者们，已经为红军打破国民党军三次“围剿”的胜利所陶醉，正在酝酿和提出一条充满“左”倾冒险错误的“进攻路线”。他们急于将长江南北的各块苏区连成一片，急于夺取几个中心城市，急于将苏维埃共和国临时中央政府从“瑞金一隅”搬迁到赣州等中心城市去。

在 1931 年 11 月 1 日—5 日召开的中央苏区党的第一次代表大会（又称赣南会议）上，毛泽东被不点名地批评，他的主张被斥责为右倾观点。

12 月 6 日，中共临时中央给苏区中央局发去指示电，要求中央苏区红军取赣州、迫吉安，并派周恩来前往苏区组织攻打赣州。周恩来到达瑞金后，就攻打赣州问题征求毛泽东的意见。毛泽东表示坚决反对，认为赣州三面环水，城墙高而坚固，素有“铁赣州”之称，城内和周边都盘踞着强大的敌人武装，应继续在赣南、闽西北坚持打土围、拔白点工作。在听取毛泽东意见后，周恩来致电中央，陈述中央红军目前攻打中心城市的困难，希望中央改变计划。但临时中央复电：原议不变。1932 年 1 月 9 日，临时中央作出《中共中央关于争取革命在一省与数省首先胜利的决议》，要求红军“为占领几个中心城市以开始革命在一省数省首先胜利而争斗”①。在这种情况下，苏区中央局正式作出攻打赣州的决定。

① 《建党以来重要文献选编（1921—1949）》第 9 册，中央文献出版社 2011 年版，第 36 页。

脱离苏区和红军实际的盲目攻打赣州行动注定失败。为了总结经验教训，讨论红军下一步的行动，1932 年 3 月中旬（约在 3 月 9 日—13 日），中共中央苏区中央局书记周恩来在赣县江口塘村主持召开有苏区中央局成员、中革军委成员和红军各军团主要负责人参加的苏区中央局扩大会议（即江口会议）。会上，毛泽东提出赣州不能再打，红军主力应向敌人力量薄弱、党和群众基础较好、地势有利的赣东北、闽西北发展；同时应大胆向外出击，在赣江以东、闽浙沿海以西、长江以南、五岭山脉以北广大地区发展革命战争，建立革命根据地。毛泽东的这一意见无疑是正确的。

但是，中央局的一些领导人却将毛泽东的主张斥为"右倾机会主义"，说什么"凡是认为赣州战争教训是叫我们不去夺取中心城市，而应向偏僻地带发展，那便是曲解了赣州战争的教训""便是放过了目前有利于革命的政治形势"[①]，主张红军应该夹江而下，在赣江东、西两岸活动，将赣江两岸的苏区连成一片，以便包围赣州、吉安、樟树，并夺取这些城市，争取江西的首先胜利。会议最终同意撤围赣州，但否定了毛泽东的向赣东北、闽西北发展的意见，通过了后一种意见，决定以红一、红五军团组成中路军，在赣江东岸活动，先北上赤化宜黄、乐安等地，再攻打抚州；以红三军团组成西路军，开赴上犹、崇义，赤化湘赣边界各县，并向北发展，进逼吉安；毛泽东随中路军行动。

3 月 16 日，中路军从赣县长洛出发向宁都方向移动。途中毛泽东根据粤军进犯赣南、闽西的动向，认为部队应向福建开拔，并说服红一军团总指挥林彪和政治委员聂荣臻，取得了他们的同意。3 月 27 日—28 日，周恩来在瑞金召开苏区中央局会议，重新研究中路军的行动方针。会上，毛泽东的意见最终被采纳，并同意把中路军改为东路军。周恩来还同意毛泽东以中央政府主席的身份随东路军入闽，指挥作战。

会后，毛泽东即赶赴长汀，与已经在长汀休整待命的部队会合。从中共福建（闽粤赣）临时省委书记罗明和福建军区司令员罗炳辉处了解到毗

① 《中国工农红军总政治部训令——赣州战争的教训及红军的中心任务》（1932 年 3 月 30 日），中共江西省委党史研究室等编：《中央革命根据地历史资料文库·军事系统》（10），中央文献出版社、江西人民出版社 2015 年版，第 1313 页。

邻闽西的漳州无强敌，地形无险可守，且殷富后，毛泽东果断作出决策：跳出根据地向闽南出击，攻占龙岩，直下漳（州）泉（州）。周恩来批准了这个计划，并听从毛泽东的建议，把苏区中央局机关和中革军委移驻长汀城，调动指挥部队，同时指示福建省委、福建苏维埃政府全力支持红军东征漳州，筹措物资，保障东路军后勤供给，广泛开展支前工作。

4 月 5 日，福建省苏维埃政府发表宣言，号召各地苏维埃政府和广大革命群众“立即动员地方武装到前方参加作战”，“每个工农群众，自动省三升米便宜卖给红军”。[①] 由是，闽西涌现了为红军东征准备粮、草，组织运输队、担架上前线的热潮。仅上杭县才溪乡一夜之间就有 30 多人参加红军东征，永定一个县就出动了负责运输的赤卫队 1000 多人。红军东征所经过的长汀、连城、上杭、龙岩四县，每天有几千人挑、运各类物资上前线。汀州福音医院院长傅连暲派出医术精湛的人员组成医疗队奔赴前线，为红军东征作了充分的后勤准备。[②]4 月 20 日，东路军胜利进占漳州城。

此役红军攻占城镇 10 余座，歼灭国民党军第四十九师大部，俘敌副旅长以下 2300 余人，缴获长短枪 5000 余支、火炮 8 门、飞机 2 架和大量军用物资，同时筹款百万银元。

“不打赣州打漳州”，毛泽东的这一意图的实现，与他坚持不懈的努力，不放过一丝希望的争取分不开，与周恩来的鼎力支持和相助分不开。除此之外，还与当时的军事决策机制分不开。自苏维埃中央政府和中革军委成立后，毛泽东虽未担任中革军委领导职务，但因中革军委受中央政府领导，毛泽东仍然可以苏维埃中央政府主席名义领导中革军委，对红军的军事行动仍然有指挥权和决策权。也就是说，自 1932 年 4 月到 7 月，中央苏区红军军事行动的决策指挥权，主要还是掌握在毛泽东手中。周恩来也正是利用了这一点，给予了毛泽东最大的支持，让毛泽东以中央政府主

---

① 《福建省苏维埃政府为打破广东军阀进攻和消灭张贞宣言》，古田会议纪念馆编：《闽西革命史文献资料》第 7 辑，2006 年内部版，第 176 页。

② 参见王其森：《闽西苏区是红军东征漳州的依托》，中国人民政治协商会议福建省长汀县委员会文史资料编辑室编：《长汀文史资料》第 3 辑，1982 年内部版，第 41 页。

席身份随东路军入闽，指挥龙岩、漳州战役。

红军攻克漳州，歼灭了张贞主力，动摇了闽西南的反动统治，为闽西苏区消除了一大隐患，并且贯通了闽西南苏区，创造了有利的革命形势。红军攻克漳州，壮了红军声威，扩大了政治影响，并得到了给养，为红军第四次反“围剿”作了军事上、经济上的准备，其政治和军事意义之重大不言而喻。红军攻克漳州同时也是毛泽东、周恩来等人抵制王明教条主义“城市中心论”的胜利，它印证了毛泽东、周恩来等人坚持从实际出发路线的正确和王明教条主义“城市中心论”的错误，这对于实事求是思想路线在全党的确立和“以乡村为中心”的革命道路理论在全党形成共识无疑产生了积极影响，从这个意义上讲，红军攻克漳州还具有重大的思想和理论意义。

3. 坚持游击战争，抵制“进攻路线”

自 1932 年 4 月到 7 月，得益于当时的红军军事决策机制，身为苏维埃中央政府主席的毛泽东仍然拥有对中央苏区红军的军事行动的指挥权，抵制了“左”倾冒险主义路线的执行。这当然是临时中央的那些“左”倾领导者不愿意看到的。于是他们一方面要求把对毛泽东的批评上升到“脱离了布尔什维克的路线”的高度来批判，开始发起党内两条路线的斗争：另一方面要求周恩来接替毛泽东兼任红一方面军总政委，限制毛泽东对红军军事行动的决策权和指挥权。1932 年 7 月 21 日，临时中央给苏区中央局和闽赣两省委发出要求坚决执行“进攻路线”，“夺取中心城市”，“争取江西首先胜利”的长信。

剥夺了毛泽东的军事指挥权，临时中央的“左”倾领导者们以为扫除了他们实行“左”倾冒险主义路线的最大障碍，但事情的发展却出乎他们的意料。在宁都会议上毛泽东被撤去红一方面军总政委的领导职务后，来到长汀福音医院养病，顺便照顾在这里待产的妻子贺子珍。中共福建省委代理书记罗明也在这里医治腰伤，且医院与罗明办公的福建省委、省政府机关比邻，相距不过几百米。

此时的毛泽东虽在养病，但他还是苏维埃中央政府主席，因此免不了常常找罗明、张鼎丞等闽西苏区领导人了解情况，指导工作。毛泽东对罗明他们说，福建和江西一样，应开展广泛的地方游击战争，以配合主力红军的运动战，使主力红军能集中优势兵力，选择敌人弱点，实行各个击破，消灭敌人有生力量，粉碎敌人的第四次“围剿”。毛泽东还认为：边区和苏区中心区域的工作应有所区别。在杭永岩边区应开展游击战争，以牵制和打击漳州国民党第十九路军和广东陈济棠部队的进攻，他强调这对于粉碎敌人的“围剿”、保卫中央苏区是十分重要的。

罗明非常认可毛泽东的这些意见，因此不等腰伤痊愈，就出院召集省委领导同志开会，传达毛泽东的意见，并着手部署开展游击战争。随即，罗明到达上杭白砂，与谭震林、方方等一起，卓有成效地领导开展边区的游击战争。与此同时，罗明通过深入调查研究福建苏区的实际情况，于1933年1月21日在新泉写下《对工作的几点意见》寄给省委。随后，在上杭旧县城又写了《关于杭永岩情形给闽粤赣省委的报告》送省委。同时，中共新泉县委书记杨文仲也给省委写信，对工作提出了自己的意见。信和报告从闽西的实际情况出发，提出闽西的地方红军应该向敌人薄弱的闽西北发展；地方武装应开展灵活的游击战争，不与敌人硬拼；闽西应以充实地方武装为主，而不应将所有兵力集中到主力兵团，等等。同时，还强调要改变空洞说教，要切实保护群众利益，调动群众的斗争情绪和胜利信心，如果我们不懂这一点，“那就请我们最好的领袖毛主席、项主席、周恩来同志、任弼时同志……一齐到上下溪南，或者到其他地方去，对群众大演说三天三夜，加强战争宣传，我想也不能彻底转变群众的情绪”①，以此表达了对“左”倾冒险主义路线的不满。

就在这时，中共临时中央领导人博古等在党的白区工作中推行脱离实际的“左”倾政策，使党在上海等白区的工作遭受重大损失。为安全计，1933年1月底，上海临时中央撤到江西中央苏区，博古等中央领导人也从上海进入中央苏区。博古到达上杭白砂时，正在这里指导工作的罗明向博古谈了自己的上述想法，引起博古极大的不满。博古等人到达瑞金不久，看到了转到中共中央局的罗明和杨文仲的信及报告，这让他们意识

① 《建党以来重要文献选编（1921—1949）》第10册，中央文献出版社2011年版，第113页。

到，他们的“左”倾进攻路线并没有因撤去毛泽东的军队领导职务就畅行无阻，因此需要发动一场更猛烈的党内斗争。

1933年2月15日，博古主持中共苏区中央局会议，作出《中共苏区中央局关于闽粤赣省委的决定》，认为“省委是处在一种非常严重的状态中。在省委内一小部分同志中，显然形成了以罗明同志为首的机会主义路线”①。《中央苏区中央局关于闽粤赣省委的决定》宣布：

（一）在党内立刻开展反对以罗明同志为代表的机会主义路线的斗争，指出这一路线的露骨的表现就是以新泉县委书记杨文仲为代表的取消主义。

（二）省委对于这一路线的腐朽的自由主义态度，必须受到最严厉的打击，指出这种自由主义的态度与斗争的不坚决，实际是对于罗明路线的妥协与投降。

（三）立刻召集省的临时代表会议，尽量吸收中心支部的工人、雇农同志参加，成立新的省委。

（四）在临时代表会议召集之前决定以陈寿昌、刘晓、钟友勋等同志为临时常委，处理一切工作。

（五）派中央局同志出席这一会议做报告并领导这一会议的顺利进行。

（六）立刻撤消罗明同志省委代理书记及省委驻杭永岩全权代表工作。

（七）公布这一决定，并在各种党的会议上与党报上解释这一决定。②

1933年2月22日出版的苏区中央局理论刊物《斗争》第3期，刊登了中央局的这个决定，同时刊登了洛甫的批判文章《什么是罗明同志的机

① 《建党以来重要文献选编（1921—1949）》第10册，中央文献出版社2011年版，第101页。
② 《建党以来重要文献选编（1921—1949）》第10册，中央文献出版社2011年版，第102页。

会主义的路线？》，还刊登了1933年2月20日作出的《少共苏区中央局关于开展反罗明路线斗争的决议》。

2月24日，以陈寿昌为领导的中共闽粤赣省委[①]临时常委会在苏区中央局的高压之下，作出了《临时省委对〈中央局关于闽粤赣省委的决定〉的决议》，"责成各级党员（部）立刻召集各种会议讨论中央局的决定，并深刻的揭发罗明路线与对于这条路线的自由主义态度的错误，而且这讨论一定要深入每一个支部与小组中去，要详细与具体向同志解释这些错误的实质，以及在实际工作中产生的恶果，而发动全党同志与之斗争"[②]。2月26日，工农红军学校召开第四期毕业生中全体党员、团员及全校连以上干部党员、团员大会，博古出席大会并作了题为《拥护党的布尔什维克的进攻路线》的报告，对所谓"罗明路线"上纲上线地进行批判。会议还根据博古意见，建议给罗明、杨文仲以纪律上的严厉制裁。

一场名为反"罗明路线"，实际把矛头指向毛泽东的党内斗争，在福建苏区疾风骤雨般地展开了，并席卷至全苏区。

在这种情况下，1932年3月初在长汀召开了中共闽粤赣苏区第二次代表大会，大会脱离实际地提出了闽粤赣苏区党的任务是"夺取中心城市"，"积极向北发展"以"配合全国各苏区，特别是江西苏区向外发展的行动，以取得湘赣鄂几省革命的首先胜利"。[③]闽西苏区抵制"左"倾进攻路线、坚持游击战争虽然因临时中央发起反"罗明路线"的斗争而很快终止，但毛泽东、罗明等从实际出发，坚持"在斗争中创造新局面"的工作方针和方法，以及敢于与"左"倾教条主义斗争的勇气、智慧，却为马克思主义中国化探索高高树起一面实事求是的大旗，激励着更多人与之一起奋力

① 1932年3月，闽粤赣临时省委改为福建省委后，苏区中央局和省委在文件中仍经常习惯称之为闽粤赣省委，直到1933年10月，才基本上用福建省委这个名称，因此，这期间，闽粤赣临时省委和福建省委实际是一回事。

② 江西省档案馆、中共江西省委党校党史教研室选编：《中央革命根据地史料选编》（中），江西人民出版社1982年版，第384页。

③《目前政治形势与闽粤赣苏区党的任务——中共闽粤赣苏区党第二次全省大会决议》（1932年3月5日），江西省档案馆、中共江西省委党校党史教研室选编：《中央革命根据地史料选编》（中），江西人民出版社1982年版，第357页。

前行。

4.纠偏查田运动

毛泽东、邓子恢、张鼎丞等在领导闽西土地革命斗争的实践中探索和制定了土地革命中的阶级路线和土地分配方法，即坚定地依靠贫农、雇农，联合中农，限制富农，保护中小工商业者，消灭地主阶级；以乡为单位，按人口平分土地，在原耕地的基础上，实行抽多补少、抽肥补瘦的分田原则。但是由于"左"倾教条主义主张对中间势力"坚决打击，整个地斗争"，因此极力否定毛泽东他们制定的土地革命路线。

李立三时期，开展了以"反富农"为中心的重新检查和分配一切土地的斗争。1930 年 9 月，党的六届三中全会纠正了李立三"左"倾冒险主义错误，也指出了关于富农政策方面的"左"倾错误。六届三中全会以及苏区中央局的有关指示在闽西贯彻之后，土地政策方面过重打击富农和侵犯中农利益等错误一度得到纠正。但接踵而至的王明"左"倾教条主义，更猛烈地批评毛泽东的土地革命路线，执行比李立三时期更"左"的土地政策，掀起了一场比之前更激烈的重新检查和分配土地的查田运动。

闽西查田运动起源于 1931 年 2 月由中共中央政治局与共产国际远东局共同为全国苏维埃第一次代表大会起草的《土地法草案》。《土地法草案》明确提出把地主与富农平等看待是不正确的，地主无权分得土地，富农的土地亦须同样没收与分配，"可以分得较坏的'劳动份地'"，主张在肉体上消灭地主、经济上消灭富农，并要求在苏维埃区域、非苏维埃区域、新苏区一律"立即施行"。根据这个土地法，中共闽粤赣特委（1930 年 10 月底由闽西苏区与广东东江苏区及赣南部分县苏区合并而成）于同年 4 月 5 日作出《没收豪绅地主财产及收回其土地的决议》，并立即在闽西苏维埃政府的驻地永定虎岗没收 43 家地主原先允许其保留的全部土地财产，重新予以分配。同时把虎岗经验向全苏区推广，列为目前一切工作的中心。然而这看似仅仅针对地主、富农的极"左"政策，却由于其理论上的错误导致农村阶级阵线被搅乱，中农尤其富裕中农也被当作打击对象，以致有些地方提出了"富农分坏田，中农分中田，贫农、雇农分好田""中农不准当苏维埃委员""中农不准加入共产党和共产青年团"等错误口号，严重侵犯了中农利益。[①]而片面强调雇农在农村中的领导地位，在各地组织雇农工会（贫农不得加入），建立贫农团（雇农可以加入并担任领导），则人为制造了贫农、雇农之间的矛盾。上述严重错误的"左"倾政策，引起了人们的普遍不安，也引起了有关领导机关的注意。从1931年8月开始，中共中央和苏区中央局以及闽西党团组织多次发出指示或作出决议，禁止侵犯中农利益，注意维护与中农的联盟。

然而由于王明"左"倾教条主义错误的进一步发展，不可能采取根本措施予以纠正，反而加剧了错误的发展。1931年8月21日，苏区中央局通过了《关于土地问题决议案》，这个决议案更为严厉地批评过去在平分土地的时候，把土地分给乡村中的一切男女，豪绅地主及其家属和富农等都同贫农、中农享受同等的权利，分得数量上、质量上同样的土地，要求"现在应当按照国际的指示来转变路线，从'分配土地给乡村中的一切男女'这种非阶级的路线转变到贫农中农的土地革命的阶级路线，我们应纠正过去的错误，来执行中共中央所提出的土地法令"[②]。11月10日，中共中央根据共产国际的指示又给苏区中央局一封指示信，指责他们对于消灭阶级与抵制富农政策还持有动摇的态度，犯了富农路线的错误；并坚持认为"有很多非阶级路线的观点和办法必须立即加以纠正"，"要彻底消灭地主阶级及其封建剥削关系，绝对不能再容许地主阶级及其家属在其土地被无偿还的没收以后，又重新与土地关系结合起来。凡有这类的企图，都是给地主复辟的机会，我们应给以无情的打击和反对"。[③]11月初在江西瑞金召开的中央苏区党的第一次代表大会，再次严厉批评毛泽东的土地政策，迫使苏区中央局承认过去"抽多补少""抽肥补瘦""分配土地给一切人"犯了"富农路线的错误"，是一种"非阶级路线"。不久，在瑞金召开的第一次全国工农代表大会通过了中共中央提出的《中华苏维埃共和国土地

① 参见《肃清反中农的情绪！》（1931年10月21日），《第一、二次国内革命战争时期土地斗争史料选编》，人民出版社1981年版，第577页。

② 《建党以来重要文献选编（1921—1949）》第8册，中央文献出版社2011年版，第526页。

③ 《建党以来重要文献选编（1921—1949）》第8册，中央文献出版社2011年版，第662、664页。

法》，强令各地执行，即使已经分田的地区，“如不合本法令原则者，则须重新分配”[①]。

在这种形势下，1932 年的 7 月 13 日，福建省苏维埃政府发布《检查土地条例》，开始查田检举运动。这个条例要求各地认真检查，彻底没收一切地主（不论大小地主）的土地、房屋财产和用具。没收富农分得的好田，以及多分到的土地、多余的耕牛、农具、房屋、菜园、粪缸；同时把地主、富农、工头、老板、商人等“阶级异己分子”清理出各级苏维埃。由于这些规定断绝了地主的生计，过分打击了富农以及一部分本来可以争取的中间势力，严重地脱离了群众，加之重复多次的没收与重新分配土地让许多干部群众心生厌倦和不满，所以条例公布之后，各地并不积极实行。为此，在 9 月 26 日—28 日召开的福建省苏维埃政府扩大会议上，闽西苏区查田工作遭到中央代表项英的严肃批评。但即便遭到批评，闽西苏区除了少数地区以外，直至 1933 年 6 月，宁化、长汀、武平全县及上杭、永定、新泉三县的大部分地方的查田运动仍然未能完全发动起来。

1933 年 1 月底，博古等来到中央苏区后，下令在整个苏区开展大规模的查田运动，如有违抗，则严厉打击和斗争，并责令时任中央苏区政府主席的毛泽东领导这项工作。毛泽东在领导查田运动的过程中，巧妙地将查田运动的着眼点放在检查漏划的、残存的封建势力和隐藏的阶级异己分子、彻底解决土地问题和及时纠正错误方面，对某些“左”倾错误政策作尽可能的修正。在此情形下，闽西苏区的干部群众顶住压力，接受并贯彻毛泽东提出的方针策略。1933 年 6 月 12 日，中共闽粤赣省委作出决议，强调查田运动必须正确执行阶级路线，“防止侵犯中农的利益与任何消灭富农的企图”。同月，福建省农业工人第一次代表大会通过《查田运动决议》，明确指出必须迅速纠正消灭富农的错误，要同侵犯中农利益的倾向作无情的斗争。会议批评了宁化县提出的所谓“破产地主”“反动富农”等模糊阶级概念的错误，指出必须纠正这种偏向。但随着 7 月—9 月查田运动的全面铺开，“左”倾错误政策迅速占了上风，仍然按照“左”倾的

① 许毅主编：《中央革命根据地财政经济史长编》上册，人民出版社 1982 年版，第 311 页。

土地纲领强制实行查田查阶级。宁北查出地主337家，富农227家，被窃取的土地14500多担；汀东查出地主108家，富农88家，反革命富农24家，被窃取的土地3100担；长汀查出地主100余家，富农80多家，被窃取的土地2000余担。[①]长汀县濯田区19天查出漏划的地主富农60多家。[②]兆征县的古城区，三四天查出地主12家，土豪1家，富农4家，反动富农3家，没收土地300多担、山林纸料200多担。[③]随之又大搞"唯成分论"，许多在机关、部队工作的干部和红军，因家庭被划为地主、富农而被当作不纯分子清洗回家。

再次出现的乱划阶级成分、严重侵犯中农利益、消灭富农经济的现象，激起群众极度的反感，甚至引起恐慌，因而遭到群众极大的抵制，截至1933年8月的统计材料表明，闽西苏区各县的查田成绩只相当于江西博生县，因此受到了中央的批评。

迫于查田运动中出现的问题，博古责成毛泽东纠正。1933年10月10日，中央人民委员会（毛泽东兼任主席）第49号命令颁布了毛泽东在大量调查研究和总结过去经验的基础上起草的《关于土地斗争中一些问题的决定》和为了正确分析农村阶级而主持起草的《怎样分析阶级》两个文件。文件颁布后，各地对照文件，很快将错划的阶级成分予以纠正。如，高陂区在一个月内改正70余户，超过查田运动查出总数的1/3。[④]查田运动中的"左"倾错误基本得到遏制和纠正。

与江西相比，闽西苏区的查田运动发动迟缓。从主观上讲，一是因为毛泽东、邓子恢等制定的土地革命路线是闽西苏区本身土地革命实践的经验总结，是被闽西土地革命实践证明了的正确理论和政策，早已为闽西苏区的干部群众所了解、认同、接受。二是因为1933年春季以后，毛泽东直接领导了查田运动，着手对某些"左"倾错误政策作尽可能的修正。毛泽东在6月17日—21日召开的瑞金等8县区以上负责人查田大会和6月

---

① 参见《福建省第一次查田总结》,《红色中华》1933年第113期。

② 参见《濯田区查田运动的经过》,《红色中华》1933年第105期。

③ 参见《古城热烈进行查田》,《红色中华》1933年第95期。

④ 参见余伯流、凌步机:《中央苏区史（修订本）》，江西人民出版社2017年版，第1243页。

25日—7月1日召开的瑞金等8县贫农团代表大会上，着重指出“查田运动的策略，是以工人为领导者，依靠贫农，联合中农，去削弱富农，消灭地主”，侵犯中农利益是绝对不许可的，“要着重说明富农与中农交界地方，使富裕中农稳定起来”。[①] 同时为了正确分析农村阶级，搞好查田运动，毛泽东还主持起草了《怎样分析阶级》这个文件，作为在实际工作中的划分阶级成分的标准，这些对于纠正查田运动的“左”倾错误发挥了积极的作用。三是因为闽西干部群众务实和敢于斗争的品质，“左”倾错误政策缺乏认同并遭遇一定程度的抵制。从客观环境上看，1933年2月以后闽西苏区正全力反对所谓“罗明路线”，因此对于查田运动暂时有所放松。

闽西的干部群众对“左”倾错误政策的抵制和毛泽东的纠偏，使闽西苏区这一时期的土地革命斗争在一定程度上延续和贯彻了过去的正确路线。犯“左”倾错误的领导者们虽然同意毛泽东对查田运动进行一些“纠偏”，却不能容忍这种政策的变更，为此，在第二次全苏大会上，免去了毛泽东所兼任的中央人民委员会主席职务，改由张闻天担任。1934年3月15日，人民委员会发出第一号训令，否定了上述1933年10月10日中央苏维埃政府颁布的两个文件，严厉指斥这种政策给了地主、富农许多反攻的机会，是不能允许的右倾机会主义，并且重新规定凡是在查田运动中已经划定的地主、富农“不论有任何证据不得翻案”[②]。与此同时，王明“左”倾教条主义变本加厉地推行过“左”的政策，规定将地主一律编入永久劳役队，富农编入临时劳役队，地主家属驱逐出境，从而产生了更加严重的偏向。在各项政策严重“左”倾的情况下，闽西苏区的查田运动再次陷入“左”倾泥潭，其结果是“造成从肉体上消灭地主，并且侵犯了中农利益，破坏了生产”[③]。

5. 修正“左”倾错误推行的《劳动法》

1931年11月，中华苏维埃第一次全国代表大会通过了《中华苏维埃

---

① 《毛泽东文集》第1卷，人民出版社1993年版，第269、270页。

② 《关于继续开展查田运动的问题》，《红色中华》1934年第164期。

③ 张鼎丞：《中国共产党创建闽西革命根据地》，人民出版社1983年版，第69页。

共和国劳动法》（以下简称《劳动法》），该部《劳动法》1931 年 12 月 1 日正式颁布，1932 年 1 月 1 日起生效。这个劳动法是在上海的中共中央政治局和共产国际远东局共同商议起草制定的，意在保障工人和其他劳动人民的切身利益。但是，这部劳动法照抄了苏联的劳动法，严重脱离苏区社会经济的实际，规定了一套过“左”的劳动政策，主要有以下几个方面：

第一，机械推行八小时工作制。《劳动法》机械地照抄照搬苏联的做法，一律硬性规定：“所有雇佣劳动者通常每日的工作时间，依本劳动法的规定，不得超过八点钟。”实行八小时工作制，在大城市现代工业生产中是应该的，但对农村革命根据地的私营企业提出如此要求，严重脱离了中国的实际。

第二，规定了过多的休息时间。《劳动法》规定：“每工人每周经常须有继续不断的四十二点钟的连续休息”，“在任何企业内的工人，继续工作到六个月以上者，至少须有二个星期的例假，工资照发”。除此之外，还规定了名目繁多的节假日。节假日的“前一日的工作时间，至多不得超过六点钟”。这些规定，在当时的战争环境下，对本身就十分脆弱而且还处在原始积累阶段的私营经济来说，显然是难以接受的。

第三，提出了不符合实际的工资待遇。《劳动法》规定：“所有劳动检查机关和工会所特许的额外工作，工人须得双薪”；工人或职员，每年“例假期间的工资，应在例假前提前发给”，如去当红军，“须预先发给他三个月的平均工资”等。这些工资条文，乍看起来，是竭力维护了工人的切身利益，但实际上根本就不可能做到，因为大大超出了当时私营企业的实际承受能力。

第四，强调了过分的福利要求。《劳动法》规定，雇主除需支付工人的工资外，还要“支付全部工资额的百分之十至百分之十五的数目，作为社会保险之基金”。社会保险的种类多样，仅以“免费的医药帮助”为例，其中规定：“不论是普通病，或因工作致病、遇险受伤、职业病等都支付医药费，其家属也同样享受免费的医药帮助。”还规定：“由工厂出资建筑工人寄宿舍，无代价的分给工人及其家庭住，未建筑寄宿舍的，每月由工厂津贴相当的房金。”[①]

这些带有浓厚理想主义色彩的规定，在当时贫穷落后的苏区根本行不通。这些不切实际的错误政策的贯彻实行，加上许多职工工会在实施中采取的是官僚主义、命令主义的错误方式和过激过火、呆板强硬的斗争方式，不恰当地在年关斗争中到处举行总同盟大罢工，强迫介绍失业工人到私营工厂和店铺中做工等，给中华苏维埃共和国所辖各革命根据地的私营经济带来了沉重的打击。大量私营业主因无利可图而关门歇业，或难以支撑而纷纷倒闭，有的甚至携资金外逃。例如，“汀州京果店学徒每月工资十九元，结果使老板负担不起，以致于关门”[②]。据有关部门统计，仅福建长汀一带，到 1932 年 10 月，由于资本家逃跑、关厂，造纸行业部分工人失业，纺织工人中失业人数达 4/5。

这种完全脱离当时苏区实际的政策与实践，给苏区的私营经济造成了极其严重的危害，受到了毛泽东、张闻天、陈云、刘少奇等领导同志的严厉批评和坚决抵制。

1932 年 8 月，毛泽东在宁都会议上对例假、增薪、八小时制提出批评，认为“这样做不符合农村和小县城的实际情况，在苏区有些手工业，因连年战争已破坏不少，手工业工人不少也失了业，而雇农分了田，因此，例假、增薪、八小时制是行不通的”[③]。

1933 年 4 月 19 日，张闻天发表《五一节与〈劳动法〉执行的检阅》一文，文章开门见山地指出，《中华苏维埃共和国劳动法》颁布“一年半的经验同时告诉我们，这一为了大都市大生产所订立的《劳动法》，在经济上比较落后的苏维埃区域内，是不能完全机械执行的”[④]。作为王明“左”倾阵营中的重要成员，张闻天的这一认识，对纠正《劳动法》中的错误规定，制定符合农村革命根据地实际的私营经济政策具有不可低估的作用。

随后，陈云发表题为《苏区工人的经济斗争》一文，严厉批评《劳动

① 许毅主编：《中央革命根据地财政经济史长编》上册，人民出版社 1982 年版，第 626 页。
② 云洲：《怎样去订立合同》，《苏区工人》1933 年第 2 期。
③ 许毅主编：《中央革命根据地财政经济史长编》上册，人民出版社 1982 年版，第 163 页。
④ 《张闻天选集》，人民出版社 1985 年版，第 21 页。

法》导致了许多企业作坊的倒闭。他尖锐地指出，“在许多城市的商店、作坊中提出了过高的经济要求”，“不问企业的工作状况，机械地实行八小时和青工六小时的工作制；不顾企业的经济能力，强迫介绍失业工人进去”，“到处举行有害苏区经济流通的总同盟罢工”，这是“极端危险的‘左’的错误倾向”。这种错误“是破坏苏区经济发展，破坏工农联盟，破坏苏维埃政权，破坏工人阶级的彻底解放的”①。在“左”倾错误笼罩中共党内时刻，陈云能如此大胆陈言，实属难能可贵！

同年六七月间，刘少奇在做了大量调查研究的基础上，连续发表《停止“强迫介绍”与救济失业工人》《在改订合同中应注意的几个问题》《模范的工人要求纲领》等重要文章，以其锐利的洞察力对“左”倾错误进行了激烈的批评。他十分气愤地指出，强迫介绍失业工人到私营工厂和店铺中做工，这是一种“挖肉补疮”的做法，必然导致企业倒闭，资本家停业与逃跑。

与此同时，这种“左”的政策，在实践中也遭到了工人的抵制。例如，汀州的一部分工人，对“过去所订劳动合同，好些是没有实行”。究其原因，“有些合同和条文连工人也感觉到难以实行”，特别是在木船工人中机械规定的八小时工作制和星期日休息，而且“许多工人对于工资等等的要求上觉得现在企业是不能负担了”，所以，他们“星期日完全没有休息，作工也不加双倍工资”。②在残酷的现实面前，一些下级苏维埃政府也开始纷纷自觉抵制和纠正给私营经济带来灾难的劳动政策。例如，江西省苏维埃政府就于1933年6月发布训令，批判了这种过“左”的错误，指出：“如工人去当红军要雇主发给工人三个月工资，工人参加机关工作要师傅、老板发给一月工资，若开除工人工作，经过劳动部及工会同意发给三月工资，沿门卖工的师傅若带了学徒，不问有无工做，要包长期工资，甚至劳动法上没有规定的条文，过年除旧历年发双薪外还要有过年费，工人赤少队员要雇主发雨衣、梭标、制服、套鞋、斗笠，工人吃黄烟、穿草鞋、剃

① 《陈云文选》第1卷，人民出版社1995年版，第9页。
② 转引自《中央革命根据地财政经济史长编》上册，人民出版社1982年版，第640页。

头的经费要雇主发给。”[①] 训令有力地促进了中华苏维埃共和国临时中央政府对严重破坏私营经济发展的劳动政策的修改和纠正，为有利于私营经济发展的新的劳动政策的出台创造了条件。

鉴于《劳动法》的实施带来了一系列严重问题，并遭到来自各个方面日益强烈的抵制，1933 年 3 月 28 日，中华苏维埃共和国临时中央政府人民委员会召开会议，开始修改劳动法。经过 5 个月的工作，一部有利于私营经济恢复和发展的新的《中华苏维埃共和国劳动法》(以下简称新《劳动法》)，于 1933 年 10 月 15 日正式颁布。

新《劳动法》与原《劳动法》相比，作了较多的调整和修正。新《劳动法》缩小了雇主范围，变通了劳动时间，限定了休假日期，取消了双薪规定，修改了工资报酬，降低了保险条件。这些修改基本上纠正和删除了原《劳动法》中某些过高过分的要求，具有较多的变通性和灵活性，更为切合农村革命根据地的实际和企业的状况，显然大大减轻了包括企业在内的所有工商业的负担。后来中华工农兵苏维埃第二次全国代表大会报告曾评价说：“此次修改的劳动法，对于城市与乡村，对于大企业与小企业，都能使之应用适当。”[②]

但令人遗憾的是，新《劳动法》颁布不久，就开始了第五次反“围剿”战争，因而对于私营经济的恢复并没有产生多少实际效果。

6. 质疑并积极应对“分离作战”方针和“东方军入闽作战”计划

1933 年 3 月，国民党对中央苏区的第四次“围剿”以失败结束，主力军队遭到重创，但是其对中央苏区的军事压力并没有放松。不仅如此，国民党军队很快就筹划起第五次“围剿”，而且一改以往实行分兵合击、长驱直入的惯用战术，广筑碉堡和防御工事，发展和完善堡垒推进战术，欲凭借强大的军事力量和坚固的堡垒包围封锁中央苏区。为打破敌人即将到来的第五次“围剿”，共产国际远东局和临时中央改变了以往诱敌深入的内线防御策略，提出“从防御转入进攻”，加强对敌人有生力量的打击

① 许毅主编：《中央革命根据地财政经济史长编》上册，人民出版社 1982 年版，第 640 页。

② 毛泽东：《在第二次全国苏维埃代表大会上的报告》，《建党以来重要文献选编（1921—1949）》第 11 册，中央文献出版社 2011 年版，第 110 页。

能力，以运动战的方式冲到苏区外围主动进攻国民党军队。这在诱敌深入式的内线防御难以有效打破国民党军队堡垒封锁的情况下，不失为“当时红军打破国民党军队对中央苏区‘围剿’的合理选择之一”[①]，也因此在党内取得较为一致的共识。

但与此同时，远东局反对红军集中兵力的作战部署，提出红一方面军必须摆脱“不相称的大兵团”的部署，实行分离作战，一部主动出击，一部协同配合。1933 年 6 月，共产国际远东局以“中共中央指示”的名义发给中共苏区中央局电令。因为该指示是由远东局从上海发出的，故当时被称为“沪电”。红一军团组成中央军，部署在宜黄、乐安沿抚河一带，防守苏北大门，第三军团及第十九师等部组成东方军，入闽作战，向闽西北方向进攻。远东局在“沪电”中要求：从红一方面军中抽调红五军团组成东方军，出击国民党军队力量相对薄弱的福建，打击国民党第十九路军的有生力量，并向北推进，向抚河沿岸靠拢，与红一方面军主力会合，然后集中全力夺取抚州，并发动“从抚州区域向南昌的进攻，以便由抚河方向与南丰（南昌）一师一师的消灭敌人”[②]，同时努力扩大根据地，实行所谓“两个拳头打人”的分离作战计划，企图在两个战略方向上同时取胜。

由于担心红五军团战斗力较弱，无法完成入闽作战的任务，苏区中央局决定改派彭德怀、滕代远率领红一方面军的主力之一红三军团组成东方军的基本力量东征福建，红一、红五军团则留在苏区“依计划在北面地带，积极活动”[③]，牵制国民党北路军，策应东方军的军事行动。

对于远东局和临时中央的分离作战计划，红一方面军总司令朱德和总政治委员周恩来并不认同。他们强调集中兵力的必要性，认为不应削弱红一方面军的主力。在 6 月 17 日致苏区中央局的电报中，他们提出：暂时抽调一部分主力，但不能过分削弱主力，去领导东方军削弱和消灭敌人的羽翼，分散和各个击破敌人以增强我们自己，但须充分利用敌人的弱点和

---

① 黄珍德：《第五次反“围剿”前夕共产国际远东局的分离作战计划述论》，《中共党史研究》2016 年第 12 期。

② 《建党以来重要文献选编（1921—1949）》第 10 册，中央文献出版社 2011 年版，第 286 页。

③ 《建党以来重要文献选编（1921—1949）》第 10 册，中央文献出版社 2011 年版，第 287 页。

矛盾，须充分估计敌我力量对比与地形物质等条件。在6月18日的电报中，他们又强调：作为红一方面军的两个主力军团，红一军团和红三军团“目前绝对不应分开”[①]。

对于远东局选择分离作战的突破方向是东线即福建，朱德和周恩来也持异议。鉴于当时国民党军队“围剿”中央苏区的主力是中央军，其进攻苏区的方向是自北而南，对红一方面军而言最大的军事压力来自北边。而东南战线的驻守福建的国民党第十九路军与中央军矛盾重重，对“围剿”红军态度消极，且当时已经在酝酿反蒋，打算秘密地与红军谈判停战。因此，朱德与周恩来在接到“沪电”后即向中共临时中央和苏区中央局委婉地指出，“须充分利用敌人的弱点和矛盾，须充分估计敌我力量对比与地形物质等等条件”[②]；在中央苏区主要的军事威胁来自国民党北路军的情况下，红一方面军的当务之急是破坏北边国民党军队的部署，“与其行动十九路军在清流进行残酷战斗莫如决心在北面与赣敌一部分进行战斗”[③]。他们还指出，如果非要用兵福建不可的话，那么东方军的作战区域应紧靠赣东北，“以活动于建泰将乐邵光地区为合宜”，“这不仅较打卢兴邦十九路军易于求得补充，并容易求得运动战，且对于赣东北目前严重现象也给了直接援助”。[④]这些意见都是从以国民党北路军作为反“围剿”的最主要敌人的角度提出的，符合当时的战场实际。

然而中共临时中央和苏区中央局拒不接受朱德和周恩来的意见。博古、项英等人坚持红一方面军两大主力应分开，红三军团参加东方军入闽作战，红一军团和红五军团留在苏区策应。朱德和周恩来不得不执行这一军事战略方针和行动计划，率东方军入闽作战。一开始，凭着朱德、周恩来、彭德怀、滕代远等根据前线敌我态势的变化积极应对和红军战士的英勇，不到1个月就攻占归化、泉上、清流等大片地区，歼灭福建国民党军队数千人，取得了“赤地千里、筹款百万”的重大胜利。但是随着福建方

① 《周恩来年谱（1898—1949）》，人民出版社、中央文献出版社1989年版，第247页。
② 《周恩来年谱（1898—1949）》，人民出版社、中央文献出版社1989年版，第247页。
③ 《建党以来重要文献选编（1921—1949）》第10册，中央文献出版社2011年版，第288页。
④ 《周恩来年谱（1898—1949）》，人民出版社、中央文献出版社1989年版，第248页。

面战事的展开，东方军作战并不顺利。红军不断向福建增兵，红五军团和原留置赣东北的兵力陆续调往福建与东方军协同作战，致黎川一带兵力空虚。

而这时，国民党军已基本完成赣江自西南向东北对中央苏区的堡垒封锁线，准备发动对中央苏区的第五次“围剿”，并把首战目标锁定在兵力空虚的赣东北的黎川。鉴于赣东北的严峻形势，9 月 3 日，朱德、周恩来致电中共中央，让东方军“准备回师”[①]。12 日，项英致电朱、周，仍强调“速将顺（顺昌）、将（将乐）攻下”。13 日，周恩来再电博古、项英等，要求东方军结束当前战斗，“迅速北上”[②]。中革军委复电同意北上，但又判断“蒋贼仍极力构造永、乐方面之封锁线，刻未东移，容我东方军迟于二十日若干时间再行北上……这样的时间和空间的条件，还容我们采用各个击破的手段，先打闽敌，以便将来独立对赣敌作战”[③]。一直至 25 日，赣东北局势已经非常紧张，周恩来再电项英并转中共中央局，要求同意东方军“赶早北上”[④]，中革军委才作出北上的决断。但为时已晚，由于双方力量悬殊，刚刚由福建前线奉命赶回的闽赣军区政治委员萧劲光为避免无谓损失，率领教导队于 28 日撤离。对黎川疏于防守和抑留东方军于闽西北，终致黎川易手。占领黎川，使国民党得以把赣东北一线一直未构成的封锁线完成，最终形成对中央苏区的完全包围。

1933 年 11 月，驻福建的国民党十九路军蔡廷锴、陈铭枢、蒋光鼐和国民党一部分反蒋势力李济深等，发动了福建事变，成立抗日反蒋的“中华共和国人民革命政府”，公开宣布同蒋介石决裂。这迫使蒋介石迅速从“围剿”苏区的前线抽调 9 个师入闽，讨伐十九路军。朱德和周恩来认为这是一个粉碎敌人“围剿”的有利时机，于是向中央提出了“乘此机会向赣东北方向出击，以求打破敌之‘围剿’”的建议，并指示闽赣军区司令

① 《周恩来年谱（1898—1949）》，人民出版社、中央文献出版社 1989 年版，第 251 页。

② 《周恩来年谱（1898—1949）》，人民出版社、中央文献出版社 1989 年版，第 251 页。

③ 《各个击破，先打闽敌，尔后对赣敌作战》（1933 年 9 月 14 日），《项英文集》（上），人民出版社 2019 年版，第 301 页。

④ 《周恩来年谱（1898—1949）》，人民出版社、中央文献出版社 1989 年版，第 252 页。

员兼红十军军长刘畴西等，“福建十九路军宣布反蒋独立，蒋介石已抽兵向浙赣闽边境集中”，赣东北和闽北应抓紧这一机会，“广泛发展上述地域的游击战争，截击敌人的联络运输，扰乱其后方”。但是，博古和李德害怕红军转向敌人统治区会丢失根据地，又一次拒绝了他们的正确建议，对福建人民政府抱着完全不信任的态度，不仅不予积极支持，还希望十九路军去替红军打敌人，以致红军未能主动及时地援助十九路军，错失了粉碎敌人“围剿”的有利战机。

由此可见，尽管周恩来、朱德等尽最大努力抵制“左”倾领导者照搬共产国际驻中共军事总顾问弗雷德·施特恩提出的在东、西两个方向、两条战线“分离作战”的错误方针和选择东线即福建作为突破方向的作战计划，并力排后方博古、项英的干扰，与彭德怀、滕代远一起根据前线敌我态势的变化积极应对，对保存红军的有生力量、避免无谓的牺牲发挥了一定的作用。但“分离作战”和以福建为突破方向计划的实施，还是造成了严重后果，不仅削弱了主力红军的战斗力，丧失了进行反“围剿”准备的宝贵时间和利用国民党内部矛盾瓦解敌人“围剿”的好时机，还导致战略要地黎川失守，给以后的反“围剿”作战造成了很大困难。

7. 批评“左”倾错误军事指挥，提出以“运动防御”代替“短促突击”

1933 年 9 月 25 日，国民党军采取持久战与“堡垒主义”相结合的新战略，发动了对中央苏区的第五次“围剿”。国民党军的新战略使红军以往运用自如的诱敌深入进行内线运动战、游击战的战术面临严峻考验。为此，在第五次反“围剿”初期，中央苏区军政领导人和共产国际提出了“从防御转入进攻”，加强“对敌人有生力量的打击能力”，以运动战的方式冲到苏区外围主动进攻国民党军队的方针。

9 月底，从上海来到瑞金的共产国际军事顾问李德受到中共临时中央主要领导人博古的信赖和支持，被赋予“主管军事战略、战役战术领导、训练以及部队和后勤的组织等问题”的大权。面对国民党军的新战略，在难以到外线作战，又希望坚守苏区现有地域的情况下，李德决定采用“短促突击”战术。这一战术要求红军在敌人修筑堡垒、步步为营向前推进的情况下，也修筑堡垒来防御阵地，以堡垒对堡垒，当敌人走出堡垒前进时，则在短距离内对敌人进行突击。

自 9 月下旬至 11 月中旬，红一方面军依照中共临时中央和中革军委的命令，在国民党军主力和堡垒之间连续作战近两个月，不仅未能御敌于苏区之外，反使自己遭受很大损失，完全陷于被动地位。但是，11 月下旬，中革军委专门下达命令，要红军继续运用"短促突击"战术作战。

1934 年 1 月下旬，蒋介石镇压十九路军的福建事变后，调转枪头，下令向中央苏区红军发动新的进攻。1 月 25 日，派陈诚率领北路军主力，向建宁方向推进，寻求荡平中央苏区的突破口。由于李德、博古强令红军各军团按照他们的战术和指挥，实行阵地战、堡垒战，节节防御，步步对抗，红军指战员虽浴血奋战，付出巨大牺牲，却无法阻挡敌人的进攻，将乐、泰宁、归化相继失守。鉴于战局连连失利，红军将领们对李德、博古"短促突击"的战术和指挥纷纷提出批评。

2 月，红一军团政委聂荣臻和林彪曾联名向博古、李德发电报建议"用运动战来消灭敌人"。4 月 3 日，林彪又向军委建议，主力不宜与敌对峙，要求军委改变"分路阻敌"打堡垒战的战术，提出"抓紧运动战的机会而于运动战中以我主力军大量地消灭敌人"。[①]4 月 1 日，红三军团团长彭德怀在福建前线就作战方针给军委写信，对李德、博古的错误战略部署提出批评，指出"广昌是不能固守的，必须估计敌军技术装备"，"在自己没有飞机大炮轰击的情况下，就算是比较坚固的野战工事，在今天敌军的装备下，是不起作用的。如果固守广昌，少则两天，多则三天，三军团一万二千人，将全部毁灭，广昌也就失守了"[②]，呼吁军委放弃"短促突击"战法，"以游击战战胜敌人"。

此外，周恩来、朱德、刘伯承等红军领导人都对李德、博古的错误提出过批评意见，在粉碎敌人第五次"围剿"的战略战术上提出了很多有益意见和建议。但这一切都未能奏效。博古、李德一意孤行，顽固坚持已被

① 刘秉荣：《红一方面军纪实（第 3 卷）·血路》，人民出版社 2003 年版，第 1536 页。

② 《彭德怀自述》，人民出版社 2019 年版，第 160 页。

实践证明是错误的战略战术，决意死守广昌。

4 月 28 日，广昌失守。红军伤亡 5500 余人。面对如此惨痛的损失，彭德怀当面斥责李德“崽卖爷田心不痛”①。

5 月 4 日，红一军团奉命东进到达建宁地区，参加保卫建宁的战斗。鉴于建宁地区的实际情况和广昌保卫战的教训，林彪向中革军委提出了《关于作战指挥问题向军委的建议》②，认为根据敌人的行动计划，“判断国民党军每次前进通常至少要走 15 里至 25 里甚至 30 里，在这种距离内完全允许红军进行运动战”，“红军仍然有求得在运动战中消灭敌人的充分机会”。③但是，此时的博古、李德仍然没有从广昌失守中吸取教训，听不进林彪的正确意见，命令部队固守建宁阻敌南进，经过 5 个昼夜激战，5 月 16 日，建宁陷于敌手。

至此，中央苏区大片领地丧失，红军在中央苏区内线打破敌人第五次“围剿”的希望完全破灭。迫于形势，5 月下旬，博古在瑞金主持中共中央书记处会议，作出“将主力撤离中央苏区，进行战略转移”④的决定。

6 月，蒋介石开始兵分六路同时向中央苏区腹地进攻。面对国民党军的六路进攻，毛泽东提出应尽快向湖南中部广大无堡垒地区突围转移，机动作战，在运动中消灭敌人。可是，博古、李德根本听不进毛泽东的意见，仍然采取单纯防御战略，命令红军部队分六个作战方向，实行“六路分兵”“全线防御”，使红军部队打得非常艰苦、被动。

8 月底，国民党军东路军李延年第四纵队从连城出发，向长汀推进，企图会同北路军、南路军总攻瑞金。红一军团和红九军团、红二十四师遵照朱德的指示，在林彪、聂荣臻的指挥下，采取运动防御、诱敌深入的方针，在长汀南部的温坊战斗中，仅以 700 人伤亡的代价，毙伤敌人 2000

---

① 《彭德怀自述》，人民出版社 2019 年版，第 162 页。

② 6 月 17 日，林彪忽然又写了一篇鼓吹性的《论短促突击》的文章，至于他为什么在这个问题上前后矛盾，据他当年工作上的搭档、时任红一军团政委的聂荣臻说，“实际上是他这时的一个政治上的表态”，暴露了他投靠李德等人的心理。参见《聂荣臻回忆录》（上），人民出版社 2022 年版，第 164 页。

③ 刘秉荣：《红一方面军纪实（第 3 卷）·血路》，人民出版社 2003 年版，第 1560 页。

④ 《周恩来年谱（1898—1949）》，人民出版社、中央文献出版社 1989 年版，第 262 页。

余人，缴获各种枪炮 1800 余支（门）、子弹 44 万余发，取得第五次反“围剿”以来少有的胜利。这次局部战斗的胜利虽然改变不了红军整体上的被动局面，但它用实战证明了“运动防御”战略战术的正确，是红军广大指战员抵制“左”倾错误军事指挥的胜利，对后来清算和结束“左”倾军事指挥产生了积极影响。

三、“左”倾干扰与斗争的性质和影响

（一）“左”倾干扰与斗争的性质

李立三的“左”倾冒险主义、王明和临时中央的“左”倾教条主义，严重妨碍和干扰了闽西苏区对马克思主义中国化的进一步探索。以毛泽东、朱德、周恩来、陈毅、彭德怀等为代表的红军领导人和广大指战员，以罗明、邓子恢、张鼎丞等为代表的闽西地方党的领导人和广大革命群众，对此都进行了抵制和斗争。对于这场干扰与反干扰的斗争，历史学家把它定性为“两条路线”的斗争。应该说这种定性没有问题，问题在于人们在论证这一结论时，往往把双方的具体观点和代表人物也简单地对立化。事实上，历史事件、历史人物、历史观点往往不是那么是非明确，不是那么黑白分明的，因此无论是对人还是对他们所持的具体观点都不能简单地予以肯定或否定，唯其如此，才更契合历史的真实。

为什么说这场干扰与反干扰的斗争是“两条路线”的斗争？

这是因为双方认识中国革命问题的根本思路不同。毛泽东等与中共“左”倾领导者们之间之所以出现相互对照乃至相互对立的观点和做法，其根源在于认识中国革命问题的思路不同：毛泽东等毫不动摇地坚持从实际出发，“左”倾领导者们却唯上唯书，照搬照抄共产国际决议和苏联经验。在这种情况下，敢不敢同“左”倾教条主义错误作斗争，能不能坚持把马列主义的普遍原理同中国革命具体实际相结合，就成为能否把马克思主义中国化、把中国革命引向胜利的关键。

为什么不能把双方的观点和代表人物简单地对立化呢？

首先，双方除了有分歧外，也有一致的地方。作为中国共产党党员和重要领导人的李立三、王明，他们在当时的政治信仰、奋斗目标是无可非

议的。土地革命时期，他们在反对国民党反动统治、主张土地革命和红军斗争等中国革命的基本问题上，和党的纲领是一致的。也就是说，李立三、王明的思想动机、基本政治立场是没有错的，他们的错误是在中国革命的具体方针、政策和策略等方面的错误（当然，这些错误也可导致全局性的错误）。对此，中共中央曾明确指出过。延安整风时期，毛泽东指出，对于六届四中全会至遵义会议时期中央的领导路线问题，应作两方面的分析：一方面应指出犯错误的同志在反对蒋介石、主张土地革命和红军斗争这些基本问题上面，和我们之间是没有争论的；另一方面，应指出那个时期中央领导机关所采取的政治策略（主要指“下层统一战线”或“关门主义”）、军事策略（主要指“御敌于国门之外”）和干部政策（主要指“残酷斗争，无情打击”），在其主要方面都是错误的。可见，即使在清算王明路线的时候，毛泽东仍承认，其与以博古为首的中央之间的分歧局限于策略方面。

其次，即便是存在于他们之间的矛盾分歧，有些也是由于他们考虑问题的立足点、出发点不同，对错很难绝对判定。比如，二者都在谈论土地改革，王明他们更多把它看作最终铲除“封建制度”的神圣目标，而毛泽东则更多把它作为组织动员农民参与其军事行动的有效手段。有时毛泽东提倡实行完全没收和平分土地的政策，以便争取新根据地的群众，而有时他又强调需要实施较为温和的土地政策，以促进苏区的经济生产和维护苏区的社会稳定。在党中央规定的各根据地和红军都遵从的总体框架中，毛泽东的言论和行动因时因地而发生变化。在这些表面上前后矛盾的现象背后，实际上是毛泽东的政治现实主义立场与李立三、王明等人的革命理想主义立场的鲜明对照。

最后，李立三、王明、博古等人所犯错误有深刻的国际背景，不应把错误完全归结于个人原因。土地革命时期，斯大林和共产国际的一些战略思考和对中国革命的许多指示不符合中国实际，甚至损害了中国革命。而共产国际要求绝对服从的组织原则极大地制约着中国共产党人对中国革命的探索。因此，他们所犯错误既有他们自身的原因，同时又有共产国际的原因，而且是一个重要的原因。

（二）反对“左”倾干扰斗争的影响

发生于20世纪30年代闽西苏区以毛泽东为代表的正确路线与李立三、王明“左”倾错误路线的激烈斗争，虽然由于“左”倾领导者们占据中央领导地位，马克思主义中国化尚处于起步阶段，使这一时期的革命斗争总体上执行了错误的政策路线，闽西苏区的马克思主义中国化探索受到严重干扰，但这场斗争对推进马克思主义中国化至少产生了以下几个方面的深刻影响及启示：

第一，毛泽东等和闽西苏区干部群众对“左”倾错误的抵制和反对所呈现出的良好成效，客观上深化了党内对以毛泽东同志为主要代表的中国共产党人从实际出发探索和形成的革命路线理论的认识和认同，坚信它代表了中国革命的正确方向。

第二，毛泽东等和闽西苏区干部群众务实和敢于斗争的品质，为中国共产党人进行马克思主义中国化的探索树立了榜样，无疑影响着更多的共产党人尝试着结合具体实际更加灵活地去执行甚至纠正上级的错误指示。

第三，毛泽东等和闽西苏区干部群众对“左”倾错误的抵制和反对虽然没能扭转大局，但他们在斗争中所表现出来的既敢于坚持正确意见又遵从上级指示的大局意识、纪律意识，却是贯彻民主集中制的典范，为形成马克思主义中国化探索的纠偏或纠错机制提供了范例。

第四，深化了人们对“山沟里也能产生马克思主义”的认识，从而更加自觉地走上把马克思主义与中国实际相结合的正确道路。毛泽东和闽西苏区干部群众对“左”倾错误的抵制和斗争，表面上看是以毛泽东为代表的“山沟里的马克思主义”对以李立三、王明等为代表的“大城市的马克思主义”的抵制和斗争，其本质上却是“一切从实际出发”与“一切从本本出发”“从教条主义出发”的较量。犯“左”倾错误的领导人认为山沟里不可能产生马克思主义，并给毛泽东本人扣上“狭隘经验主义”的帽子。然而“左”倾错误导致苏区失败，恰恰证明在“山沟里”的毛泽东等人代表了中国革命的正确方向，而身居大城市的党中央确实犯了教条主义错误。较量的结果让人们看清马克思主义唯有与中国实际尤其是中国农村实际相结合，中国革命才有胜利的希望，从而更加自觉地走上毛泽东所开辟的实事求是进行马克思主义中国化探索的正确道路。

第五，这一斗争实践促使一部分曾是“左”倾路线代言人的留苏党员思想发生转变，转而赞同支持毛泽东。杨尚昆回忆说，莫斯科中山大学的办学方针存在许多严重的问题：脱离中国革命的实际，讲马列主义而不强调应用，不联系中国的国情；课程设置同中国的实际需要明显脱节；讲革命经验，言必称苏俄，强调以城市暴动为中心的模式。[①]他们来到苏区后，开始接触中国革命的实际情况、思考中国革命的根本问题，就个人而言，只有补上了解中国革命实际这一课，他们才有可能成长为成熟的革命者。他们中的一些人如张闻天、王稼祥、杨尚昆等虽然不了解中国革命实际，却尊重事实、服从真理，具有谦虚好学、追求真理、热爱真理的革命精神。因此，在经历苏区的革命斗争，尤其在看到毛泽东等人从中国革命实际出发的结论被实践证明正确后，他们从“左”倾阵营中“杀”出来，转而支持毛泽东，较早完成了这一转变过程。

他们在苏区程度不同地抵制了共产国际和王明等人的“左”倾错误。比如在1932年10月的宁都会议上，王稼祥坚定地支持毛泽东的主张，并明确表态不同意撤销毛泽东红一方面军总政委的职务。张闻天则对《劳动法》执行过程中出现的种种“左”倾错误做法进行了有实据的批评，提倡推进务实的经济政策，强调苏区的经济建设必须从苏区的客观实际出发，反对超越苏区经济发展实际的“左”倾做法，等等。在此后长征途中的遵义会议上，他们又全力支持毛泽东，使“左”倾错误得到清算，毛泽东又重新站到了决策岗位上，中国革命实现了具有重大历史意义的转折。

① 参见《杨尚昆回忆录》，中央文献出版社2007年版，第42页。

下　篇

闽西苏区马克思主义中国化的历史评价

毛泽东在《反对本本主义》一文中明确总结说："共产党的正确而不动摇的斗争策略，决不是少数人坐在房子里能够产生的，它是要在群众的斗争过程中才能产生的，这就是说要在实际经验中才能产生。"[①] 自 1929 年 3 月红四军入闽以来，以毛泽东同志为主要代表的中国共产党人在创建、发展、巩固闽西苏区的实际斗争中，坚持马克思列宁主义普遍真理同中国革命相结合的根本原则，在这片土地上进行了艰苦卓绝的探索，书写了重要篇章，为推进马克思主义与中国革命实际相结合作出了独特的历史贡献。同时，人们创造历史的活动必然受一定社会历史条件的制约，就如马克思所说："人们自己创造自己的历史，但是他们并不是随心所欲地创造，并不是在他们自己选定的条件下创造，而是在直接碰到的、既定的、从过去承继下来的条件下创造。"[②] 囿于中国共产党处在幼年、落后农村、武装斗争、体制外生存、受共产国际领导等各种主客观条件，闽西苏区马克思主义中国化的探索，也存在着理论准备不足、非理性党内斗争、理性认识与实践偏离等历史局限，但无论成功或失误，都弥足珍贵。

① 《毛泽东选集》第 1 卷，人民出版社 1991 年版，第 115 页。

② 《马克思恩格斯选集》第 1 卷，人民出版社 1995 年版，第 585 页。

第七章

闽西苏区马克思主义中国化探索的历史贡献

一、形成了马克思主义中国化的奠基成果

2001 年 10 月，胡锦涛在中华苏维埃共和国临时中央政府创建七十周年纪念大会上的讲话中指出，中央苏区时期，以毛泽东同志为主要代表的中国共产党人，把马列主义普遍真理与中国革命的具体实践相结合，在同党内“左”倾错误路线的艰苦斗争中，对中国革命道路进行了艰苦卓绝的探索，并“逐步形成了包括人民军队建设、党的建设、革命武装斗争、土地革命、农村革命根据地建设等多方面内容的中国革命理论，创造性地发展了马克思列宁主义”[①]。闽西作为中央苏区的重要组成部分，是中央苏区时期中国共产党人进行马克思主义中国化探索的重要实践基地，这些理论的形成与以毛泽东同志为主要代表的中国共产党人在闽西的马克思主义中国化探索和实践有着密不可分的联系，它们或是在闽西提出的，或是在闽西经验的基础上形成的，又或是闽西独特经验的总结和升华。就如本书中所阐述的，以乡村为中心的革命道路理论、实事求是的思想路线、调查研究和群众路线的工作方法、思想建党和政治建军原则、“抽多补少、抽肥补瘦”的土地分配方法以及“给地主、富农以活路”的政策、红色政权人民性宗旨和民主建政理论的形成，与以毛泽东同志为主要代表的中国共产党人在闽西的马克思主义中国化探索和实践有着密不可分的联系，可以说这些理论的形成地就是或主要是在闽西。

---

① 胡锦涛:《在纪念中央革命根据地创建暨中华苏维埃共和国临时中央政府成立七十周年座谈会上的讲话》,《人民日报》2001 年 10 月 25 日。

概言之，中央苏区时期，以毛泽东同志为主要代表的中国共产党人，根据马克思列宁主义的基本原理，对闽西苏区革命实践中的一系列经验作了理论概括，成功地解决了中国革命中的一系列重大问题，初步形成了马克思主义中国化的奠基成果——毛泽东思想，红色闽西为此作出了重大贡献。

1. “农村包围城市”的中国革命独创性道路的理论

井冈山革命根据地的建立，是农村包围城市道路实践的开始。毛泽东不仅在实践上率先走出到农村创建根据地、进行武装斗争的第一步，而且从理论上开始探索中国革命的道路问题，写就了《中国的红色政权为什么能够存在？》和《井冈山的斗争》等光辉著作，从理论上阐明了中国革命的发展规律，又科学地论证了红色政权能够长期存在和发展的五个条件。既坚持了马克思主义的暴力革命原则，又丰富和发展了这一原则，即在半殖民地半封建的农业国家，在敌强我弱的情况下，无产阶级及其政党怎样积聚和发展革命力量，从而为农村包围城市革命道路理论奠定了基础，继而为革命新道路的胜利开辟作出了独创性的理论贡献。

但是在井冈山斗争时期，毛泽东虽然认识到在农村建立革命根据地的重要性，但对其价值的认识还停留于它是配合城市斗争的不可缺少的条件，直到在创建赣南、闽西苏区割据新局面的实践中，才进一步认识到农村革命根据地无疑义的是促进全国革命高潮的最重要因素，并在给林彪的复信即《星星之火，可以燎原》中提出了“以乡村为中心”思想。不仅在实践中已经走上了“以乡村为中心”的道路，而且在理论上也进行了论证。中国革命道路的探索由此实现了由“工农武装割据”向“农村包围城市”的转变，从而为革命新道路的胜利开辟作出了独创性的理论贡献。

“以乡村为中心”思想的提出无疑填补了马克思主义的暴力革命学说的空白，为马克思列宁主义的理论宝库增添了新的内容。正如邓小平所指出的：“马克思、列宁从来没有说过农村包围城市，这个原理在当时世界上还是没有的。但是毛泽东同志根据中国的具体条件指明了中国革命的具体道路，在军阀割据的时候，在敌人控制薄弱的地区，领导人民建立革命根据地，用农村包围城市，最后夺取了政权。”[①] 他又说：“列宁领导的布尔什维克党是在帝国主义世界的薄弱环节搞革命，我们也是在敌人控制薄弱的地区搞革命，这在原则上是相同的，但我们不是先搞城市，而是先搞农村，用农村包围城市。”[②]

2. “中国式”土地没收和土地分配理论

井冈山斗争将“土地革命”依托于农村革命根据地，为土地革命长久、持续地进行下去找到了支撑面，开辟了“中国式”土地革命的新道路。但是土地革命能否顺利开展，能否达到预期效果，还取决于制定和执行的土地革命路线、方针和政策是否正确。它涉及如何没收土地，如何分配土地以及土地所有权的归属等问题。

1928 年 12 月，毛泽东主持制定了工农民主政权的第一部土地法——《井冈山土地法》。该土地法第一、第二条规定“没收一切土地归苏维埃政府所有”，以分配给农民个别耕种为主，遇到特殊情况时兼用“分配农民共同耕种”和“由苏维埃政府组织模范农场耕种”两种方法；“一切土地，经苏维埃政府没收并分配后，禁止买卖”。但是正如毛泽东在 1931 年为它所加的按语中所指出的，这个土地法有几个错误：（一）没收一切土地而不是只没收地主土地；（二）土地所有权属政府而不是属农民，农民只有使用权；（三）禁止土地买卖。

1929 年 7 月上旬，毛泽东以红四军前委特派员身份到闽西指导地方工作。其时，闽西特委正准备在上杭蛟洋召开中共闽西第一次代表大会。在毛泽东的指导下，大会在全面总结闽西两年来土地革命经验的基础上，吸收了《井冈山土地法》和《兴国土地法》的内容，制定了一套新的土地政策，通过了《关于土地问题决议案》。新政策提出：对大小地主加以区别对待，对地主也酌量分与土地；对富农土地只没收自食以外的多余部分；对中农“不要予以任何的损失”；“对大小商店应取一般的保护政策（即不没收）”；在土地分配上，以乡为单位，在原耕地基础上“抽多补

① 《邓小平文选》第 2 卷，人民出版社 1994 年版，第 126 页。
② 《邓小平文选》第 2 卷，人民出版社 1994 年版，第 126—127 页。

少”，“按人口平均分配”；等等。

由于闽西一大只提出了“抽多补少”，未解决“抽肥补瘦”，在土地分配中出现了富农把持肥田，而将瘦田分给别人的情况。1930 年 2 月 25 日召开的闽西特委第二次扩大会议《关于土地问题决议案》规定：分田方法以抽多补少为原则，抽出之田以肥瘠均匀为度，好田多者抽好田，坏田多者抽坏田。同年 6 月，在毛泽东主持召开的红四军前委和闽西特委联席会议上，他充分肯定闽西特委的处理办法，并将其归结为“抽肥补瘦”原则，写入会上通过的《富农问题》决议案中，从而丰富和完善了党的土地政策。

通过指导闽西土地革命斗争实践，结合井冈山、兴国等地的土地革命实践，毛泽东、邓子恢、张鼎丞等人为党制定了一条符合中国革命实际的、马克思主义的土地革命路线和各项方针政策：“依靠贫农、雇农，联合中农，限制富农，保护中小商业者，消灭地主阶级”的土地革命路线和“没收地主阶级土地和一切公共土地”、“以乡为单位，按人口平均分配土地，在原耕地基础上，实行‘抽多补少’‘抽肥补瘦’”的土地分配政策。

这条路线和基本政策，在理论和实践上解决了应当没收哪些土地、如何分配土地以及给地主、富农等剥削阶级以活路等问题，至此，除农民土地所有权的政策未作出外，中共对土地革命的政策大致都制定出来了。自此，依托于农村革命根据地的“中国式”土地革命道路就有了正确的遵循，从而为土地革命的顺利开展作出了杰出贡献。

3. 思想建党理论

井冈山斗争时期，毛泽东在《中国的红色政权为什么能够存在？》和《井冈山的斗争》等光辉著作中，科学地论证了农村红色政权能够长期存在和发展的五个条件。但是随着中国革命重心转向农村，农民党员占大多数，各种非无产阶级思想充斥党内。在落后的农村环境和农民党员占大多数的情况下，怎样才能保持革命军队的无产阶级先锋队性质？这个问题不解决，中国革命走农村包围城市的发展道路将无以论证，中国革命走向成功也将是一句空话。

面对党内农民和小资产阶级成分给党的建设所带来的越来越大的影响，中共中央和共产国际领导人提出了在组织上强调党员成分无产阶级化和“指导机关之工人化”的解决思路。

毛泽东则认为，农民党员占大多数是中国特殊的国情所决定的，加强中国共产党的建设、保持中国共产党的先进性必须另辟蹊径。早在井冈山时期，毛泽东就认识到“无产阶级思想领导的问题，是一个非常重要的问题”[①]，并通过厉行洗党、再行思想教育来提高战斗力。红四军第二次入闽后，各种非无产阶级思想更加严重，促使毛泽东下决心纠正党内存在的各种非无产阶级思想。经过与共产国际和中国共产党内的教条主义、各种错误认识的斗争，1929 年 12 月 28 日—29 日召开的中共红四军第九次代表大会（即古田会议），提出通过不断地进行马克思主义和党的正确路线教育，以克服各种非无产阶级思想，提高军队政治素质，完成无产阶级政治任务的建党思路，即着重从思想上建党。

着重从思想上建党，开辟了半殖民地半封建国家共产党建设的新路，解决了在一个农民和小资产阶级占多数的国家建设一个无产阶级政党的问题。对此，《关于建国以来党的若干历史问题的决议》作出了这样一个结论：“在无产阶级人数很少而战斗力很强，农民和其他小资产阶级占人口大多数的国家，建设一个具有广大群众性的、马克思主义的无产阶级政党，是极其艰巨的任务。毛泽东同志的建党学说成功地解决了这个问题。”[②] 邓小平也说过：“把列宁的建党学说发展得最完备的是毛泽东同志……大家看看红军第四军第九次党代表大会的决议就可以了解。”[③] 这些话清楚地说明了毛泽东建党理论的历史贡献。

4. 党指挥枪的理论

武装斗争的最终胜利，离不开一支由无产阶级政党直接领导的人民军队。没有人民的军队，就没有人民的一切，就没有革命的胜利。建设一支无产阶级性质的、具有严格纪律的、同人民保持密切联系的人民军队，是革命的武装斗争的根本要求，也是中国共产党必须完成的重要任务。但是

① 《毛泽东选集》第 1 卷，人民出版社 1991 年版，第 77 页。

② 《中国共产党中央委员会关于建国以来党的若干历史问题的决议》，人民出版社 1981 年版，第 46 页。

③ 《邓小平文选》第 2 卷，人民出版社 1994 年版，第 44 页。

中国自古以来就有“兵为将有、兵随将走”的个人领兵传统，这也是中国历史上反复出现藩镇割据的重要原因。在中国这样一个有着“兵随将走”传统的国度里，很难制约军队领导人对兵权的追求，这就使我们党在独立领导武装斗争、创建自己军队的时候，不可避免地面临一个如何防止兵权为个人所掌握、把军队始终置于党的领导之下的问题。

自三湾改编时起，毛泽东针对党组织在基层领导缺位，以致难以直接掌握士兵、难以掌握部队的情况，提出了“支部建在连上”，以实现党对军队从各级军官到基层士兵的绝对、完全领导。但是由于部队是在半殖民地半封建的国度里建立起来的，旧式军队思想、习惯及制度的惯性，使人们对党绝对领导军队这一新的军事领导制度一时难以接受。一些同志认为“党管得太多”“权力太集中于前委”，主张党的管辖范围“要限制”，“军官权威高于一切”。红军转战赣南、闽西期间，部队思想政治工作有所弱化，加上恶劣的游击环境，部队中原本存在的“取消党代表制度”等思想有所发展、蔓延，并日益反映到党内以及部队领导机关中，从而引发了一场关于“设不设军委”的讨论，使“党的领导”还是“个人领导”成为红四军党的主要问题。

古田会议前的这场争论是党的领导权在红四军中不能绝对建立起来的主要原因。对此，毛泽东指出，如果这种个人主义领导胜利了，红军与过去的旧式军队就没有什么区别，“红军只是一个好听的名称罢了”[①]。

在这一背景下召开的古田会议，第一次以党的决议的形式充分肯定了自三湾改编以来毛泽东的一贯建军主张，把党对军队的绝对领导这一新的军事领导制度理论化、制度化、规范化，使之成为我们军队的根本制度。会议决议指出：党的指导机关是部队领导的中枢，党委不仅要领导党的建设和政治工作，保证党的政治任务的实现，而且要领导军事工作。决议重申了每个连建设一个支部，并将党代表名称改为政治委员。

古田会议及其通过的决议，使红四军党内对我们党实行什么样的军事领导制度这一根本问题达成统一认识。同时由于它是在中央“九月来信”

---

① 《毛泽东文集》第1卷，人民出版社1993年版，第69页。

的支持下召开的，所以决议精神不仅在红四军和赣南、闽西红军中贯彻实行了，其他各地红军也都先后照此做了。罗荣桓在回顾这段历史时深刻指出，古田会议以后，我军要建立一支什么样的军队，就定型了。

5. 实事求是的思想路线

从 20 世纪 20 年代后期开始，在国际共产主义运动中和中共党内盛行把马克思主义教条化，把共产国际决议和苏联经验神圣化的错误倾向。在创建赣南、闽西苏区期间，毛泽东等从实践和调查研究中获得的知识和结论与共产国际、中央和红四军党内许多同志的认识产生了越来越明显的矛盾。这种矛盾的反复出现，让毛泽东意识到这种矛盾的背后潜藏的实际上是认识事物的两种不同的思路：是毫不动摇地坚持从实际出发，还是只从主观愿望或某些书本上的现成结论出发。因此，要解决各种具体问题上存在的矛盾分歧，必须从这个根本问题上着手。

1929 年 6 月 14 日，在给林彪的信中，毛泽东把重新设立军委的意见归结为意欲与前委分权的形式主义、唯心主义，认为红四军内部的争论实际是思想路线之争。要化解红四军内部的争论，最根本的就是要解决思想路线问题，克服各种非无产阶级的不正确思想，并第一次明确提出了“思想路线”的概念。把党内关于“设不设军委”问题的分歧和争论，上升到马克思主义认识论的高度去揭示问题产生的根源并提出解决问题的思路，孕育了实事求是思想路线的萌芽。

为了彻底纠正党内错误思想，在起草红四军九大决议案时，毛泽东历数主观主义的危害，指出“主观主义，在某些党员中浓厚地存在，这对分析政治形势和指导工作，都非常不利。因为对于政治形势的主观主义的分析和对于工作的主观主义的指导，其必然的结果，不是机会主义，就是盲动主义”①，并提出了纠正主观主义的方法：“（一）教育党员用马克思列宁主义的方法去作政治形势的分析和阶级势力的估量，以代替主观主义的分析和估量。（二）使党员注意社会经济的调查和研究，由此来决定斗争的策略和工作的方法，使同志们知道离开了实际情况的调查，就要堕入空想

① 《毛泽东选集》第 1 卷，人民出版社 1991 年版，第 91 页。

和盲动的深坑。（三）党内批评要防止主观武断和把批评庸俗化，说话要有证据，批评要注意政治。”① 这三个具体办法的提出，标志着实事求是思想路线已经初步形成。

1930 年 5 月，毛泽东写出了《反对本本主义》（原题为《调查工作》）这篇传世名作。文章指出：“共产党的正确而不动摇的斗争策略，决不是少数人坐在房子里能够产生的，它是要在群众的斗争过程中才能产生的，这就是说要在实际经验中才能产生。”“那些具有一成不变的保守的形式的空洞乐观的头脑的同志们，以为现在的斗争策略已经是再好没有了，党的第六次全国代表大会的‘本本’保障了永久的胜利，只要遵守既定办法就无往而不胜利。这些想法是完全错误的，完全不是共产党人从斗争中创造新局面的思想路线，完全是一种保守路线。这种保守路线如不根本丢掉，将会给革命造成很大损失，也会害了这些同志自己。”② 这从党的“思想路线”层面明确提出了“没有调查，没有发言权”和“中国革命斗争的胜利要靠中国同志了解中国情况”的论断。

此外，在闽西，毛泽东还深入永定、长汀、上杭等地开展了一系列的社会调查，在掌握了大量第一手资料后，写出了《关心群众生活，注意工作方法》《才溪乡调查》等光辉著作，为贯彻“没有调查，没有发言权”的实事求是原则，向实践学习，向群众学习，总结群众斗争的新鲜经验树立了光辉的典范。

从《给林彪的信》《古田会议决议》到《反对本本主义（初稿）》，再到《关心群众生活，注意工作方法》《才溪乡调查》，毛泽东一步步从哲学的高度对党内发生的分歧从思想认识根源上作出了马克思主义的回答，批判了照抄书本、照搬外国经验的教条主义思想，在党内树起了一面实事求是、群众路线、独立自主的马克思主义的思想旗帜。为中国共产党人从教条主义的束缚中、从对共产国际和苏联经验的盲目迷信中解放出来，提出了理论依据和精神支柱，为坚持马列主义与中国革命实际相结合的原则、

---

① 《毛泽东选集》第 1 卷，人民出版社 1991 年版，第 92 页。

② 《毛泽东选集》第 1 卷，人民出版社 1991 年版，第 115—116 页。

独立自主地解决中国革命问题、实现马克思主义中国化指明了方向。

此外，在根据地的政权建设、经济建设和文化建设等方面，毛泽东也有许多重要理论建树，因前面已有阐述，不再赘述。

二、锤炼出高素质的推进马克思主义中国化的核心力量

推动马克思主义中国化的主体是中国共产党人包括领袖群体和广大人民群众。其中领袖群体在马克思主义中国化理论成果的概括、提炼等方面发挥的作用异常突出，他们往往是马克思主义中国化任务的提出者与主题的确立者、中国国情与时代特征的把握者、中国化马克思主义理论体系的建构者与诠释者、马克思主义中国化偏差的纠正者，是马克思主义中国化的核心力量。[①] 人民群众具有伟大的创造精神，是推动马克思主义中国化的动力、力量、智慧的源泉。

在创建、发展和巩固闽西苏区的革命斗争中，相继形成了毛泽东、朱德、周恩来、刘少奇、陈云等一大批既具有丰富的革命斗争实践经验，又具有较高的马克思主义理论素养，并善于将马克思主义基本原理同中国革命具体实际相结合的革命领袖。张闻天、任弼时等在反对“左”倾错误路线的斗争中，从“左”倾阵营中分化出来，摆脱了“本本”、教条主义的窠臼，学会了从实际斗争出发。

1929 年红四军首次入闽，攻占长岭寨，解放长汀城。二次入闽，三打龙岩城，解放龙岩、永定。此后出击闽中和东江，攻占“铁上杭”，建立闽西革命根据地。从红一军团东征漳州、东方军入闽作战以及第五次反“围剿”中的松毛岭战斗，到红军长征，锤炼和锻造出了毛泽东、周恩来、刘少奇、朱德、陈毅、邓小平、陈云、胡耀邦、杨尚昆等 50 多位党和国家领导人，近百位开国部长，他们成为当时和日后推进马克思主义中国化的最重要的主体、核心力量。

此外，在长期的革命斗争中，一批闽西的优秀儿女也成为当时和后来推进马克思主义中国化的重要力量，为马克思主义中国化探索作出了杰出

① 参见陈金龙：《马克思主义中国化的主体探析》，《马克思主义研究》2010 年第 5 期。

贡献。比如土生土长的闽西革命领袖邓子恢、张鼎丞，他们在土地革命斗争中的创造性实践和经验，为形成正确的土地革命路线作出了不可磨灭的贡献。新中国成立后，邓子恢同志又为探索我国社会主义农业的发展道路倾注了毕生精力，成为中国农业工作的卓越领导人，党内的农业、农村工作专家。

而闽西苏区的人民群众发扬敢为人先的精神，他们的创造性实践和经验，为马克思主义中国化提供了智慧源泉。

毫无疑问，创建、发展和巩固闽西苏区的伟大实践，锻造了一批高素质的马克思主义中国化的核心力量，正是这支力量，保证了日后中国革命和建设事业的无往不胜。无怪乎毛泽东在总结创建赣南、闽西苏区这段历史时会饱含深情地说道："我们不但会运用马克思主义去解决政治问题，而且会运用马克思主义去解决战争问题；不但造就了一大批会治党会治国的有力的骨干，而且造就了一大批会治军的有力的骨干。这是无数先烈的热血浇灌出来的革命的鲜花，不但是中国共产党和中国人民的光荣，而且是世界共产党和世界人民的光荣。""党开辟了人民政权的道路，因此也就学会了治国安民的艺术。党创造了坚强的武装部队，因此也就学会了战争的艺术。所有这些，都是党的重大进步和重大成功。"①

三、积累了中共加强自身建设的经验教训

中国共产党是进行马克思主义中国化探索的主体。中国共产党在探索如何运用马克思主义解决中国具体问题的同时，也始终面临着如何加强自身建设以保持党的先进性的课题。在创建、发展和巩固闽西苏区的斗争中，以毛泽东同志为主要代表的中国共产党人在进行马克思主义中国化探索的同时，也积累了加强党的自身建设的宝贵经验。

一是留下了中国共产党处理党内争论的模范事例。如：中共中央以来信的方式妥善处理了红四军党内的争论。中共中央在收到红四军七大文件后，高度重视红四军领导层的分歧，专门讨论红四军问题，并由周恩来代

① 《毛泽东选集》第2卷，人民出版社1991年版，第548、611页。

表中央起草了给红四军的信，即“八月来信”，信中对红四军党内争论的问题提出明确意见，并强调“在目前的环境与工作的需要上，润之、玉阶两同志应遵守代表会的决定，一致地努力工作”[①]。之后，在听完陈毅对红四军情况的全面介绍后，中共中央再次起草给红四军的信（由陈毅起草，周恩来审定），即“九月来信”，它与“八月来信”在处理红四军党内的争论问题上保持了基本一致。一方面对红四军党内争论的问题作出明确结论；另一方面，对红四军领导人进行了批评，但是强调了团结，要红四军前委和全体干部战士维护毛泽东、朱德的领导，提高指导机关的威信，并明确指出毛泽东“应仍为前委书记”[②]，成功解决了红四军党内的团结问题，化解了毛泽东同朱德之间的隔阂，为毛泽东重返红四军主要领导岗位，红四军党委召开九大，以无产阶级思想建设军队铺平了道路。再如，毛泽东通过深入农民中调查研究，提出了比较符合中国农村实际的土地革命路线和分配土地方法，以解决人们在土地问题上的分歧；毛泽东、朱德以回信的方式对林彪关于革命前途和道路等疑问作出了解答；等等，都为中国共产党处理党内争论、意见分歧积累了好方法、好经验。

二是确立了正确开展党内思想斗争的原则和方法。古田会议指出，红四军党内的各种非无产阶级思想危害性极大，但应该看到，这些错误思想表现仍然属于党内矛盾，而不属于敌我矛盾，而且一般都是思想认识问题。因此，古田会议确立了一个原则：克服党内的非无产阶级思想，要以对待内部矛盾的方法来处理，只能用加强思想政治工作、开展党内教育来解决，而不能搞过火的党内斗争。并开创性地提出和实践了说服教育、批评与自我批评等思想政治工作方法，以此来解决党内的非无产阶级思想问题。古田会议还指出：许多同志不在党内批评而在党外去批评，这是不对的，这样容易造成同志的非组织观念，涣散党组织的凝聚力和战斗力。“纠正的方法，就是要教育党员懂得党的组织的重要性，对党委或同

---

① 《中共中央给红四军前委的指示信》（1929 年 8 月 21 日），《建党以来重要文献选编（1921—1949）》第 6 册，中央文献出版社 2011 年版，第 397 页。

② 《中共中央给红军第四军前委的指示信》（1929 年 9 月 28 日），《建党以来重要文献选编（1921—1949）》第 6 册，中央文献出版社 2011 年版，第 522 页。

志有所批评应当在党的会议上提出”[①]，将开展党内批评与自我批评引上了正确的轨道。这种优良作风，后来在党内继承下来，成为党的优良传统和作风。

三是树立了坚持民主集中制的典范。《古田会议决议》起草前，毛泽东向大量的群众、士兵、干部作调查研究，听取了大量的意见，可以说《古田会议决议》是红四军广大党员和将士集体智慧的结晶，决议的起草、通过可以说是贯彻民主集中制的典范。《古田会议决议》严厉批评了“极端民主化”和“家长制”的错误倾向，规定厉行集中指导下的民主生活。民主集中制后来在确定第一、二、三次反“围剿”作战方针时得到较好的贯彻，这些方针是经过各方充分的讨论最后统一意见确定的。

四是古田会议前后，毛泽东、朱德、陈毅等老一辈革命家所表现出来的实事求是、服从真理、顾全大局、精诚团结的高尚品质和坚强党性为中国共产党人树立了学习的楷模。诚如前面所述，红四军党内关于设不设军委的争论之所以没有演化为红四军内的派系斗争并得到妥善解决，应该归功于作为红军主要领导人的毛泽东、朱德、陈毅等和以周恩来等为主要领导人的中央都站在了党的立场上，且襟怀坦荡。红四军七大后，前委蛟洋会议决定派陈毅去上海参加中央军事工作会议，并向中央汇报四军工作。8 月下旬，陈毅到达上海后，襟怀坦荡，公正无私，如实汇报了四军在井冈山和赣南、闽西开展农村武装斗争的具体做法和存在的问题，使党中央得以全面了解四军存在的分歧，尤其是毛泽东的理论思路与斗争实践，为中共中央正确解决四军争论及化解朱毛分歧奠定了至关重要的基础。中央“九月来信”后，朱德坦然承认，这场争论，他是错的，陈毅坦诚地承认了自己的鲁莽和过失，毛泽东也表示他的工作方法和态度也有问题，并请朱德、陈毅多多包涵。在真理面前，真正的共产党人没有打不开的心结，更没有放不下的面子。朱毛陈的冰释前嫌，在党和人民军队中树立了标杆，成为党内团结的象征，使中国共产党和红军迸发出强大的生命力，而他们所表现出来的实事求是、服从真理、顾全大局、精诚团结的高尚品质

① 《毛泽东选集》第 1 卷，人民出版社 1991 年版，第 90 页。

和坚强党性无疑是中国共产党人学习的楷模。

与此同时，中共党内又出现了绝对自由主义、个人主义、极端民主化等倾向，如：中共红四军党内拒绝接受前委集中统一指挥、关于前委与军委关系放任下面自由讨论损害朱毛威信等。在处理党内斗争时也发生了令人痛心的事情，如肃反扩大化，错杀了一大批干部，反罗明路线，对党内持不同意见的同志实行“残酷斗争”“无情打击”等，这些都在中共加强自身建设、中国革命事业发展等方面留下了深刻教训，需要总结和反思。

四、为推进马克思主义中国化探索奠定了方法论基础

唯物辩证法的精神实质就是具体问题具体分析，就是一切从实际出发，做到实事求是。马克思主义经典作家十分注重从实际出发来展开研究，强调要从实践出发来理解整个社会生活的本质。马克思主义中国化不是建立在对马克思主义经典文本的教条式理解的基础之上，也不是建立在对马克思经典文本个别字句的抄袭和背诵的基础之上，而是建立在灵活地吸收马克思主义的方法论来解决中国革命的实际问题，并有效促进马克思主义方法论中国化的基础上。

在创建、巩固和发展闽西苏区的斗争中，毛泽东坚持他一贯的做法，进行大量的社会调查，科学地运用马克思主义的调查研究方法来分析中国的革命问题，寻找解决实际问题的答案，规划了中央苏区蓝图，开辟了革命道路，制定了建党建军的纲领，解决了土地革命的路线和政策问题。面对党内的各种纷争和“左”倾教条主义的阻碍与干扰，以毛泽东同志为主要代表的中国共产党人进行了坚决的斗争，提出必须从思想路线上加以彻底解决。1929 年 6 月在给林彪的复信中，毛泽东分析指出这些党内斗争的实质是“两个思想系统的斗争”，继之在《古田会议决议》中历数“唯心观点”的危害，提出用实事求是的办法纠正。在《才溪乡调查》中，他强调“没有调查，没有发言权”，从马克思主义认识论的高度阐述了注重社会调查研究的重要性，并详述了如何作科学的调查研究。

概言之，以毛泽东同志为主要代表的中国共产党人在创建闽西苏区的斗争中，坚持从中国社会的实际出发，努力冲破教条主义思想的束缚，探

索中国革命的一系列基本问题，并在这个探索的过程中，为我们党确立了一条马克思主义与中国实际相结合的“实事求是”的思想路线，不仅破除了将苏共经验和共产国际指示神圣化的教条主义，而且大大推进了中国共产党人理论联系实际的思维方式和思维能力，从而极大推动了马克思主义中国化的进程，对中国革命和建设事业产生了深远的影响。

五、促进了马克思主义的大众化传播

闽西苏区马克思主义中国化探索的过程是运用马克思主义基本原理分析和解决中国革命一系列基本问题的过程，这一过程必然大大促进马克思主义的大众化传播。

为了解决落后农村环境中农民和小资产阶级占绝大多数的党和军队的“无产阶级化”问题，古田会议确立了思想建党的原则，提出向党员尤其是党员领导干部灌输马克思主义理论和党的基本知识，以提高全体党员的马克思主义理论水平。为贯彻这一精神，古田会议以后，从红军到地方党的组织开展了大规模且较系统的马克思主义教育与传播活动：一是《共产党宣言》《论“左”派幼稚病》等马列著作大量出版发行，中央党校、苏维埃大学、红军大学等高等和中等学校，以及各种类型的训练，都开设了马克思主义课程。同时，中央组织局和宣传部以及红军的各级政治机关编印了大量的通俗易懂、深入浅出的党员训练教材，向全体党员系统地介绍了马克思主义理论和建党学说，介绍了党的基本知识。二是创办大量革命报刊，编印大量宣传读物，运用各种生动活泼的形式，向广大党员干部和革命群众宣传革命道理，宣传无产阶级新思想、新风尚，宣传革命英雄人物，树立学习的榜样。苏区的戏剧、诗歌、革命歌曲等文化载体也很丰富，寓马克思主义理论和党的知识教育于娱乐之中。三是通过党内组织生活对党员进行马克思主义思想教育。制定了党员学习制度，每月以支部为单位坚持上一次党课，吸收发展对象听课。上述举措，使马克思主义理论在大众中得到广泛的传播。

与此同时，在闽西苏区马克思主义中国化探索的过程中，中国共产党内部关于中国革命的一系列问题的论争，使人民在比较、鉴别中认同、接受了以毛泽东同志为主要代表的中国共产党人的正确思想和主张，使从中国实际出发的中国化的马克思主义得到了广泛传播，并进而树立了对马克思主义的正确态度。

马克思主义的唯物史观的基本原理告诉我们，人民群众是历史的创造者。推动马克思主义中国化的历史进程归根结底要依靠人民群众的实践提供智慧源泉。马克思主义还告诉我们，革命的理论只有为群众所掌握，才能转变为革命的行动，因此，接受了马克思主义理论教育的人民大众，必定以其革命的行动为马克思主义中国化探索提供源源不断的智慧源泉。

第八章

闽西苏区马克思主义中国化探索的历史经验

一、以调查研究的方法寻找解决实际问题的答案

理论联系实际的交汇点不在单纯的理论认识中，不在盲目的实践中，而在“有的放矢”的调查研究活动中。就如毛泽东指出的：“马克思主义的‘本本’是要学习的，但是必须同我国的实际情况相结合。”[①] 因此，“一切实际工作者必须向下作调查。对于只懂得理论不懂得实际情况的人，这种调查工作尤有必要”，“没有调查就没有发言权”。[②]

（一）注重调查研究，坚持从实际出发探索中国革命的道路和策略

注重调查研究是毛泽东一贯坚持的行事原则和作风，中央苏区时期是毛泽东一生中社会调查作得最多、最密集的时期。尤其是从风云突变的1929年开始，毛泽东先后多次到闽西，不仅亲自主持召开具有历史决定意义的辛耕别墅红四军前委扩大会议、闽西一大、古田会议、南阳会议等，而且还进行了7次较长时间和较大范围的社会调查，长则四五个月，短则十几天。他写下了《星星之火，可以燎原》、《调查工作》（即《反对本本主义》的初稿）、《关心群众生活，注意工作方法》、《才溪乡调查》等光辉论著，对开辟中国革命道路、加强党和军队建设、确立正确的党的思想路线以及根据地建设等进行了多方面的科学探索，形成了进行土地革命斗争的光辉思想，有效地指导和推动了中央苏区的土地革命斗争。

---

① 《毛泽东选集》第1卷，人民出版社1991年版，第111—112页。

② 《〈农村调查〉的序言和跋》，《毛泽东选集》第3卷，人民出版社1991年版，第791页。

（二）以调查研究纠正和克服党内错误思想

调查研究是党的正确思想来源，更是党纠正和克服错误思想的良方，就如毛泽东所讲："怎样纠正这种本本主义？只有向实际情况作调查。""必须努力作实际调查，才能洗刷唯心精神。"[①]只有使用好调查研究这一武器，坚决贯彻正确的调查研究计划，才能不断解决存在的理论脱离实际的问题。闽西苏区时期，能不能纠正当时在中国共产党内盛行的把马克思主义教条化、把共产国际指示和俄国革命经验神圣化的错误倾向，关键在于能不能开展调查研究，在调查研究中不断纠正和克服错误思想，就如毛泽东指出的："共产党的正确而不动摇的斗争策略，决不是少数人坐在房子里能够产生的，它是要在群众的斗争过程中才能产生的……我们需要时时了解社会情况，时时进行实际调查。"[②]正是深谙调查研究工作对于克服当时在中国共产党内盛行的把马克思主义教条化、把共产国际指示和俄国革命经验神圣化的错误倾向，以及从中国实际出发探索中国革命道路的至关重要性，毛泽东才大声疾呼"注重调查，反对瞎说"。为了同这种错误倾向作斗争，毛泽东总是用广泛的社会调查、雄辩的事实来驳斥"左"倾教条主义者的错误认识，他写就了《调查工作》（即《反对本本主义》的初稿）、《才溪乡调查》等讨伐教条主义的战斗檄文，对党内围绕革命道路问题发生的分歧从思想认识根源上作出了马克思主义的回答，批判了照抄书本、照搬外国经验的教条主义思想。

二、总结群众实践经验

实践是认识的源泉，人民群众的创造性实践是马克思主义中国化探索的重要智慧源泉。善于总结闽西苏区人民群众创造性实践的经验和成果是以毛泽东同志为主要代表的中国共产党人在红色闽西进行马克思主义中国化探索的重要手段。正如《中国共产党历史》所述："以毛泽东为主要代表的中国共产党人正因为坚持了这样一条唯物主义的思想路线，善于向实

① 《毛泽东选集》第1卷，人民出版社1991年版，第112页。
② 《毛泽东选集》第1卷，人民出版社1991年版，第115页。

践学习，向群众学习，善于总结群众斗争的新鲜经验，所以才能够在中国革命的转折关头，表现出革命的首创精神，显示出巨大的理论勇气，提出农村包围城市、武装夺取政权的理论，从而为复兴中国革命和争取中国革命的胜利指明了道路。”①

（一）总结闽西土地革命斗争的经验和成果，制定了一条基本适合中国国情的土地革命路线

怎样开展土地革命？没有现成结论。苏联经验就是没收一切土地归苏维埃国有，消灭地主富农。闽西最早进行土地革命是在1928年6月永定暴动后，在溪南成立了福建第一个红军营，第一个区苏维埃政府，创立了第一块红色区域，随即闽西特委和永定县委抓紧领导土地的没收和分配工作。在没有经验可借鉴的情况下，邓子恢、张鼎丞依靠群众，在深入调查研究的基础上，和农民代表共同制定了没收和分配土地的政策，创造了溪南里的分田经验。1929年，在中共闽西一大上，毛泽东对溪南土地革命给予充分的肯定，并进行了经验总结。他提出，“自耕农的田地不没收”，对富农“不没收其土地”，也“不派款”，争取他们中立；对小地主“没收其土地，废除其债务，但不要派款及其他过分打击”；并肯定了以原耕地为基础，抽多补少的分配土地办法和实行给地主及其家属以生活出路的政策。这些规定大大限制了没收范围，缩小了波及面，减少了土地分配斗争的阻力。

1930年6月11日—13日，毛泽东在上杭南阳主持召开红四军前委与闽西特委联席会议，总结了党在闽西、赣南一年来的土地革命斗争经验，对中共闽西一大的土地政策中关于“抽多补少”和“不得妄想平均”的文件作了修正，明确规定土地分配政策“应该于‘抽多补少’之外还加上‘抽肥补瘦’一个原则，并在文件上将‘不得妄想平均’改为‘不得把持肥田’”。

① 《中国共产党历史》上卷，人民出版社1991年版，第280页。

（二）总结闽西创办各类农业合作社的经验和成果，促进苏区经济民生建设

为了克服青壮劳动力、耕牛、生产工具不足以及国民党经济封锁的困难，以劳动互助组、耕牛互助组、消费合作社等为基本形式的农业互助合作运动在闽西苏区迅速发展起来。上杭县才溪乡创造的劳动合作社，是中央苏区第一个劳动互助组织，那里也成为我国农业合作化运动的最早发源地。闽西苏区创办的各种类型的合作社，特别是首创的粮食合作社、粮食调剂局，成立的闽西工农银行等，推广到整个中央苏区。

苏区合作社的发展，在当时十分贫困和长期战争的特殊环境中，调动了农村一切积极因素，大大促进了苏区的经济发展，迅速提高了广大工农群众的生活水平，在特殊环境下创造了中国经济史上可以“大书特书”的奇迹。就如毛泽东指出的：“这种经济战线上的成绩，兴奋了整个群众，使广大群众为了保卫苏区发展苏区而手执武器上前线去，全无家庭后顾之忧。”①

（三）总结闽西苏区尤其是才溪乡民主建政的经验，提出健全基层苏维埃政权的基本原则，即在基层苏维埃政权中，进一步加强代表会议制度的建设

闽西苏区是中国共产党较早进行民主建政实践的地方。在红四军入闽以前，1928年8月中旬，永定暴动后成立了闽西第一个区苏维埃政权——溪南区苏维埃政府，1929年3月在红四军的帮助下又成立了自红四军下井冈山以来赣南、闽西的第一个县级红色政权，以后又陆续建立了永定、龙岩、上杭等县级政权，成立了福建省苏维埃政府。闽西苏区各级苏维埃政府以人民群众的利益作为一切工作的出发点，涌现了上杭县才溪乡这个“中央苏区的模范区、模范乡”。才溪苏维埃政府的扩红、经济建设等各项工作之所以成为模范，主要得益于这里基层民主政治的健全。才溪乡苏维埃的民主选举确保了把乡村中最贴近基层群众的优秀人才推选出来，实行的代表联系制度使“全村民众像网一样组织于苏维埃之下，去执行苏维埃

① 《毛泽东农村调查文集》，人民出版社1982年版，第352页。

的一切工作任务”。通过在才溪的调查，毛泽东总结出“民主建政、基在乡村”的经验，并在随后的第二次全国工农兵代表大会上大力推广才溪经验，提出要在基层苏维埃政权中，进一步加强代表会议制度的建设，指出“这是苏维埃制度优胜于历史上一切政治制度的最明显的一个地方”①。

三、坚决与错误思想作斗争，在思想交锋中捍卫和发展马克思主义

井冈山斗争时期，毛泽东进行了把马克思主义运用于中国革命实践的艰难探索，开始了农村包围城市革命道路的探索。但是这一时期毛泽东的探索主要表现为在执行共产国际和中央指示精神过程中根据实际情况变化的灵活变通，在思想和行动上还没有与经验主义、教条主义彻底决裂。井冈山斗争失败后，在创建赣南、闽西苏区的过程中，毛泽东得以把调查研究、实事求是的工作方法上升到党的思想路线的高度，对马克思主义中国化的探索才真正走向完全自觉。

在创建赣南、闽西苏区的战火纷飞的艰苦年代里，以毛泽东同志为主要代表的中国共产党人创造性地把马克思主义的革命学说应用于中国实际，并形成了许多正确的理论。但是这一时期党内既存在由于农民和小资产阶级成分占绝大多数带来的诸如单纯军事观点、极端民主化、非组织观点、绝对平均主义、主观主义、个人主义、流寇思想、盲动主义残余等非无产阶级的错误思想，也存在着无视实际斗争经验，只唯书、只唯上地把马克思主义教条化，把共产国际决议和苏联经验神圣化的错误倾向，严重妨碍和阻挠了马克思主义中国化的探索。对此，以毛泽东同志为主要代表的中国共产党人与之进行了坚决斗争，开创了积极开展党内思想斗争的先河，为解决党内矛盾、纠正自身错误、增进党内团结积累了丰富经验，同时捍卫和发展了马克思主义。

（一）批判党内非无产阶级思想

1928 年 4 月，毛泽东率领的工农革命军与朱德、陈毅率领的湘南起

---

① 《毛泽东农村调查文集》，人民出版社 1982 年版，第 336 页。

义部队在井冈山胜利会师，合编为工农革命军第四军，5 月改编为中国工农红军第四军，简称红四军，朱德任军长，毛泽东任党代表，陈毅任政治部主任。11 月，红四军前敌委员会成立，毛泽东任书记。随后红四军在朱德、毛泽东、陈毅等领导下，打破了敌人对井冈山革命根据地的多次围攻，并于 1929 年 1 月起向赣南、闽西进军，开创了赣南、闽西革命根据地，奠定了后来的中央革命根据地的基础。

随着形势的发展和革命队伍的扩大，红四军及其党组织内加入了大量农民和其他小资产阶级出身的同志，加上环境险恶、战斗频繁、生活艰苦，部队得不到及时教育和整训，因此极端民主化、重军事轻政治、不重视建立巩固的根据地、流寇思想和军阀主义等非无产阶级思想在红四军内滋长，严重影响着红四军的建设，毛泽东深感有对红四军进行一次整顿的必要。适逢红四军党内爆发了“设不设军委”的争论，毛泽东下决心借机纠正党内存在的各种非无产阶级思想。因此，在红四军七大召开之前，在给林彪的复信中，他明确指出，红军党内存在的种种错误思想，不利于党的团结和革命的前途，“有离开无产阶级革命立场的危险”。为此，他提出，必须同这些错误思想作斗争，以求红军彻底改造，“凡有障碍腐旧思想之铲除和红军之改造的，必须毫不犹豫地反对之”[①]。七大召开在即，毛泽东又向前委提出建议：通过总结过去斗争经验的办法达到统一认识，解决红军建设中存在的主要问题，纠正各种错误思想，以提高红军的政治素质和战斗力。但这个建议没有被采纳。红四军七大由陈毅主持，号召“大家努力来争论”。由于在当时的历史条件下，红四军党内特别是领导层内在创建根据地、在红军中实行民主集中等原则问题上存在着认识上的分歧，毛泽东的正确主张没有能够为大多数同志所接受。此后，又召开红四军党的第八次代表大会，但仍未解决问题。

所幸在中央领导层，尤其是周恩来已经清醒认识到党内非无产阶级思想存在必然影响党的政治路线。红四军七大后，周恩来在听取了陈毅的汇报后，一针见血地指出，红四军党内之所以会出现各种错误思想，“皆原

① 《毛泽东文集》第 1 卷，人民出版社 1993 年版，第 74—75 页。

于同志理论水平低落，党的教育缺乏。这些观念不肃清，于红军前途有极大危险，前委应坚决以斗争的态度来肃清之”①。并在随后主持起草的中共中央九月来信中，批评了红四军内部存在的不良倾向，指出“只有加强无产阶级意识的领导，才可以使之减少农民意识”②，明确支持毛泽东以思想建党的主张。

为了贯彻中央九月来信精神，进一步统一全军党内的思想，1929 年 12 月 28 日—29 日，中共红四军第九次代表大会在上杭古田举行。会议经过热烈的讨论，一致通过了毛泽东起草的八个决议，总称《中国共产党红军第四军第九次代表大会决议案》，也就是著名的古田会议决议案。其中《关于纠正党内的错误思想》在明确党内种种不正确思想的来源，自然是由于党的组织基础的最大部分是由农民和其他小资产阶级出身的成分所构成的同时，更进一步提出党的领导机关对于这些不正确思想缺乏一致的坚决的斗争，缺乏对党员正确路线的教育，也是使这些不正确思想存在和发展的重要原因。同时，提出对红军不断进行马克思主义和党的正确路线教育，是克服各种非无产阶级思想，提高军队政治素质，完成无产阶级政治任务的中心环节。

在这场与党内各种非无产阶级思想的斗争中，毛泽东坚持认为，“现在的争论问题，不是个人的和一时的问题”③，而是关系到党的前途的重大问题。即使在受处分的情况下，毛泽东也不改其初衷。毛泽东不回避，不调和，积极地加以批判的态度，起到了中流砥柱的作用。正因为他始终站在正确立场上，所以最终在中央的支持下，战胜了错误思想。

（二）批判“唯共产国际论”

中国共产党是在共产国际的帮助下建立起来的，成立后不久就作为共产国际的一个支部而存在。由于中国共产党在政治上、理论上尚不成熟，加上共产国际本身的领导方式问题，早期的中国共产党在重大问题上的决策需征得共产国际同意才“合法”。在这种情况下，党内“唯共产国际

① 《建党以来重要文献选编（1921—1949）》第 6 册，中央文献出版社 2011 年版，第 521 页。

② 《周恩来选集》上卷，人民出版社 1980 年版，第 37 页。

③ 《毛泽东文集》第 1 卷，人民出版社 1993 年版，第 64 页。

论”倾向非常严重。1929年2月，中央领导按照共产国际指示，给红四军发来了《中央给润之、玉阶两同志并转湘赣边特委信》，指示红军要分散存在，让朱德、毛泽东离开部队隐蔽起来。4月5日，毛泽东致信中央（《中共红四军前委给中央的信》），批评了中央和共产国际的悲观主义思想和错误指示，认为“这是一种理想”[①]，是一定要失败的，并向中央报告了他在闽西长汀提出的创立赣南、闽西大块革命根据地并在此基础上去夺取全国政权的主张，初步提出了“农村包围城市、武装夺取政权”思想。

1930年1月，毛泽东给林彪写了后来命名为《星星之火，可以燎原》的回信，再次对看不到革命前途而不愿做创建红色政权的艰苦工作的悲观主义错误进行深刻批评，明确指出：“这种全国范围的、包括一切地方的、先争取群众后建立政权的理论，是于中国革命的实情不适合的。”[②]这里所说的理论就是共产国际所推行的“城市中心论”的革命道路理论。俄国革命时期，列宁根据俄国具体国情，先扩大政治影响争取全国群众，时机成熟后发动城市暴动，尔后迅速把暴动推向全国并依靠红军力量进行全国革命，建立了苏维埃政权。但是，中国国情不同于俄国，中国是一个半殖民地半封建的农业大国，不可能像俄国那样走“城市中心论”的革命道路。所以，毛泽东说这种理论不符合中国革命的实情。

在批判“唯共产国际论”错误的同时，毛泽东把建立农村革命根据地、实行工农武装割据提到异常突出的地位，认为红军和红色区域的建立和发展，是半殖民地半封建中国在无产阶级领导之下的农民斗争的最高形式，是促进全国革命高潮的最重要因素，因此必须毫不动摇地确立“建立红色政权的深刻观念”，以小区域的工农武装割据为基础，逐步扩大成为大块的革命根据地，以此来推动全国革命高潮，夺取和建立全国性政权，最终实现全国革命胜利，从而创立了“农村包围城市，武装夺取政权”的革命道路理论。

---

① 《毛泽东文集》第1卷，人民出版社1993年版，第55页。

② 《毛泽东选集》第1卷，人民出版社1991年版，第97—98页。

（三）批判“唯书论”

中国共产党从酝酿到成立只有短短的三年时间，成立之后就投入火热的斗争实践，因此党内的马克思主义理论修养非常缺乏。这就使广大党员甚至党的高级领导对理论本身产生盲目崇拜，以为上了书本的就是对的，开口闭口要拿“本本来”，出现了严重的“唯书论”倾向。

1929 年 5 月底，红四军内围绕是否设立军委等问题发生争执。6 月 14 日，毛泽东在给林彪的复信中明确提出，红四军内部争论的一个重要原因就是“一种形式主义的理论从远方到来”。因为这种“唯书论”的形式主义，刚从苏联回国的刘安恭机械照搬苏联军事教科书，提出“既名四军，就要有军委”，“完成组织系统应有军委”。毛泽东批评道，只有 4000 多人的一个小部队，且处于行军时多的游击时代，军队指导需要集中而敏捷，而刘安恭等不顾这种实际而只是依据书本，形式化地要于前委之下、纵委之上硬生生地插进一个军委，这“完全是一种形式主义罢了”。这种“唯书论”完全脱离实际，根本不考虑“于工作上是否有效果，于斗争上是否更形便利，不从需要上实际上去估量，单从形式上去估量……这种形式论发展下去，势必不问一切事的效果，而只是它的形式，危险将不可胜言”[①]。这种形式主义同从实际出发的“需要主义”正好相反，后者不是机械地从书本、从形式出发，而是从实际出发，根据实际需要决定行动原则和机构设置。

在批判形式主义、倡导“需要主义”的同时，毛泽东特别强调，共产党人必须用唯物史观的科学理论来指导行动，“我们是唯物史观论者，凡事要从历史和环境两方面考察才能得到真相”。他从思想路线的高度深刻指出，红四军的争论实际上是两种思想路线的争论，红四军中的非无产阶级思想意识实际上是“历史上一种错误的思想路线上的最后挣扎”[②]，这种错误的思想路线同马克思主义的思想路线是相冲突的。为此，必须毫不犹豫地同它们进行坚决的斗争，以纯洁党的思想，彻底改造红军。

对共产国际的思想禁锢和党内教条主义的倾向，以毛泽东为代表的苏

---

① 《毛泽东文集》第 1 卷，人民出版社 1993 年版，第 72 页。

② 《毛泽东文集》第 1 卷，人民出版社 1993 年版，第 74 页。

区领导人同样进行了坚决的斗争。尤其是中央苏区的缔造者毛泽东，在政治上多次受到错误排挤和打击而毫不屈服。在逆境中他阅读了大量马列著作，在认真总结中国革命经验和同教条主义斗争的经验基础上，写出了《星星之火，可以燎原》《关于纠正党内的错误思想》《反对本本主义（初稿）》等大量反映中国革命规律又鲜明反对教条主义的理论文章，回答了土地革命、人民军队建设、党的建设、根据地建设、游击战争的战略战术等一系列中国革命现实而重大的问题，提出了一系列关于中国革命的新概念，在把马克思主义基本原理与中国实际相结合的同时，捍卫、丰富和发展了马克思主义，促进了马克思主义中国化的进程。

四、让马克思主义理论掌握群众、改造中国

马克思主义告诉我们，革命的理论只有为群众所掌握，才能转变为革命的行动。马克思主义还认为，工人群众不可能有社会民主主义思想，“只能从外面灌输进去”[①]。在一个半殖民地半封建社会，受各种非无产阶级思想的影响，人民群众更不可能自发产生社会主义思想。因此，有计划地进行党内教育，向党员、干部、士兵和群众灌输马克思主义理论和党的基本知识，纠正过去听其自然的状态，是党的重要任务之一。

（一）从战略高度把握党内宣传教育工作

红四军党内出现的多种错误思想和争论，让毛泽东深刻意识到“红军党内最迫切的问题，要算是教育的问题”[②]。为此，古田会议阐述了红军“决不是单纯地打仗的，它除了打仗消灭敌人军事力量之外，还要负担宣传群众、组织群众、武装群众、帮助群众建立革命政权以至于建立共产党的组织等项重大的任务”[③]。在革命斗争形势极其严峻的情况下，从战略高度把握党内宣传教育工作，明确地把它放在了与军事工作同等重要的位置。同时，提出要用马克思列宁主义的理论和方法肃清党内个人主义、主观主义、本位主义等错误思想的影响，培育群众的革命意识。为此，毛泽

① 《列宁全集》第5卷，人民出版社1959年版，第342页。
② 《毛泽东文集》第1卷，人民出版社1993年版，第94页。
③ 《毛泽东选集》第1卷，人民出版社1991年版，第86页。

东专门列举了开展党内教育的 10 种材料、18 种方法和士兵政治训练的 19 种材料、14 种方法，从内容、形式、方法上对革命理论的灌输进行指导。在理论武装的对象上，毛泽东主张一律平等、有教无类，即战斗兵、传令兵、勤务兵、长夫、马夫、伙夫等一律必须上政治课，并提出对新兵、俘虏兵、青年士兵实施特别教育。

（二）开展大规模且较系统的马克思主义教育与传播

古田会议以后，在全国苏区组织开展了大规模且较系统的马克思主义教育与传播。1930 年，党中央制定了《中国工农红军政治工作暂行条例（草案）》，1931 年 2 月成立总政治部，毛泽东任总政治部主任。总政治部陆续制定了《政治委员工作须知》《连指导员工作须知》《红军士兵会章程》等一系列文件，使红军的思想政治工作逐步走向制度化、规范化，马克思主义教育与传播得以常态化、大规模且较系统地开展。

为了深入浅出地传播党的理论、方针、路线与政策，毛泽东注重用通俗化的语言开展宣传工作。毛泽东提出了宣传的启发式、由近及远、由浅入深、说话通俗化、说话要明白、说话要有趣味等十大方法。毛泽东本人更是善于运用语言艺术，把马克思主义理论讲得通俗易懂、生动形象。在闽西，当有些人提出“红旗到底打得多久”的疑问时，毛泽东用了“星星之火，可以燎原”八个字来回答，既形象、通俗，又富有哲理，消除了人们的悲观情绪。

通过大规模且较系统的马克思主义教育与传播，苏区民众的政治水平得以大大提高。“苏区范围内的农民无论男女老幼，都能明白国际歌，少先队歌，十骂反革命，十骂国民党，十骂蒋介石，红军歌，及各种革命的歌曲，尤其是阶级意识的强，无论三岁小孩，八十老人，都痛恨地主阶级，打倒帝国主义，拥护苏维埃及拥护共产党的主张，几乎成了每个群众的口头禅，最显著的是许多不认识字的工农分子，都能作很长的演说，国民党与共产党，刮民政府与苏维埃政府，红军与白军，每个人能分别能解释。”[①] 面对这种状况，国民党南昌行营主任鲁涤平无奈地电告蒋介石说，

① 许毅主编：《中央革命根据地财政经济史长编》下册，人民出版社 1982 年版，第 577 页。

赣西南的八十老翁到三岁小孩都是"共匪"。[①]

革命的理论一经群众掌握，就会转变为改造中国的无穷力量。实践证明，认同和接受了革命理论和主张的苏区群众不仅以极大的创造精神创造了土地革命、经济建设、民主建政等方面的新经验，为马克思主义中国化探索提供智慧源泉，同时还以极大的牺牲精神支持了共产党领导的革命运动。当时中央苏区红军部队有 10 万人，脱产的苏维埃工作人员有 8 万余名，还有 4000 余名小学教师，苏区平均每 15—20 位农民就要供养一名脱产人员，还要保障数额巨大的军需供给，苏区人民的负担可想而知。但苏区人民为了革命战争，毫不犹豫地承担了一切，贡献了一切，把自己的最后一把米、一尺布、一双鞋，直至生命，全部献给了革命，献给了红军。[②]

中央苏区时期的赣南苏区总人口 220 余万，其中青壮年人口仅 50 万左右，但前后参加主力红军和地方红军的就有 33 万余人，约占青壮年总数的 60%；参战支前的共 60 余万人，占人口总数的 30%；当年兴国全县总人口 23 万，参加红军的就有 8 万多人，占青壮年的 80%多。[③]被临时中央政府授予全苏扩红"第一模范区"的才溪乡，上才溪全部青年壮年男子（16 岁—55 岁）554 人，外出当红军、做工作的有 485 人，占 88%。下才溪全部青年壮年男子 765 人，外出当红军、做工作的有 533 人，占 70%。[④]

"让理论掌握群众、改造中国"的经验不仅在当时发挥了重要的历史作用，而且具有重大的时代价值和现实意义。2013 年 8 月 19 日，中共中央总书记习近平在全国宣传思想工作会议上强调："这些经验来之不易、弥足珍贵，是做好今后工作的重要遵循，一定要认真总结、长期坚持，并在实践中不断丰富和发展。"我们要倍加珍惜党的这一宝贵财富，不断地学习、丰富其内涵，并把它运用于工作实践。

---

① 参见江西省档案馆、中共江西省委党校党史教研室选编：《中央革命根据地史料选编》（上），江西人民出版社 1982 年版，第 348 页。

② 参见刘庭华：《弘扬苏区精神 加强党的建设》，《中国井冈山干部学院学报》2012 年第 3 期。

③ 参见李孝纯、陈始发：《马克思主义大众化的历史丰碑》，《红旗文稿》2011 年第 6 期。

④ 参见《毛泽东文集》第 1 卷，人民出版社 1993 年版，第 330 页。

五、以独立自主的探索精神推进马克思主义中国化

独立自主、自力更生，是无产阶级革命和建设的基本原则。马克思主义为中国革命指明了前进的方向，但具体的道路怎么走，还得依靠中国共产党结合中国国情独立自主地探索。但是中共自成立之初就宣布加入共产国际，成为其下属的一个支部，自愿听从共产国际的领导，同时共产国际亦“有强迫加入国际共产党之各党一律遵行的权力”[①]。此外，中共自成立之初一直到20世纪30年代初中共建立起南方根据地，主要依靠共产国际（实际上主要是苏联）定期提供的经费援助开展活动。中国共产党与共产国际在组织上和财政上的依附关系，一方面对中国共产党自身的发展与成长起到了十分重要的作用；另一方面也在一定程度上束缚了中国共产党独立自主的探索，尤其是助长了党内照搬共产国际指示和苏俄经验的“左”倾教条主义倾向，严重影响了马克思主义中国化的探索。对于共产国际对中国共产党的影响及作用，毛泽东曾评价它是“两头好，中间差”。所谓“中间差”，就是指共产国际在我国土地革命时期，不把一般号召同我国实践相结合，以具体布置代替了原则指导，严重干涉了我党的内部事务，使我党不能独立自主，不能发挥自己的积极性和创造性。[②]

（一）强调要由中国共产党人独立自主解决本国的实际问题

1929年，朱毛红军入闽创建闽西苏区期间，把共产国际指示和苏俄经验神圣化助长了党内各种非无产阶级思想的蔓延，并引发了党和红四军内“设不设军委”问题的争论。毛泽东与党内错误思想进行了坚决斗争，并对一些同志不从实际斗争出发，照搬苏俄经验的做法提出尖锐的批评。有感于照搬共产国际指示和苏俄经验带来的危害，古田会议召开之后不久，毛泽东草拟了《调查工作》（即《反对本本主义》初稿）一文，尖锐地批评了教条主义者不从中国的实际出发，盲目执行上级指示，指出“中国革命斗争的胜利要靠中国同志了解中国情况”，强调要由中国共产党人

① 《建党以来重要文献选编（1921—1949）》第1册，中央文献出版社2011年版，第145页。

② 参见《周恩来选集》下卷，人民出版社1984年版，第301页。

独立自主解决本国的实际问题。

（二）独立自主地进行马克思主义中国化的伟大探索

在“左”倾错误统治中央的极其困难的条件下，以毛泽东同志为主要代表的中国共产党人同共产国际的思想禁锢和党内的教条主义倾向进行了不懈的斗争，坚持把马克思主义基本原理与解决中国革命的实际问题有机结合起来，独立自主地进行马克思主义中国化的伟大探索。毛泽东、周恩来、朱德、陈云、邓子恢、陈毅等以及从“左”倾营垒中“杀”出来的张闻天、王稼祥等老一辈无产阶级革命家，在军事斗争、党的建设、经济政策、组织路线、土地革命、扩红筹款、肃反斗争等方面，都不同程度地抵制了共产国际和党内的“左”倾错误，坚持了马克思列宁主义普遍真理同中国革命相结合的根本原则，冲破了共产国际的“城市中心论”的束缚，开辟了农村包围城市、武装夺取政权的道路，形成了正确的土地革命路线、政治路线和军事路线，等等。

在他们的影响下，苏区的广大指战员和干部群众对共产国际和党内的“左”倾错误也进行了抵制，并在党和各级苏维埃政府的领导下，独立进行革命斗争，依靠政权的力量，自力更生，因地制宜，因陋就简，白手起家，创办了兵工厂、被服厂、造币厂、印刷厂、红军医院、红军大学、党校、银行、对外贸易局、粮食调剂总局、合作总社，遍布苏区的商店、学校以及生产、粮食、消费、信用合作社等，从而支撑了数年之久的革命战争和红色政权，改善了人民群众的生活。

以毛泽东同志为主要代表的中国共产党人之所以能够与“左”倾错误路线展开长期的坚决的斗争，顶住来自共产国际和联共（布）的将马克思主义教条化、将共产国际指示和苏联经验神圣化的强大政治压力，独立自主地探索中国革命道路，开启马克思主义中国化的闸门，归根结底是因为他们在思想根源上已经彻底清除了形而上学，真正坚持了唯物辩证法，结合中国革命的具体实践，形成了独立自主的思想。

1962 年，毛泽东在总结中国革命胜利的历史时说道：“中国这个客观世界，整个地说来，是由中国人认识的，不是在共产国际管中国问题的同志们认识的……对于中国这个客观世界，我们自己在很长时间内都认识不清楚，何况外国同志呢？”[①] 深刻认识到中国革命的问题必须也只能由中国共产党人自己来解决，独立自主地探索中国革命道路，是闽西苏区马克思主义中国化探索的一条重要经验。同时也表明这一时期中国共产党独立思考、独立判断、独立自主地领导中国革命的能力有了很大的提高。毫无疑问，以毛泽东同志为主要代表的中国共产党人在闽西苏区的马克思主义中国化探索的伟大实践，为中国革命确立独立自主路线奠定了坚实基础。他们在创建闽西苏区的斗争中，进行了把马克思主义运用于中国革命实践的艰难探索，积累了马克思主义中国化探索的许多新经验，为持续推进马克思主义中国化奠定了重要基础。

① 《毛泽东文集》第 8 卷，人民出版社 1999 年版，第 299—300 页。

第九章
闽西苏区马克思主义中国化探索的历史局限

一、理论不彻底

中国共产党人接受马克思主义，从源头上看，主要是以苏俄马克思主义为中介的，这是中国的马克思主义理论的重要基础。因此，以苏俄马克思主义为中介，以十月革命为榜样，把马克思主义作为中国革命的行动指南，坚定地走无产阶级革命道路，从这一点上说，党内的认识并无分歧。但是鉴于中国国情的复杂性和革命实践的艰巨性，当时的共产国际、中共中央的“左”倾领导人，在关系中国革命的一系列基本问题上都出现了思想认识上的反复和犹疑。

（一）关于中国革命的中心问题

已公布的共产国际、联共（布）档案显示，共产国际在 1930 年 7 月 21 日至 1931 年对中国革命作出了很多“以农村为中心”的指示。1930 年 7 月下旬，斯大林在同周恩来的谈话中，“建议把红军问题放在中国革命问题的第一位”[①]。1930 年 8 月，斯大林制止了中国共产党急于攻打大城市的冒险暴动计划，指出“中国人的倾向是荒诞的和危险的。在当前形势下，在中国举行总暴动，简直是胡闹，建立苏维埃政府就是实行暴动的方针。但不是在全中国，而是在有可能成功的地方。中国人急于攻占长沙，已经干了蠢事。现在他们想在全中国干蠢事，决不能容许这样做”[②]。1930 年 10 月，共产国际关于“立三路线”给中共中央的信，指出中国共产党

---

① 《周恩来年谱（1898—1949）》（修订本），中央文献出版社 1998 年版，第 187 页。

② 《瞿秋白年谱详编》，中央文献出版社 2008 年版，第 325 页。

当前所应实行的主要任务，一是加强红军，巩固根据地；二是建立苏维埃政府，推进土地革命；三是实行真正革命的群众工作，提出了全面加强农村根据地建设“三位一体”的工作方案。由此可见，共产国际从1930年7月开始逐步放弃“以城市为中心”，开始了向“以农村为中心”的转变，到10月的时候，基本完成了这一转变，形成“以农村为中心”的思路。没有材料显示共产国际在1931年改变了这一思路，但是，从1932年以后，有资料证明共产国际又回到了“以城市为中心”的思路。也就是说，在共产国际指导中国革命的23年中，只有在短短的不到一年半的时间内作出了“以农村为中心”的指示。[①]

从时间上看，共产国际转变这一思路的时间是中国共产党内“立三路线”统治中央时期，有学者指出，共产国际、斯大林停止“立三路线”更多不是出于对中国形势的判断，而是“立三路线”触及了苏俄的利益。不管共产国际、斯大林停止“立三路线”是出于什么样的原因，事实是共产国际的确在这段时间里对中国共产党作出了“以农村为中心”的工作指示。但是1932年以后又回到了“以城市为中心”的思路说明，共产国际此前对中国作出的“以农村为中心”的指示，并非出于对中国革命规律的把握。

正是这种理论的不彻底，使共产国际对中国革命作出了前后矛盾的工作指示，刚刚制止“立三路线”，又支持和扶持比“立三路线”更“左”的王明路线，不仅给人们的思想造成困扰，令人无所适从，更使中国革命遭受严重损失。

（二）关于“党和枪”的关系问题

当时的中国共产党，由于在组织上接受共产国际的领导，在财政上虽然因为南方根据地的建立，不再接受共产国际的定期援助，但是中国共产党仍然根据实际需要，向共产国际申请财政帮助。因此，作为共产国际的下属支部，对中国革命问题的认识必然在很大程度上受共产国际的牵制和

① 参见曹建坤：《根本的指导思想，还是暂时的工作部署——共产国际“以农村为中心”指示再评析》，《党史文苑》2008年第8期。

影响。另外，中国共产党从酝酿到成立只有短短的三年时间，理论准备非常不足，这就使得广大党员甚至党的高级领导在很大程度上，理论上遵从苏俄马克思主义，实践中以苏俄模式为榜样。

比如，在处理红四军内关于“党和枪”关系争论的问题上。中央“九月来信”虽然肯定了“红军由前委指挥”，明确指出：“党的一切权力集中于前委指导机关，这是正确的，绝不能动摇。不能机械地引用‘家长制’这个名词来削弱指导机关的权力，来作极端民主化的掩护。”①同时又囿于苏联红军“一长制”②模式，对毛泽东自创的“党委制”③没有表态。中央“九月来信”认为：“目前前委指挥军部、政治部，这是一个临时的办法。”④

1929 年 12 月的《古田会议决议》阐明了党对军队领导的原则，指出“一切工作，在党的讨论和决议之后，再经过群众去执行”⑤，强调必须在红军中建立党的领导中枢，并明确红军军事系统与政治系统的关系。决议规定“在前委指导之下，平行地执行工作”⑥，并对政治、军事工作机关作了明确的分工，使之各负其责地去执行党的任务，使红军向着新型的人民军队的方向发展，置于党的绝对领导之下，成为努力完成党的政治任务的工具。会后，红四军建立了以赣南、闽西为中心的中央苏区，红军发展至 30 万人，各级普遍建立了党委制。除红四军以外，其他一些地区的红军也先后建立了党委制。

1931 年 8 月 30 日，在“左”倾教条主义统治下的党中央发出了《给

① 《周恩来选集》上卷，人民出版社 1980 年版，第 40—41 页。

② 苏联红军初创时，实行政治委员制度，即由党派政治委员到军队，对军事专家进行政治监督，领导党组织和全部党政工作。1925 年开始实行“一长制”，即由党员担任军事指挥员，同时履行指挥员和政治委员的职能，并配备一名政治副职；或由军事指挥员负责军事训练和行政管理，保留政治委员负责党的工作，共同对部队的战备状态负责。

③ 即在红军中设立党的各级委员会的制度。党的各级委员会是各该部队统一领导和团结的核心。凡部队中的重大问题，都由党的委员会民主讨论，作出决定，然后按照分工，属于军事工作方面的由军事指挥员负责组织实施，属于政治工作方面的由政治委员负责组织实施，是党委统一的集体领导下的首长分工负责制，是实现党对军队领导的根本制度。1927 年南昌起义和湘赣边秋收起义后，即在部队设立了党的委员会。

④ 《周恩来选集》上卷，人民出版社 1980 年版，第 41 页。

⑤ 《毛泽东选集》第 1 卷，人民出版社 1991 年版，第 88 页。

⑥ 《毛泽东文集》第 1 卷，人民出版社 1993 年版，第 113 页。

苏区中央局并红军总前委的指示信》，指责中央苏区犯了“缺乏明确的阶级路线与充分的群众工作”的“最严重的错误”，把各级“党委制”说成是“国民党工作方式的残余”，决定取消党委制。[①]由于红军当时正进行紧张的反“围剿”斗争，这个错误决定没有及时贯彻。但在中央“左”倾教条主义的影响下，苏区中央局对党委制的态度发生了变化，由基本肯定转变为基本否定。9 月 3 日，中央局给中央的《中央苏维埃区域报告》认为，苏区“许多政权方面的问题、军事方面的问题，都是党代替了，是党管一切，结果是党包办了一切”[②]。在革命政权刚刚建立，根据地建设百废待兴，反动势力尚未根本肃清，面临国民党军重重包围，适当集权很有必要的情况下，这种指责显然是错误的。11 月 1 日—5 日，中央代表团主持召开苏区党的第一次代表大会，正式作出决议，取消各级党委制。《中央苏区党的第一次代表大会关于党的建设问题决议案》指出，“党应当切实实行政治委员制度与红军政治工作条例，红军中包办一切军队行政的各级党的委员会应即取消”[③]，军队中实行各级党委制是由党包办一切。这种党包办一切的理论来源，是“立三路线取消群众组织的残余，同时表现是国民党‘以党治国’‘党权高于一切’理论的遗毒”[④]。根据会议决议，1932 年，中央苏区红军取消了党委制。遵照 1930 年颁布的《中国工农红军政治工作暂行条例（草案）》，实行政治委员的全权代表制，并在各级政治部中设立了常务委员会。《条例》强调政治委员是党和苏维埃政权在红军中的“全权代表”，与同级军事指挥员发生争执时“有停止军事指挥命令之权”[⑤]，完全以政治委员的个人领导取代党委制的集体领导。

---

① 中共江西省委党史研究室等编：《中央革命根据地历史资料文库·党的系统》(3)，中央文献出版社、江西人民出版社 2011 年版，第 1723、1724 页。

② 中共江西省委党史研究室等编：《中央革命根据地历史资料文库·党的系统》(3)，中央文献出版社、江西人民出版社 2011 年版，第 1760 页。

③ 中共江西省委党史研究室等编：《中央革命根据地历史资料文库·党的系统》(3)，中央文献出版社、江西人民出版社 2011 年版，第 1847 页。

④ 中共江西省委党史研究室等编：《中央革命根据地历史资料文库·党的系统》(3)，中央文献出版社、江西人民出版社 2011 年版，第 1840 页。

⑤《中国工农红军政治工作暂行条例（草案）》(1930 年)，总政治部办公厅编：《中国人民解放军政治工作历史资料选编》第 1 册，解放军出版社 2002 年版，第 603 页。

党委制集体领导的取消，为博古、李德等人在中央苏区全面推行“左”倾政治路线创造了条件。宋任穷同志在总结这段历史的经验教训时指出：“四中全会以后，部队中取消了党委制，单纯地强调个人行政领导，养成了个人领导不民主的作风，把过去集体领导、党委会领导的光荣传统丢掉了，这是很大的损失。”①

（三）关于富农的阶级政策问题

党的六大提出，为了集中打击封建地主阶级，应该团结中农、争取富农中立。为此，党的六大在对中农和富农的政策上作了一系列重要和恰当的规定，党的六大通过的《政治决议案》指出，农民运动“主要的敌人是豪绅地主，无产阶级在农村的基本力量是贫农，中农是巩固的同盟者，故意加紧反对富农的斗争是不对的，因为这就混乱了农民与地主阶级的主要矛盾”②。1929 年 2 月 3 日，为了更好地贯彻党的六大关于农民运动的路线，中共中央发出第二十八号通告，进一步丰富了“中立富农”政策的内涵。通告指出：我们对富农的策略不能是机械的联合，而是要看客观上富农表现的态度决定各种不同的策略。对同情革命的富农，必须吸收到反地主的阵线之内；对已经反革命的富农，必须在反地主反军阀的斗争中同时加以反对；对于摇摆于革命与反革命之间的富农，那就不必故意加紧对他的斗争，而使他中立。1929 年 7 月，中共闽西第一次代表大会进一步制定了对待中农和富农的政策，大会决议案指出，对待自耕的中农的政策是“不要与以任何的损失”，对待富农是“富农田地自食以外的多余部分，在贫农群众要求没收时应该没收”，在革命初期，“不没收其土地，并不派款，不烧契，不废除其债务”。③这些规定保障了中农的利益，避免了对富农的过分打击。

遗憾的是，在 1929 年夏之后，党的六大所制定的“不要加紧反对富

---

① 转引自卢毅：《“党指挥枪”建军原则的确立与发展（1927—1949）》，《党的文献》2017 年第 4 期。

② 《建党以来重要文献选编（1921—1949）》第 5 册，中央文献出版社 2011 年版，第 620 页。

③ 中国社会科学院经济研究所中国现代经济史组：《第一、二次国内革命战争时期土地斗争史料选编》，人民出版社 1981 年版，第 288—298 页。

农”的政策开始发生改变。苏联国内农业集体化进程的加快和反富农斗争的加紧、联共（布）党内对布哈林斗争的升级，使共产国际执委会改变了党的六大所确定的“不要故意加紧反对富农”的策略。6 月 7 日，共产国际给中共中央发出关于农民问题的信，批评中国同志在富农问题上“犯了最重大的错误”，信中强调“联合富农，这无论在什么条件之下都是不容许的”，要求中共不要害怕富农“退出革命”，要把富农同地主豪绅和高利贷者一起加以反对。[①]中共中央接受了共产国际的意见，作出《接受国际对于农民问题之指示的决议》，承认在富农问题上发生了错误，号召全党坚决进行反富农斗争。以此为转折点，共产党在土地革命中开始推行过“左”的反对富农的政策。

李立三时期，开展了以“反富农”为中心的重新检查和分配一切土地的斗争。1930 年 9 月，党的六届三中全会纠正了李立三“左”倾冒险主义错误，也指出了关于富农政策方面的“左”倾错误。六届三中全会精神在闽西贯彻之后，在土地政策方面过重打击富农的错误一度得到纠正。

但接踵而至的王明“左”倾教条主义，执行了比“立三时期”更“左”的土地政策。1931 年 9 月 1 日，中共中央给苏区中央局以及红军总前委发了一封指示信，指责他们对于消灭阶级与抵制富农政策还持有动摇的态度，犯了富农路线的错误；并坚持认为“有很多非阶级路线的观点和办法必须立即加以纠正”，“要彻底消灭地主阶级及其封建剥削关系，绝对不能再容许地主阶级及其家属在其土地被无偿还的没收以后，又重新与土地关系结合起来。凡有这类的企图，都是给地主复辟的机会，我们应给以无情的打击和反对”。[②]11 月初在江西瑞金召开的苏区党的第一次代表大会上，严厉批评毛泽东的土地政策，迫使苏区中央局承认过去“抽多补少”“抽肥补瘦”“分配土地给一切人”犯了“富农路线的错误”，是一种“非阶级路线”。不久，在瑞金召开的第一次全国苏维埃代表大会通过了中共中

① 中国社会科学院经济研究所中国现代经济史组：《第一、二次国内革命战争时期土地斗争史料选编》，人民出版社 1981 年版，第 282、286 页。

② 《建党以来重要文献选编（1921—1949）》第 8 册，中央文献出版社 2011 年版，第 662、664 页。

央提出的《中华苏维埃共和国土地法》。《土地法》第三条规定："中国富农性质是兼地主或高利贷者，对他们的土地也应该没收。"[①]并强令各地执行，即使已经分田的地区，"如不合本法令原则者，则须重新分配"。这样，中共中央彻底放弃了原来"中立"富农的策略。

1933 年 2 月 1 日，临时中央政府土地人民委员部发出的第二号训令强调，在重新分田和查田中，"要使豪绅地主分不到一寸土地，富农分不到一片好田"[②]。1933 年 6 月 2 日的《中央局关于查田运动的决议》认为"富农是与封建剥削密切的联系着，并且大半是半封建的阶层，是敌视土地革命彻底进行的力量"，因此要"开展最热烈的斗争，来反对和剥夺地主残余与富农的一切反革命企图"，"应对富农窃取土地革命果实的企图给以严厉的打击，没收他们多余的农具与好的田地，分给他们以坏的'劳动份地'"。[③]尽管在领导查田运动的过程中，毛泽东将查田运动的着眼点放在检查漏划的残存的封建势力和隐藏的阶级异己分子、彻底解决土地问题和及时纠正错误上，对某些"左"倾错误政策作尽可能的修正，但并没能从根本上改变"左"倾的富农政策。直至 1935 年 12 月 6 日，中共中央才再次作出改变对富农策略的决定，指出在新的形势下不能再采取加紧反对富农的策略。

自党的八大一直到中央苏区沦陷，中共在"富农"问题上错误和正确的意见相互交织、并存发展，表明了党在土地革命问题上还不成熟。

（四）对福建事变的态度

九一八事变后，广大爱国知识分子和各个阶级、阶层的爱国人士，看到大片国土沦丧，政府受屈辱，无不痛心疾首，奋起呼吁"停止内战，一致对外"。面对各界的强烈要求，蒋介石南京政府却一意孤行，不仅连续发动大规模的"剿共"战争，还公开扬言"攘外必先安内"。蒋介石的顽

---

① 中国社会科学院经济研究所中国现代经济史组：《第一、二次国内革命战争时期土地斗争史料选编》，人民出版社 1981 年版，第 617 页。

② 刘秉荣：《红一方面军纪实（第 3 卷）·血路》，人民出版社 2003 年版，第 1347 页。

③ 中国社会科学院经济研究所中国现代经济史组：《第一、二次国内革命战争时期土地斗争史料选编》，人民出版社 1981 年版，第 734、735 页。

固“剿共”政策和国内声势浩大的群众性抗日救亡运动，逐渐使一批国民党人开始同蒋离心离德，蒋介石统治集团在民族危难时刻开始出现了分化和分裂，同时也意味着苦于应付国民党强大军事压力的共产党人面临着某种转机。

面对国民党内部的分化和分裂，1933 年 1 月 17 日，中共驻共产国际代表团根据共产国际执委会第十二次会议精神和中共代表团的讨论意见，以中华苏维埃共和国中央执行委员会主席毛泽东，副主席项英、张国焘和中国工农红军革命军事委员会主席朱德的名义发表了《中华苏维埃临时中央政府、中国工农红军革命军事委员会宣言——为反对日本帝国主义侵入华北，愿在三个条件下与全国各军队共同抗日》(简称《一·一七宣言》)，公开宣布“中国工农红军准备与任何武装部队订立作战协定，来反对日本帝国主义的侵略”[①]。

1933 年 6 月 8 日发布的《中共中央给各级党部及全体同志的信——论反帝运动中的统一战线》明确提出“只有我们党坚决实行广大的统一战线，才能团结和组织千百万的广大群众来进行这一反帝的革命斗争，才能团结一切反帝的力量”。[②]

淞沪抗战后，十九路军被蒋介石调入福建“剿共”，想假红军之手消灭它。为保存十九路军，陈铭枢、蒋光鼐、蔡廷锴等十九路军将领下决心联合共产党反蒋抗日。一开始十九路军试图在上海通过何香凝同中共建立联系，但共产国际获此消息后于 1933 年 6 月 13 日表决通过了给时任共产国际驻华代表、共产国际驻上海远东局书记埃韦特的指示，认为现在“不应当与第 19 路政府军司令进行任何谈判”，只有“当他真正开始与国民党和日本人进行斗争时，才有可能建立统一战线”，并告诫说“现在谈判会成为陷阱”。[③] 埃韦特完全接受共产国际的意见，立即要求中国共产党不要接受十九路军代表的建议。共产国际的态度直接决定了中国共产党的态

---

① 《建党以来重要文献选编（1921—1949）》第 10 册，中央文献出版社 2011 年版，第 28 页。

② 《建党以来重要文献选编（1921—1949）》第 10 册，中央文献出版社 2011 年版，第 269 页。

③ 中共中央党史研究室第一研究部译：《联共（布）、共产国际与中国苏维埃运动（1931—1937）》第 13 卷，中共党史出版社 2020 年版，第 413 页。

度，当时上海中央局的负责人执行了共产国际的指示，断定“国民党找共产党都是投机”，“红萝卜（外红内白）最不可靠”，采取了关门政策，对十九路军的建议拒不接受。

明明知道十九路军有联合红军的意图，共产国际驻中共军事顾问曼弗雷德·施特恩却认为蔡廷锴“是一个不可靠的家伙”，“为争取他成为抗日反蒋的盟友，必须向他显示一下我们的实力”，提出要用实力来迫使蔡廷锴等同意结盟。于是，在之后组建东方军入闽与十九路军作战。

与上海中央联系未果，十九路军在福建又遭遇东方军重创，陈铭枢心急如焚，急切想与苏区取得联系，便托陈公培到苏区联系。1933 年 9 月 22 日，陈公培抵达东方军指挥部所在地王台，见到了彭德怀。彭德怀随即将此事报告了周恩来，周恩来立即意识到，如果同十九路军合作，可以消除来自福建方面的威胁，集中力量对付其他合围的蒋军，他当即致电项英、彭德怀、滕代远，提议派袁国平同陈公培会谈。

此时，蒋介石已发动第五次“围剿”，在强大的军事压力面前，苏区中央局对达成与十九路军的合作是期盼的，于是 9 月 25 日致电指示，我们不仅对十九路军反日反蒋“不妨碍，并予以便利”，而且“应声明在（注：蒋介石军队）进扰游击区域时，红军准备全力援助十九路军作战，在反蒋战斗中亦已与十九路军作军事之合作”。

9 月间，中共上海中央局将十九路军司令部的建议报告给了共产国际远东局。10 月 22 日，共产国际远东局将这个报告送到共产国际执委会。但共产国际仍然坚持“不应当与第 19 路政府军司令进行任何谈判”。但共产国际在中国的工作人员考虑到，与十九路军建立良好的合作关系对打破蒋介石的“围剿”是有利的，作出了同意谈判的决定，但强调不能诚心地与之谈判，强调谈判只是为了自己的利益。

9 月 29 日，远东局发给中央苏区的指示中强调，对十九路军的策略应该是：（1）把游击队放在它的后方；（2）通过进行初步的非正式的谈判利用各种手段迷惑它，同时作出努力从内部瓦解它。（3）要表示出不同它

的部队作战的愿望……[①]

1933 年 10 月 6 日，十九路军秘书长徐明鸿作为全权代表，在陈公培陪同下赴瑞金正式谈判。受共产国际态度的影响，此时博古的态度发生了变化，拒不接见十九路军代表，称“三条件（指 1933 年 1 月 17 日公布的《中华苏维埃临时中央政府、中国工农红军革命军事委员会宣言——为反对日本帝国主义侵入华北，愿在三个条件下与全国各军队共同抗日》）只是宣传的号召，只对下层士兵与广大工农群众讲的”[②]。

10 月 26 日，双方虽然签订了《中华苏维埃共和国临时中央政府及工农红军与福建政府及十九路军反日反蒋的初步协定》（以下简称《初步协定》），但仅限于双方停止军事行动，恢复贸易和释放政治犯等，对于急需解决的在蒋军开始进攻后的军事合作问题，并未涉及。

12 月 1 日，福建省政府实现了《初步协定》第 3 条“福建省政府及十九路军方面立即释放在福建各牢狱中政治犯”的约定，12 月 1 日，颁布大赦令，赦免政治犯，表现了合作的极大诚意。

但即便如此，上海的军事顾问施特恩仍坚持认为不能相信蔡廷锴，“蔡反蒋不过是军阀之间的一般斗争，我们应该最大限度地利用这种斗争来加强我们自己在内战中的地位”。在福建事变面临失败的结局时，共产国际发出指示，继续实行“下层统一战线”，去争取十九路军的士兵。博古等“左”倾领导人遵从了共产国际的错误指示，当十九路军遭到蒋介石猛烈攻击时，拒绝援助，在败局已定时，则设法争取点队伍过来，这种拆十九路军台的行为，导致其迅速被消灭。

在中共领导人中，毛泽东、周恩来、彭德怀等坚持要援助十九路军，但直至大势将去，他们的意见才被部分采纳，然而已于事无补，为时已晚。

福建事变失败后，中共中央一改事变中的谨慎态度，对十九路军和福建人民政府展开谴责、批判。12 月 5 日发布的《中共中央为福建事变告

---

① 参见中共中央党史研究室第一研究部译：《联共（布）、共产国际与中国苏维埃运动（1931—1937）》第 13 卷，中共党史出版社 2020 年版，第 474 页。

② 中共中央党史资料征集委员会、中央档案馆编：《遵义会议文献》，人民出版社 1985 年版，第 76 页。

全国民众书》明确表示，“在这一革命形势更加尖锐化的情形之下，在反革命国民党统治内部的进一步的动摇与崩溃，实是不足为奇的”，福建事变领导人创立生产大众党是“因为国民党的根本破产与广大民众的革命化，所以最后抛弃了国民党的尸体”，“事实上证明，这一政府还不是人民的，而且也还不是革命的”，“它的一切行动，将不过是一些过去反革命的国民党领袖们与政客们企图利用新的方法来欺骗民众的把戏。他们的目的不是为了要推翻帝国主义与中国地主资产阶级的统治，而正是为了要维持这一统治，为了要阻止全中国民众的革命化与他们向着苏维埃道路的迈进”。[①] 甚至连毛泽东也对此给出了负面评价，在 1934 年 1 月下旬举行的第二次全国苏维埃代表大会上，毛泽东曾谈道，有一个同志对于福建的所谓人民政府，说他带有多少革命性不是完全的反革命，这种意见也是不对的。我在报告中已经指出：“人民革命政府”的出现，是反动统治阶级的一部分，为着挽救自己将死命运而起的一个欺骗民众的新花样，他们感觉苏维埃是他们的仇敌，而国民党这块招牌又太烂了，所以弄个什么“人民革命政府”，以第三条道路为号召，这样来欺骗民众，没有真正革命意义，现在的事实已经证明了。[②]

由此可见，在对福建事变这个问题的认识上，共产国际、“左”倾中央以及毛泽东他们的认识有差异，但都出现了前后态度的不一致。即便是毛泽东对福建事变的态度亦有同样变化，即从“开门主义”转向“关门主义”。究其根源，在于他们对在外敌入侵的情况下，民族资产阶级有可能成为我们的联盟缺乏应有的认识。虽然由于形势所迫，与十九路军开展了某种程度的统一战线的合作，但关门主义的本质没有根本改变。

二、非理性党内斗争

在马克思主义中国化的探索中，党内同志的思想认识有分歧和矛盾，

① 《建党以来重要文献选编（1921—1949）》第 10 册，中央文献出版社 2011 年版，第 629—631 页。

② 参见毛泽东：《关于中央执行委员会与人民委员会报告的结论》（1934 年 1 月 27 日），《中华苏维埃代表大会重要文献选编》，中国民主法制出版社 2019 年版，第 440 页。

由此引发党内斗争是正常的。对于党内斗争的客观必然性及其产生根源，后来毛泽东在《矛盾论》中作出了正确分析。他指出："党内不同思想的对立和斗争是经常发生的，这是社会的阶级矛盾和新旧事物的矛盾在党内的反映。党内如果没有矛盾和解决矛盾的思想斗争，党的生命也就停止了。"①

既然党内斗争一般都是党内同志在实现共同的政治目标过程中产生的思想认识上的分歧和矛盾，那么，党内斗争基本上是一种思想斗争，而不是根本利害的冲突（当然，思想认识上的分歧，有时也会发展为政治路线上的矛盾和斗争）。即使如此，归根结底也是两种思想、两种世界观的斗争，即无产阶级的思想、世界观同非无产阶级的思想、世界观的斗争。这种非无产阶级的思想和世界观，其表现往往是"左"的和右的两种错误倾向，因此，党内斗争又往往表现为反对"左"、右两种错误倾向的两条战线的斗争。党内斗争只有在特殊的历史条件下，才会转化为敌我斗争。既然党内斗争一般都是思想斗争，那么，党内开展斗争应采取"惩前毖后，治病救人"和"团结——批评——团结"的正确方针，从团结的愿望出发，正确运用批评与自我批评的武器。但闽西苏区在对待党内斗争的根源问题上，往往片面地强调社会阶级根源，而忽视了思想认识根源，以至于把党内斗争简单地归结为阶级斗争在党内的反映，造成党内的斗争过火，破坏了党内的正常生活，影响和损害了党的团结和统一。

（一）肃反扩大化，错杀了一大批干部

由于"左"倾领导人否认九一八事变后国内阶级关系的明显变化，把国民党统治集团看成铁板一块，把中间势力当作"最危险的敌人"，要一切斗争，整个地反对。1930 年 12 月，闽粤赣边区特委发出指示：为了保证胜利，必须把钻进革命队伍的反革命分子彻底、干净地除掉。1931 年初，在闽西苏区红十二军召开纪念国际共运领袖李卜克内西、卢森堡、列宁的大会上，当几个缺乏国际共运知识的年轻士兵喊出了"拥护第二国际""社会民主党万岁"的口号时，被当作"反革命"予以逮捕，并严刑

① 《毛泽东选集》第 1 卷，人民出版社 1991 年版，第 306 页。

逼供，由此引发了大规模的整肃“社会民主党”的运动。为达到迅速清除苏维埃区域内“社会民主党”等各种反革命政治派别的目的，1931 年 2 月 21 日，闽西苏维埃政府裁判部连续发出裁字第一号、第二号通告，把所谓“社会民主党”的“反动党徒”的处决权下放到“各县裁肃委员”。3 月 4 日，闽西苏维埃政府又发出裁字第三号通告，要求闽西各级政府“应不要姑息、不要留感情的站在革命的立场严密查缉一切反动分子”。1931 年 4 月 4 日，中共中央致信中共闽粤赣边区特委，要求对闽西的“社会民主党”“以最严厉的手段来镇压”[①]。在一系列越来越“左”的指示下，闽西苏区整肃“社会民主党”的错误加剧发展，喊出了“抓尽一切社党分子，杀尽一切社党头子”的口号，各级政府、党组织，各群众团体，各裁肃委员可以随意抓人杀人。凡犯有“立三”错误者，对“立三路线”抱有过怀疑者，出身地主富农家庭者，平时工作生活中有缺点错误者都在怀疑肃杀之列，并直接导致傅柏翠率领自卫武装进行抵抗，公开分裂，脱离革命队伍。闽西苏区肃“社会民主党”的错误，还因瑞金县委隶属于闽粤赣边区特委而蔓延到瑞金。错误的肃“社党”运动使闽西苏区遭受严重损失。

苏区肃反的扩大化产生了严重的后果，其中最直接的是造成苏区群众的恐慌和对革命政权的不信任，破坏了苏区良好的党群关系和民（众）政（权）关系，不但影响到根据地人民对反“围剿”胜利的信心，而且影响到他们对反“围剿”战争的支持度。

（二）反罗明路线，对党内持不同意见的同志实行“残酷斗争”“无情打击”

党的六届四中全会以后，以王明为首的“左”倾留苏力量成为党内的核心，而在革命实践中成长起来的领袖大都被排斥在核心之外。临时中央的“左”倾领导者们为了扫除他们实行“左”倾路线的障碍，开始发起了党内两条路线的斗争，相继在赣南、宁都会议上批判了毛泽东的正确路线和主张，并剥夺了毛泽东的军事指挥权。但是当他们了解到福建的罗明

---

① 中共龙岩地委党史资料征集研究委员会、龙岩地区行政公署文物管理委员会编：《闽西革命史文献资料》第 5 辑，1984 年内部版，第 134 页。

仍然在执行毛泽东的路线时，决定发动一场更猛烈的党内斗争。1933 年 2 月 15 日，博古主持中共苏区中央局会议，作出《关于闽粤赣省委的决定》，断然认为闽粤赣省委处在一个非常严重的状态中，在福建“省委内一小部分同志中，显然形成了以罗明同志为首的机会主义路线”，并宣布“省委对于这一路线的腐朽的自由主义态度，必须受到最严厉的打击”，“立刻撤销罗明同志省委代理书记及省委驻杭永岩全权代表工作”。[①]

2 月 24 日，以陈寿昌为领导的中共闽粤赣省委临时常委会在苏区中央局的高压之下，作出了《临时省委对〈中央局关于闽粤赣省委的决定〉的决议》，“责成各级党员（部）立刻召集各种会议讨论中央局的决定，并深刻的揭发罗明路线与对于这路线的自由主义态度的错误，而且这讨论一定要深入每一个支部与小组中去，要详细与具体向同志解释这些错误的实质，以及在实际工作中产生的恶果，而发动全党同志与之斗争”[②]。

2 月 26 日，工农红军学校召开第四期毕业生中全体党员、团员及全校连以上干部党员、团员大会，会议根据博古意见，建议给罗明、杨文仲以纪律上的严厉制裁。

这场错误的党内斗争发动后，在福建苏区迅速蔓延，从省委、省苏由上而下，层层深入，一直扩展到乡苏维埃政府及其基层党支部。一大批资深党政军领导人在这场政治旋风中受到无情打击。除省委代理书记罗明被撤职外，刘晓、陈潭秋、张鼎丞、邓子恢、谭震林、郭滴人、李坚真、杨文仲、方方等，都受到错误处置，受到打击的基层干部就更多了。

对于闽西苏区屡屡出现的上述党内斗争对立化、阶级化的问题，究其根源是我们对党内斗争的理论认识本身还存在着缺陷。

首先是是非标准问题。

由于中国共产党尚处于幼年时期，理论准备非常不足，又忙于投入火热的斗争实践，使广大党员甚至党的高级领导对理论本身产生盲目崇拜，开口闭口要拿“本本”来，以“书本”为标准。1931 年六届四中全会之后，

---

① 《中国共产党史稿（1921—1949）》第 3 卷，中央文献出版社 2006 年版，第 310—311 页。

② 江西省档案馆、中共江西省委党校党史教研室选编：《中央革命根据地史料选编》（中），江西人民出版社 1981 年版，第 384 页。

以王明为代表的“左”倾领导人完全以共产国际的指示和苏联的经验为标准，把共产国际的指示“神圣化”，把苏联经验“绝对化”，其他一切有悖于此的意见、主张，都是“右倾机会主义”“反列宁主义”。按照这样的是非标准去斗争，斗来斗去，并没有更接近真理，反而离真理越来越远。

其次是对于如何开展党内斗争问题存在指导思想的偏差。

一是党内盛行家庭出身决定论即唯成分论。对于投入无产阶级革命的出身非无产阶级家庭或剥削阶级家庭的人应该怎样认识？在理论上，在思想认识上，始终没有很好地解决，一有政治运动，他们往往就成为“重点对象”。如果政治上出错，则容易被冠以“混入革命队伍的阶级异己分子”的罪名。后来，虽然给予某些批评，并改为“有成分，但不唯成分”论，但家庭出身对于一个人发展道路的作用如何，家庭出身与一个人政治主张的正确与否有无关系等，始终没有能够从理论上对此给予科学的回答，以致家庭出身决定论的影响在党内时隐时现，导致家庭出身不好的党员干部屡遭清除和杀害。

二是“对敌人只有仇恨，没有宽恕”。首先，“仇恨”与“宽恕”都属于感情色彩范畴，“对敌人只有仇恨，没有宽恕”是以感情代替政策。无产阶级革命是以实现共产主义为最终目标的，要实现这个目标，单凭情绪领导群众是不够的，必须善于运用思想的、政治的、军事的各种斗争形式，必须懂得敌人有主要和次要之分，必须学会从实际出发处理各种问题，必须掌握文武张弛之道。凭感情办事，只能导致“残酷斗争，无情打击”和肃反的扩大化，对革命事业造成巨大的损失。其次，“对敌人只有仇恨，没有宽恕”有违马克思主义的人道主义思想。战场上两军对垒，你死我活，此时“只有仇恨，没有宽恕”是对的，而当敌人放下武器或失去反抗能力时，则当予以“宽恕”“宽待”。对待政敌，即使他固执己见，也应当尊重他的人格，生活待遇上不能打入“另册”。

分清谁是我们的敌人，谁是我们的朋友，是中国革命的首要问题。中国革命要取得成功，不可不注意团结我们真正的朋友，以攻击我们真正的敌人。而令人痛心的是，在闽西苏区的斗争中，在这个问题上连续出现了几次“左”倾错误。

三、理性认识与实践偏离

马克思认为，哲学的意义不在于能够解释世界，而在于能够改造世界。毛泽东在《实践论》中也说，“辩证唯物论的认识运动，如果只到理性认识为止，那末还只说到问题的一半”，“认识的能动作用，不但表现于从感性的认识到理性的认识之能动的飞跃，更重要的还须表现于从理性的认识到革命的实践这一个飞跃”，“如果有了正确的理论，只是把它空谈一阵，束之高阁，并不实行，那末，这种理论再好也是没有意义的”。[①] 马克思主义中国化，不仅要求形成符合中国国情和中国革命特点的理性认识，更要求这些理性认识回到实践，实现从理性认识到革命实践的飞跃。

在创建红军和苏区的实践中，中共党内就某些问题已经形成了比较一致的正确的理论或观点，然而遗憾的是，这些理性认识在实践中却出现了偏离，影响了相关实践向前发展。

（一）民主集中制：极端民主化或个人集权

在创建红军和闽西苏区的实践中，中国共产党明确把民主集中制作为中共党内、军队和政权内部的组织原则，要求民主基础上的集中和集中指导下的民主的有机结合，但在实践中却还是出现了极端民主化与个人集权两种错误倾向。

首先是极端民主化。

秋收起义后，鉴于部队中思想混乱，纪律松弛，毛泽东在江西永新三湾对部队进行整顿，把支部建在连上，确立了党指挥枪的原则。为了肃清部队中的命令主义等旧军队的残余，还在连、营、团各级设立士兵委员会，实行民主管理制度，废除了烦琐礼节，不准打骂士兵，经济公开，士兵管理伙食，官兵待遇一样，建立起新型的官兵关系。1927 年 11 月，在成立茶陵县工农兵政府（井冈山革命时期建立的第一个县级工农兵政权——笔者注）时毛泽东明确提出，共产党人领导的红色政权，必须体现人民当家作主的原则，党的领导要避免“国民党直接向政府下命令的错误

① 《毛泽东选集》第 1 卷，人民出版社 1991 年版，第 292 页。

办法”[①]，不能像国民党那样由上级委派县长。1928 年 1 月，毛泽东指导并亲自修订的《遂川工农县政府临时大纲》明确规定，必须由下而上民主选举产生各级政权，并赋予工农兵和一切劳动人民，不分男女都享有政治权利和集会、出版、结社、言论等自由。在其时命令主义盛行的情况下，强调自下而上的民主，无疑是正确的，有助于在恶劣的斗争环境下，调动广大党员的革命积极性。

然而物极必反，对自下而上的民主的重视，加上艰苦的转战，革命前途的不明朗，党内教育的缺乏，造成对自上而下的集中的抵触，在中共党内产生了绝对自由主义、个人主义、极端民主化等倾向，以致出现了中共红四军党内拒绝接受前委集中统一指挥、关于前委与军委关系放任下面自由讨论损害朱毛威信等错误。据陈定效[②]回忆，前委的指导路线都不是集体指导一切问题。一切问题都摆到会场上来讨论，不管政治分析也好，行动计划也好，请调工作也好，都毫不准备意见到会场来争，往往争议终日得不到一个结论……当时有许多同志说，前委是各纵队联席会，但是前委的同志还以为要这样才对，才是由下而上的民主制。

极端民主化的恶果，就如古田会议所指出：“在于损伤以至完全破坏党的组织，削弱以至完全毁灭党的战斗力，使党担负不起斗争的责任，由此造成革命的失败。”[③]

其次是个人集权。

鉴于极端民主化的危害，《古田会议决议》指出，在组织上“厉行集中指导下的民主生活”，“一切工作，在党的讨论和决议之后，再经过群众去执行”[④]，阐明在党内决议形成的过程中，党员无论级别高低，都有自由发表意见的机会，在充分发扬民主的基础上进行，一旦形成决议，必须无条件执行，强调了集中的重要性。

---

① 《毛泽东选集》第 1 卷，人民出版社 1991 年版，第 73 页。

② 陈定效，生卒年不详，据《红四军前委向中央的报告》（1930 年 1 月 6 日）记载，他因肺病不适宜军队工作，特介绍其回上海，委托他带去古田会议议案等资料，并口头向中央汇报大会精神。

③ 《毛泽东文集》第 1 卷，人民出版社 1993 年版，第 81 页。

④ 《建党以来重要文献选编（1921—1949）》第 6 册，中央文献出版社 2011 年版，第 729 页。

为了加强党的集中统一领导，还规定，必须在红军中设立党的各级委员会，凡部队中的重大问题，都由党的委员会民主讨论，作出决定，然后按照分工，属于军事工作方面的由军事指挥员负责组织实施，属于政治工作方面的由政治委员负责组织实施，实行党委统一的集体领导下的首长分工负责制。

“厉行集中指导下的民主”以及“党委制”，既有利于克服极端民主化的错误倾向，也适应了战争环境对决策和执行效率的要求，有助于保证革命顺利地开展。但是由于军队中命令主义的传统、战争环境的制约、农民对专制的崇拜与对民主拒斥的积习，在实践中又被扭曲为个人集权。闽西党组织既没有集体领导，又缺乏科学的分工，一二人的意见往往就是结论。对此，张闻天曾经旗帜鲜明地批评说：“不论在党的领导机关内，在苏维埃政府机关内，以至在其他一切组织内，我们看到一个极其普遍的现象，就是那里常常没有一个负责的同志，或是只有一个负责的同志在那里包办一切”，但是，“这种普遍的现象，在党内大家不以为怪，也没有受到过任何严厉的批评。却正相反，大家反而说这是一种新的领导方式”。[①]

六届四中全会以后，“厉行集中指导下的民主”以及“党委制”，被“左”倾党中央指责是犯了“缺乏明确的阶级路线与充分的群众工作”[②]的“最严重的错误”，把实践中出现的个人集权归咎于“党委制”，把各级“党委制”说成“国民党工作方式的残余”。1931 年 11 月 1 日—5 日召开的苏区党的第一次代表大会，作出了取消各级党委制的决定。同时遵照 1930 年颁布的《中国工农红军政治工作暂行条例（草案）》，实行政治委员的全权代表制，完全以政治委员的个人领导取代党委制的集体领导。这一改变，为博古、李德等独揽中央大权，在中央苏区全面推行“左”倾政治路线创造了条件。

（二）党内巡视：“不巡不视”或“巡而不视”

中国共产党自成立伊始，就十分重视对地方的巡视指导，党的二大

---

① 洛甫:《关于新的领导方式（一）》，中国井冈山干部学院主编:《斗争（苏区版）》第 1 辑，中国发展出版社 2017 年版，第 32—33 页。

② 《建党以来重要文献选编（1921—1949）》第 8 册，中央文献出版社 2011 年版，第 606 页。

党章规定："中央执行委员会得随时派员到各处召集各种形式的临时会议，此项会议应以中央特派员为主席。"[①] 随着党组织不断壮大，为加强对地方工作的指导，1925 年通过的《组织问题议决案》提出"应当增加中央特派巡行的指导员"[②]。大革命失败后，形势险恶，为加强党的组织工作，1927 年 11 月，中央通过《最近组织问题的重要任务议决案》，首次提出"应当开始建立各级党部的巡视指导制度"[③]。据此精神，1928 年 10 月，中央发出第 5 号通告《巡视条例》，初步尝试建立巡视制度。经过 3 年探索，1931 年 5 月通过《中央巡视条例》，要求各地参照建立相应巡视制度。《中央巡视条例》（以下简称《条例》）的颁布与施行，标志着党内巡视制度正式建立。

《条例》规定，党内巡视的目的是："为使上级党部之一切策略、工作计划和指导能正确的被下级党部（直至支部）接受和执行；为直接帮助下级党部确定正确的政治、组织、工作的路线和一切工作的方法。"[④] 因此，巡视员除传达上级的决议外，还要能帮助下面来具体执行这一决议，解决困难的问题。[⑤] 为此，《条例》要求消灭官僚式的巡视制度，摒弃走马看花、只凭审阅文件的工作方式，尽量扩大谈话范围，加强实地调研。

巡视制度在理论层面上要求巡视员既应该传达上级政令，又必须了解下情，并对下级党部的具体工作进行指导，再向上级进行汇报。然而在实际运行中，中央、省委对地方进行了必要的巡视工作，但地方特委、县委、区委基本上只是偶尔为之。闽西特委巡视工作"因干部缺乏很难经常办到"[⑥]，各县、区"有的地方几个月没有一个巡视员出发"[⑦]。即便有巡视工

---

① 中国革命博物馆：《中国共产党党章汇编》，人民出版社 1979 年版，第 7 页。

② 《建党以来重要文献选编（1921—1949）》第 2 册，中央文献出版社 2011 年版，第 523 页。

③ 《建党以来重要文献选编（1921—1949）》第 4 册，中央文献出版社 2011 年版，第 637 页。

④ 《建党以来重要文献选编（1921—1949）》第 5 册，中央文献出版社 2011 年版，第 652 页。

⑤ 参见江西省档案馆、中共江西省委党校党史教研室选编：《中央革命根据地史料选编》（上），江西人民出版社 1982 年版，第 668 页。

⑥ 中央档案馆、福建省档案馆编：《福建革命历史文件汇集（闽西特委文件）（1928 年—1936 年）》，1984 年内部版，第 111 页。

⑦ 中央档案馆、福建省档案馆编：《福建革命历史文件汇集（闽西特委文件）（1928 年—1936 年）》，1984 年内部版，第 226 页。

作开展的县委，效果也不佳，巡视员不懂巡视的任务，“只是参加一、二个会议，没有深入到支部群众中去搜集一般下级的实际情形”[①]，“同时文字上的指导也做得极少，而不具体精细。对下级的报告无很灵敏的答复，因此无详细的指导，也（无）严格的督促”[②]，沦于“巡而不视”的境地。

由此可见，尽管中央包括省委对党的巡视工作是重视的，但由于干部缺乏和巡视员能力不够，闽西苏区的党内巡视工作出现随便派人去敷衍下级，只是开开会就了事，甚至干脆没有参加实际工作，未能对下级党部的工作给予充分指导和帮助。造成这种现象的因素很多，首先是闽西苏区的党组织仍然极为薄弱，又面临极为严酷的军事斗争形势；其次是苏区时期党实行一元化的垂直领导，下级党部要绝对服从上级党部决议，否则就是消极怠工，就是机会主义。这种权力运行模式导致很难从下级和当地的具体情况出发指导工作，因而制约了巡视员的作用发挥，甚至使他们染上官僚作风。

（三）中农政策：联而不盟

解决土地问题的关键是土地分配给谁以及如何分配，其中必然涉及如何对待中农的问题。1928 年 6 月—7 月，党的六大通过的《政治决议案》《土地问题决议案》和《农民问题决议案》，虽然肯定“平分土地”，但同时又提出“在中农和小农私有制占农民人口多数的地方，‘平分土地’必将触犯广大的中农的利益，尤其不能强硬施行”。

1928 年 12 月《井冈山土地法》颁布时，由于党的六大文件还没有送达井冈山，《井冈山土地法》规定了“没收农村一切土地”，结果导致“触犯一切富农甚至中农和少块土地的贫农”。[③]鉴于此，1929 年 4 月的《兴国土地法》将“没收一切土地”改为“没收一切公共土地及地主阶级的土地”，

① 中央档案馆、福建档案馆编：《福建革命历史文件汇集（闽西特委文件）（1928 年—1936 年）》，1984 年内部版，第 226 页。

② 中央档案馆、福建档案馆编：《福建革命历史文件汇集（闽西特委文件）（1928 年—1936 年）》，1984 年内部版，第 149 页。

③ 中国社会科学院经济研究所中国现代经济史组：《第一、二次国内革命战争时期土地斗争史料选编》，人民出版社 1981 年版，第 272 页。

毛泽东将之称为“一个原则的改正”[①]。

1929年6月，闽西特委颁发的第一份土地斗争纲领也提出了“中农自耕土地略多者可以不动”[②]的分田政策。7月，中共闽西一大通过的《政治决议案》又明确提出：对自耕的中农“不要予以任何的损失”。

此后，受“左”倾教条主义影响，中央苏区实行越来越“左”的土地政策，但对中农的政策却是基本一贯的。从1931年8月开始，中共中央和苏区中央局以及闽西党团组织多次发出指示或作出决议，禁止侵犯中农利益，注意维护与中农的联盟。1933年6月12日，中共闽粤赣省委作出决议，强调查田运动必须正确执行阶级路线，“防止侵犯中农利益与任何消灭富农的企图”。同月，福建省农业工人第一次代表大会通过《查田运动决议》，明确指出“要同侵犯中农利益的倾向作无情的斗争”。

毛泽东在6月17日—21日召开的瑞金等8县区以上负责人查田大会和6月25日—7月1日召开的瑞金等8县贫农团代表大会上指出，“查田运动的策略，是以工人为领导者，依靠贫农，联合中农，去削弱富农，消灭地主”，说明侵犯中农利益是绝对不许可的，“要着重说明富农与中农交界地方，使富裕中农稳定起来”。[③]

由此可见，在理论层面上，中央苏区对待中农的要求是“政治上予以联合，经济上予以保护”。但在实践中，中农的利益屡屡受到严重侵犯，甚至陷入“联而不盟”的尴尬境地。

首先是出现了没收农村一切土地和反复重分土地的侵犯中农利益的乱象。《兴国土地法》虽然将“没收一切土地”改为“没收一切公共土地及地主阶级的土地”，但仍将“以人口为标准，男女老幼平均分配”写进去，这就造成在实践中难以真正改变“没收一切土地”的做法。1930年5月，毛泽东在《寻乌调查》中对此指出：“一个‘平’字就包括了没收、分配两个意义。”[④]不止寻乌，“到处都做到没收一切土地，焚烧一切田契，无人

① 《毛泽东农村调查文集》，人民出版社1982年版，第40页。

② 《邓子恢自述》，人民出版社2007年版，第69页。

③ 《毛泽东文集》第1卷，人民出版社1993年版，第269、270页。

④ 《毛泽东农村调查文集》，人民出版社1982年版，第173页。

敢出来反对"[①]。"平分一切土地"的政策，加上平分中的数量之争、肥瘦之争及青苗问题，终于导致1929年夏到1930年整个中央苏区内重新恢复没收农村一切土地和反复重分土地的乱象。

其次，以土地和财产占有的多寡作为革命与反革命的标准，导致中农"恐富"。1931年2月，为全国苏维埃第一次代表大会起草的《土地法草案》主张在肉体上消灭地主、经济上消灭富农，并要求"立即施行"。根据这个土地法，中共闽粤赣特委于同年4月5日作出没收豪绅地主财产及收回其土地的决议，并立即在闽西苏维埃政府驻地的永定虎岗于数天之内没收43家地主原先允许其保留的全部土地财产，重新分配给贫雇农。这一看似仅仅针对地主、富农的极"左"政策，却由于其理论上的错误导致农村阶级阵线被搅乱，中农尤其富裕中农也被当作打击对象，以致有些地方提出了"富农分坏田，中农分中田，贫农、雇农分好田""中农不准当苏维埃委员""中农不准加入共产党和共产青年团"等错误的口号，严重侵犯了中农利益。[②]

1931年11月，第一次全国苏维埃代表大会通过了《中华苏维埃共和国土地法》，强令各地执行，即使已经分田的地区，"如不合本法令原则者，则须重新分配"。1933年1月底博古等来到中央苏区后，变本加厉地推行过"左"的政策，下令在整个苏区开展大规模的查田运动，如有违抗，则严厉打击和斗争。在这种形势下，闽西苏区的查田运动陷入"左"倾泥潭，再次出现乱划阶级成分、严重侵犯中农利益的现象，其结果是"造成从肉体上消灭地主，并且侵犯了中农利益，破坏了生产"[③]。

上述理性认识之所以在实践中不能得到很好的贯彻，究其根源主要有以下几个方面的原因：

一是理性认识与执行主体的分离。不同主体对同一事物的认知水平是

① 中国社会科学院经济研究所中国现代经济史组：《第一、二次国内革命战争时期土地斗争史料选编》，人民出版社1981年版，第328页。

② 参见《肃清反中农的情绪！》（1931年10月21日），《第一、二次国内革命战争时期土地斗争史料选编》，人民出版社1981年版，第577页。

③ 张鼎丞：《中国共产党创建闽西革命根据地》，人民出版社1983年版，第69页。

不一样的。苏区时期，形成理性认识的主体，主要是中共党内的高层、领导层、决策层，而贯彻执行的主体则主要是基层。总体而言，基层的认知水平低于高层、领导层、决策层。如果执行主体贯彻执行前没有接受充分的相关理论或政策的教育，吃不准理论或政策的要旨，他们在贯彻执行中往往就会基于自身的方便，作出利己倾向的选择。古田会议前，自下而上的民主催生了绝对自由主义、个人主义、极端民主化等倾向。古田会议后，“厉行集中指导下的民主”扭曲为个人集权，直至六届四中全会后，“左”倾党中央完全以政治委员的个人领导取代党委制的集体领导等，既有对民主集中制原则把握理解上的偏差，同时在很大程度上也是选择性执行的结果。

二是理论或政策目标的双重性、对立性。对民主集中制度的设计，中共希望既可以通过自下而上的民主调动人民群众尤其是农民的革命积极性，又能通过加强党的集中统一领导以适应战争环境下决策和效率的需要。同样，对于中农政策，既希望可以不伤害中农的利益，确保中农加入革命阵营，同时又要阻止他们成为新富农、新地主。双重目标的设定以及目标本身的对立性，极易使理论或政策的贯彻陷入“此消彼长”的尴尬境地。

三是战争环境的制约。巡视制度设计要求权力双向互动，但到实践中变为单向的传达与命令，这与当时党所面临的战争环境密切相关。开展土地革命、划分阶级是头等大事，然而在战争状态下，它很容易造成阶级斗争的残酷与激烈，容易被上纲上线为敌我矛盾，甚至发展为你死我活的阶级斗争。中央苏区发动的数次查田运动有客观需要，但同时也都出现了不同程度的扩大化，给富裕中农带来极大的损害。

第十章

闽西苏区马克思主义中国化探索的现实启示

一、必须坚持一切从中国的实际出发

一切从实际出发，具体问题具体分析是马克思主义的灵魂。马克思主义理论只给了我们分析和解决问题的基本立场、基本观点和基本方法，并没有给我们提供现成答案和具体方法。在半殖民地半封建社会的中国应该如何革命，更是没有现成的经验可供借鉴。中国共产党人只能在马克思主义基本原理的指导下，在中国革命的具体实践中进行创造性的探索。

在创建、发展和巩固闽西苏区的艰难岁月里，为了将马克思主义的普遍原理和中国革命的具体实践完全地恰当地统一起来，制定出既符合马克思主义又符合实际的正确和科学的路线方针政策，毛泽东等领导人一方面不唯上不唯书，敢于突破马克思主义“本本”和苏联经验的束缚；另一方面通过深入实际调查研究寻找解决问题的答案，并用中国化的语言深刻而生动地提出了“没有调查，没有发言权”“中国革命斗争的胜利要靠中国同志了解中国情况”等一系列重要观点。这些观点对今天的社会主义建设仍然具有指导意义。

如果说，苏区时期马克思主义中国化发展历程的主线是关于中国革命道路的探索过程，那么，社会主义建设时期发展历程的主线就是关于建设中国特色社会主义的思想探索和形成的过程。这两条主线虽形成于不同的历史时期，但都贯穿一个基本原则，这就是必须把马克思主义基本原理同中国的具体实际相结合。

当代中国，经过几代中国共产党人的接续探索，中国特色社会主义事业得到了长足的发展，中国的经济、科技、军事硬实力和政治、文化等软

实力显著地增强，国际地位空前提高，成为当今世界举足轻重的大国。但同时也面临前所未有的困难和挑战：就国内来说，客观上存在着城乡发展不平衡，地区发展不平衡，社会与经济发展不平衡，生产力与生产关系之间的矛盾，经济基础与上层建筑之间的矛盾，加之我国正处于经济转轨、社会转型时期，这些矛盾正处于多发期、集中爆发期；就国际来看，以美国为首的西方国家从未放弃对中国的遏制打压，近年来更是变本加厉，从政治、经济、科技、军事、文化等各方面对中国千方百计地实施遏制、封锁、包围，其激烈与复杂的程度超过以往。所有这些都使中国当前的政治、军事、外交、国家安全、国民经济、思想道德、文化教育、民主法治、社会治安、民生民情等方面所面临的矛盾和问题更加错综复杂。

当代中国共产党人要在错综复杂的局势中接续探索和发展中国特色社会主义事业，必须对我们所面临的错综复杂局势有充分的了解、科学的判断和准确的把握。这就需要我们像当年毛泽东那样去作深入的调查研究，坚持一切从实际出发，在实际工作中寻求解决和处理这些矛盾和问题的办法。唯有坚持这样的思想路线和思想方法，才能不断地解放思想，才能从本本的框框里跳出来，创造与时俱进的新理论。

发展中国特色社会主义是一项长期、艰巨而复杂的事业，还将遇到这样或那样的困难和问题，根本的还在于一切从实际出发，坚持马克思主义基本原理同中国的具体实际相结合的基本原则。党的十八大以后，面对极其复杂和急剧多变的国内外局势，习近平总书记强调，要立足我国国情和我国发展实践，不断开拓当代中国马克思主义的新境界，要求我们继承“深入实际，调查研究”的优良传统，坚持“一切从实际出发”的思想路线和工作方法。

二、必须从人民群众中汲取智慧

人民群众是实践的主体，也是历史的创造者，尊重和发挥人民群众的首创精神是马克思主义的基本观点。但在“人分三六九等”等级观念浓厚的 20 世纪二三十年代，中国共产党人要认识并践行这一点，并不容易。然而以毛泽东同志为主要代表的中国共产党人在闽西苏区的马克思主义中国化探索过程中却很鲜明地体现了这个特点，这主要表现在：

一是注重把群众的首创经验加以总结、概括和升华，并加以推广。1928 年 6 月，中共永定县委领导了以溪南为中心的全县大暴动，永定大暴动后，着手进行土地革命。在“中央还没有土地纲领，省委也没有具体指示”[①]的情况下，邓子恢、张鼎丞等和群众一起商量，确定了“按各人原耕地土地抽多补少，不打乱平分”这种操作简便的分田方法。1929 年 7 月上旬，在中共闽西第一次代表大会上，毛泽东对这种分田方法予以了充分肯定，认为有利于在军事斗争紧张激烈时期迅速分好田，快捷简便，并把这种分田经验总结为“以原耕地为基础，抽多补少”加以推广。1933 年 11 月，在了解到才溪苏维埃政府“将乡的全境划分为若干村，依靠于民众自己的乡苏代表及村的委员会与民众团体在村的坚强的领导，使全村民众像网一样组织于苏维埃之下，去执行苏维埃的一切工作任务”的经验后，毛泽东指出“这是苏维埃制度优胜于历史上一切政治制度的最明显的一个地方”[②]，并在“二苏大会”上将这一经验总结推广，提出在基层苏维埃政权中进一步加强代表会议制度的建设。在发现了才溪群众办起的耕田队这一新生事物后，毛泽东提出把耕田队发展为“互助组”，创办了中央苏区第一个劳动合作社，解决了因扩红带来的农业劳动力紧缺问题。

二是问计于民。永定大暴动后，邓子恢、张鼎丞着手进行土地革命。但是该如何没收土地和分配土地，在“当时中央还没有土地纲领，省委也没有指示”的情况下，只能自己探索。邓子恢、张鼎丞召集群众一起商量，最终确定了“按各人原耕土地抽多补少，不要打乱平分”这种操作简便的分田方法。在闽西苏区，靠着“放下臭架子，甘当小学生的精神”，毛泽东一有机会就向群众作调查，征求群众对党、红军和苏维埃工作的意见。在第一次入闽进驻汀州期间，毛泽东召集钱粮师爷、老衙役、老裁缝、教书先生、佃农、游民等各阶层的人作调查，了解他们的愿望和要求，制定符合实际的打土豪、筹款的具体政策；在指导召开中共闽西一大期间，毛

① 张鼎丞：《中国共产党创建闽西革命根据地》，人民出版社 1983 年版，第 18 页。

② 《毛泽东文集》第 1 卷，人民出版社 1993 年版，第 325 页。

泽东与随同一起来的谭震林、江华、蔡协民、曾志等深入群众进行实际调查，详细询问了他们对合作社以及物价变化等的看法，形成了对闽西革命形势的判断和闽西地方党今后的工作思路；为了开好红四军党的第九次代表大会，毛泽东在汀州召开工人座谈会，征求他们对红军的意见；在新泉整训期间，召开农民调查会、干部调查会、士兵调查会，就如何加强党和军队建设等问题，广泛听取官兵的意见，等等。

毫不夸张地说，正是通过从闽西苏区群众及其所进行的伟大实践中汲取智慧，毛泽东等中国共产党人才能在如此艰难的环境中，取得马克思主义中国化探索的突破性进展，形成土地革命、人民军队建设、党的建设、武装斗争、政权建设、革命根据地建设等方面的革命理论。从人民群众中汲取智慧，是闽西苏区马克思主义中国化探索经验给我们的重要启示。

人民群众是实践的主体，也是历史的创造者，基层人民群众之中更是孕育着无限的创造力。自新中国成立特别是改革开放以来，党的事业之所以能取得一个又一个的胜利，根本上是靠尊重实践，尊重广大人民群众的首创精神。尤其是党的十一届三中全会以来，我们对社会主义实践和认识的每一次突破和进展，无不来自群众的创造和推动。就如邓小平同志所说："改革是大家的主意，人民的要求。"① "农村搞家庭联产承包，这个发明权是农民的。农村改革中的好多东西，都是基层创造出来，我们把它拿来加工提高作为全国的指导。"②

当前，全面深化改革已进入攻坚期和深水区，到了"啃硬骨头"的时候。基层群众蕴藏着极大的改革动力和创新智慧，社会生活中存在的突出问题，人民群众看得最清楚、感受最深。因此，无论是最大程度地化解改革风险，克服改革阻力，还是提高改革决策的科学性，推动改革措施的贯彻落实，都有赖于人民的广泛参与、积极实践，都需要依靠人民群众的"首创精神"。

2023 年 2 月 7 日，在新进中央委员会的委员、候补委员和省部级主

① 《邓小平文选》第 3 卷，人民出版社 1993 年版，第 118 页。
② 《邓小平文选》第 3 卷，人民出版社 1993 年版，第 382 页。

要领导干部学习贯彻习近平新时代中国特色社会主义思想和党的二十大精神研讨班上，习近平总书记指出，中国式现代化是亿万人民自己的事业，人民是中国式现代化的主体，必须紧紧依靠人民，尊重人民创造精神，汇集全体人民的智慧和力量，才能推动中国式现代化不断向前发展。当今世界，科学发展日新月异，思想文化相互激荡，综合国力竞争日趋激烈，我国的改革和发展任务更加紧迫和繁重，面对前进中的新情况、新问题，要不断探索新思路、新举措、新方法。坚持问政于民、问需于民、问计于民，从人民伟大实践中汲取智慧和力量。只有这样，我们才能战胜和解决前进中的一切困难和问题，把我们伟大的事业推向前进。

三、必须坚持与一切错误思潮和倾向作斗争

20 世纪 20 年代末 30 年代初，党内既存在由于农民和小资产阶级成分占绝大多数带来的诸如单纯军事观点、极端民主化、非组织观点、绝对平均主义、主观主义、个人主义、流寇思想、盲动主义残余等非无产阶级的错误思想，也存在着无视实际斗争经验，只唯书、只唯上地把马克思主义教条化，把共产国际决议和苏联经验神圣化的错误倾向，严重妨碍和阻挠了马克思主义中国化的探索。毛泽东等与之进行了坚决斗争，尤其是毛泽东、罗明、邓子恢等即使在政治上多次受到错误排挤和打击也毫不屈服、不改其初衷。他们这种奋不顾身的大无畏的革命精神，坚决同错误思想倾向作斗争的革命气概，在原则问题上的不妥协，为我们树立了光辉榜样。

闽西苏区毛泽东等积极开展党内思想斗争的历史告诉我们，在思想交锋的过程中，任何放纵和宽容错误思想的做法都将给党的理论创新造成混乱，要捍卫和发展马克思主义，必须坚持与一切错误思潮和倾向作积极的斗争。

当今时代，推动马克思主义中国化的进一步发展，不能不注意到以下情况：一些人仍然教条主义地把马克思主义经典作家在特定条件下作出的个别论断神圣化，作为不可更改的圣经加以维护，否认当代马克思主义中国化的理论创新成果；一些人把西方的意识形态、政治制度、发展模式普

世化，作为唯一正确的普世标准加以崇拜和盲从，认为只有西方的自由民主制度才是放之四海而皆准的万能法宝，鼓吹必须按照西方的政党制度实行多党制，用西方式的宪政民主制度代替共产党领导下的人民民主专政制度，用竞争性民主代替中国的协商性民主；一些人把传统国学万能化，把中国传统文化中的内容说成最适合当代中国的政治理论；一些人盲目迷信所谓的创新，打着理论创新的旗号，把一些陈旧理论进行花样翻新或话语更替，制造所谓的新思想、新学术并以此来取代已被实践证明是正确的科学理论体系。因此，要推进马克思主义中国化的理论创新，必须破除以“马教条”、“洋教条”、“古教条”和“新教条”为代表的形形色色的教条主义。

党的十八大以来，习近平总书记反复强调，意识形态工作是一项极端重要的工作，一刻也不能放松和削弱。对意识形态领域斗争要始终头脑清醒、立场坚定、态度鲜明、应对有力。要求我们的宣传和理论研究工作者面对形形色色的教条主义对马克思主义的挑战，必须打好主动战，做到守土有责、守土负责、守土尽责。

对错误思想姑息就是纵容，对正确思想冷淡就是放弃。要积极回应各种教条主义对马克思主义的挑战，我们首先应有明确的政治态度和立场，弘扬主旋律，扬正气；其次对各种反马克思主义、反社会主义、反党反政府的观点，要敢于亮剑、勇于发声，进行针锋相对的批驳，对错误言论“鞭挞讨伐”，对糊涂认识“当头棒喝”。只有与错误思潮进行积极有力的斗争，“好风凭借力，扬帆正当时”的舆论生态才能形成，才能帮助干部群众划清是非界限、澄清模糊认识，从而凝聚起最大共识，才能在探索和发展中国特色社会主义的道路上走得更远、更好。

四、必须形成坚强的领导集体和领导核心

中国共产党的领导集体和领导核心是推进马克思主义中国化的核心力量。没有坚强有力的领导集体和领导核心，马克思主义中国化的探索就不能一步一步向前，不断迈向辉煌。任何一个马克思主义政党，首先必须有一个领导集体，而这个集体是否坚强有力，取决于这个集体有没有一个核心。也正是在这个意义上，邓小平指出：“任何一个领导集体都要有一个

核心，没有核心的领导是靠不住的。”[①]

然而，对于一个政党来说，领导核心不是自封的，也不是自然而然形成的，它是在长期实践的锤炼和历史考验的大熔炉中炼成的“真金”。大革命失败后，中国共产党走上了独立探索中国革命的道路。但应该如何进行革命，尚处于幼年的中国共产党及其领袖人物，其探索处于同一起跑线上，谁的想法正确，谁更高明一点，还需要由实践和时间来检验。

1929 年 3 月，红四军入闽进驻汀州，标志着井冈山创建的工农武装割据事业找到了新的发展依托地，革命迎来了转折点。但也正如江华[②]所说，由于中国共产党及其军队处于“初创时期，大家都无经验，在探索革命道路的过程中，出现分歧，发生一些曲折，是不可避免的”[③]。在红四军的核心人物毛泽东和朱德之间，对于既属于初创时期，又生长在国民党强大优势兵力“丛林”之间，时刻都面临被剿灭危险的红四军这支弱小的军队，应该如何生存，怎么领导，如何建设和发展等问题产生了重大分歧。经过激烈的争论，最终取得了共识，“朱毛一体”真正形成。“朱毛一体”的形成标志着红四军形成了坚强有力的领导核心。自此，在“朱毛”核心的领导下，在如何治军，如何带兵打仗，如何使红军发展壮大等方面提出一系列正确的主张，开辟了“以农村为中心”实行工农武装割据也就是农村包围城市的道路，大大推进了马克思主义中国化的进程。

但问题的复杂性在于，远在偏远农村的红四军，是由在上海的中共中央指挥的一支军队，中共中央又是共产国际的一个支部，红四军的行动必须遵从中央的指示。在 1930 年初，毛泽东与党中央的关系还不密切、不直接，联络还不频繁。他与党中央的通信一般是通过地方党组织进行的，而且每年只有少数的几次。党中央虽然作为最高权威也在发指示、提建议，但它却很少下达能对毛泽东产生实质性影响的指令。实际上，党中央有时根本不知道毛泽东和他的“游击队”待在哪里、干些什么。简单

---

① 《邓小平文选》第 3 卷，人民出版社 1993 年版，第 310 页。

② 江华，抗战时历任八路军山东纵队政治部主任、八路军苏皖纵队政委兼司令员、山东纵队二旅政治委员兼滨海军政委员会书记、山东军区政治部主任等职。

③ 《追忆与思考——江华回忆录》，浙江人民出版社 1991 年版，第 97 页。

地说，毛泽东既得不到党中央的具体援助，也没有受到它太多的直接干预，所以，在这段时间里，朱毛进行了相对自主的探索。但是之后，尤其1930年12月，红四军在第一次反“围剿”的龙岗战役中缴获了敌人电台后，毛泽东与党中央的联系便捷了，中央可以直接和频繁地对朱毛发出指示。在这种情况下，朱毛的探索不能不受到来自中央的影响。而这时，在中央负责的是一些喝过洋墨水从苏联学习回来的年轻人，他们理直气壮地认为，“山沟”里出不了马克思主义！他们与朱毛在许多问题尤其在以什么方式实现中国革命胜利这个最根本的问题上产生了重大分歧。1931年底，毛泽东和朱德领导的红军已发展到几万人，并建立了大片根据地。怎样才能夺取全国政权呢？中央的意见仍是以占领中心城市为主，以实现革命在一省乃至数省的首先胜利。毛泽东则坚持以“农村为中心”实行工农武装割据，也就是走农村包围城市的道路。那么，在这个争论中，谁是谁非？由于中央的领导权不在毛泽东等人的手里，他的意见主张得不到贯彻落实，而他个人成了中央批判的对象，被请出了红军，去做地方工作。直至1934年，红军被迫长征，实践证明了“左”倾路线的错误，毛泽东才又回到了军事指挥的领导岗位。随后，长征路上的遵义会议又确立了以毛泽东为代表的马克思主义的正确路线在中共中央的领导地位。也就是说，经历了中央苏区的实践锤炼和历史考验，以毛泽东为代表（核心）的领导集体脱颖而出，中国共产党的坚强领导集体和领导核心才开始形成。所以邓小平说：“在历史上，遵义会议以前，我们的党没有形成过一个成熟的党中央。没有形成过有能力的中央。我们党的领导集体，是从遵义会议开始逐步形成的。”①

闽西苏区马克思主义中国化的探索反映了中国共产党及其军队在初创时期既有一个对外斗争的过程，也有一个内部不断争论，不断调整方向，不断进步的过程，此时，领袖或舵手的位置显得尤为重要。在这个对外、对内的过程中，只有形成了中国共产党的坚强领导集体和领导核心，马克思主义中国化探索才能沿着正确方向行进，才能更切合实际，更接近

---

① 《邓小平文选》第3卷，人民出版社1993年版，第309页。

真理。

当前我国已经进入新时代。在使命光荣、任务艰巨，利益矛盾更加错综复杂，社会发展处于爬坡过坎、攻坚克难的新时期，我们党要克服“四大危险”、战胜“四大考验”，就更加需要坚强有力的领导集体和领导核心。党的十八大以来，以习近平同志为核心的党中央带领全党全国人民继往开来、奋发有为，凝心聚力、革故鼎新，推动党和国家面貌焕然一新，开创了中国特色社会主义事业的新境界。事实证明，这个核心是高举旗帜、励精图治的核心，是开拓进取、担当实干的核心，是一心为民、竭力为党的核心，已在国内外赢得崇高威望，越来越得到全党全国各族人民的真心拥护、高度信任和由衷爱戴。每个党员干部要切实增强核心意识，坚持党中央的集中统一领导，自觉维护以习近平同志为核心的党中央的权威，确保全党更加紧密地团结在以习近平同志为核心的党中央周围，以高度的政治自觉，始终在思想上政治上行动上同以习近平同志为核心的党中央保持高度一致，从而使全党更加紧密地凝聚在一起、整合在一起，使全党“如同一个和睦的家庭一样，如同一块坚固的钢铁一样”①，自觉向党中央看齐，贯彻中央指令，统一党内意志，形成高度团结和集中统一领导，真正把党中央各项决策部署落到实处，保证党的路线方针政策落地生根，从而锻造出一个更加坚强有力的中国特色社会主义事业领导核心，最大限度地激发全党和全国各族人民的创造活力，把 14 亿中国人民的智慧和力量汇聚成攻坚克难、创新进取的中国智慧和气势磅礴、战无不胜的中国力量，带领人民围绕实现“两个一百年”奋斗目标和中华民族伟大复兴目标，众志成城、矢志不移地努力奋斗。

五、必须坚持不懈地用马克思主义中国化的最新成果武装全党，教育人民

依据马克思主义阶级分析观点，半殖民地半封建的中国社会各阶级在马克思主义中国化以前都是软弱的，地主士绅的软弱在外部侵略面前已经

① 《毛泽东选集》第 3 卷，人民出版社 1991 年版，第 997 页。

丧失政治上的话语权，中国资产阶级因其弱小在辛亥革命后也没有力量去改变农村经济关系以消灭地主阶级，中国无产阶级因其力量弱小而无法独立地完成革命。在这种情况下，中国无产阶级作为先进生产力和生产关系的代表，只有在马克思主义的指导下联合其他阶级形成独立的政治和军事力量，才能完成改造中国的任务。毛泽东在闽西苏区的古田会议上确立了思想建党的原则，提出用马克思主义武装全党、全军和教育人民，以肃清各种非无产阶级思想，实现对其他阶级改造的创新性举措，从而增强了党的意识形态的群众基础和阶级基础，成功地把社会各个阶级凝聚起来，形成了推动马克思主义中国化探索的巨大物质基础——群众力量。

闽西苏区创造的用无产阶级思想意识改造社会各个阶级的成功经验表明，在思想阵地，马克思主义的无产阶级思想意识不去占领，各种非马克思主义甚至反马克思主义的非无产阶级思想就必然会去占领。只有坚持用马克思主义来武装全党，教育人民，才能凝聚力量，形成马克思主义中国化探索不断取得新突破的推动力量。

改革开放以来，我们党始终坚持用马克思主义武装全党，教育人民，来凝聚全党和全国人民的力量，推动中国特色社会主义伟大事业取得一个又一个辉煌的胜利。但与此同时，必须清醒地认识到，在不断深化改革、不断扩大开放的历史进程中，在现代科技的日新月异、市场经济的激烈竞争条件下，随着经济成分、经济利益的多样化，社会组织、就业岗位和就业形式的多样化，社会阶层、社会结构在不断变化调整。加之国内国际各种思潮的相互激荡，我国社会的思想心理呈现千变万化的复杂局面，催生了与社会主义意识形态不相一致的政治心理、道德心理和文化心理。在政治上，追求西方的多党民主制；在经济上，推崇“新自由主义”，主张国有企业全面私有化、贸易金融自由化；在文化上，主张意识形态的多元化。甚至出现了世界观、人生观与价值观的嬗变，奉行“人不为己，天诛地灭”“一人得道，鸡犬升天”“权力权力，以权谋利”等封建特权、专制、宗法思想和资本主义的“拜金主义”“享乐主义”“极端个人主义”等腐朽糜烂的思想。尤其令人担忧的是，在各种非马克思主义甚至反马克思主义思潮大行其道的形势面前，我们在意识形态的实际工作中还存在某些错误认识和倾向，正如习近平总书记批评指出的："在有的领域中马克思主义被边缘化、空泛化、标签化，在一些学科中'失语'、教材中'失踪'、论坛上'失声'。"[①]

这一切都表明，我们正面临着党的意识形态的群众基础和阶级基础被弱化的危险。面对这种新的挑战和危险，我们必须吸取古田会议运用无产阶级意识改造社会各阶级的宝贵历史经验，坚持不懈地用马克思主义中国化最新成果武装全党、教育人民。用中国特色社会主义共同理想凝聚力量，用以爱国主义为核心的民族精神和以改革创新为核心的时代精神鼓舞斗志，用社会主义荣辱观引领风尚，巩固全党全国各族人民团结奋斗的共同理想基础。具体而言，就是要通过多种渠道，特别是国民教育体系和干部教育培训体系这两大体系，扎实开展马克思主义理论教育，推动马克思主义理论更好地进课堂、进教材、进头脑。充分借助多种媒体和手段，特别是互联网等新兴媒体，积极开展理论宣传，促进马克思主义理论的广泛传播。只有这样，我们才能在西方主导的全球化和我国社会主义市场经济的改革环境中，消除各种非无产阶级思想的不良影响，筑牢党的意识形态的群众基础和阶级基础，为推动中国特色社会主义取得一个又一个新胜利凝聚社会力量。

---

① 《习近平谈治国理政》第2卷，外文出版社2017年版，第329页。

后 记

本书系福建省社科基金项目“红色闽西与马克思主义中国化研究”课题研究成果。该课题的研究需要有深厚的史学功底，本人在写作过程中碰到了许多困难，所幸有机会多次向著名中央苏区史研究专家蒋伯英老师请教，并得到了他的悉心指导。在收集、整理资料的过程中，得到了古田会议纪念馆、中央苏区（闽西）历史博物馆、毛泽东才溪乡调查纪念馆、龙岩市档案馆及龙岩市各区档案馆、党史办、方志办工作人员的鼎力相助。拙作的出版得到厦门海洋职业技术学院高层次人才科研专项资金资助，在此一并谨致衷心感谢！

此外，还要特别感谢当代中国出版社的编辑老师们为本书的出版所付出的辛勤劳动，他们不辞辛劳地看稿、提出修改意见并进行了大量的校稿工作，感谢他们的敬业和专业。

赖蔚英

2025 年 5 月